中国与世界：当代中国文化国际影响力的生成

——“第三极文化”论丛

（2020）

主　编　黄会林
副主编　向云驹
　　　　罗　军
　　　　刘江凯

北京师范大学出版集团
BEIJING NORMAL UNIVERSITY PUBLISHING GROUP
北京师范大学出版社

图书在版编目（CIP）数据

中国与世界：当代中国文化国际影响力的生成/黄会林主编.
—北京：北京师范大学出版社，2020.12
（“第三极文化”论丛.2020）
ISBN 978-7-303-26603-6

Ⅰ.①中… Ⅱ.①黄… Ⅲ.①中华文化—文化传播—文集
Ⅳ.①G125—53

中国版本图书馆CIP数据核字（2021）第017925号

营销中心电话 010-57654738 57654736
北师大出版社高等教育与学术著作分社 http://xueda.bnup.com

ZHONGGUO YU SHIJIE：DANGDAI ZHONGGUO
WENHUA GUOJI YINGXIANGLI SHENGCHENG
出版发行：北京师范大学出版社 www.bnup.com
北京市西城区新街口外大街12-3号
邮政编码：100088
印 刷：三河市兴达印务有限公司
经 销：全国新华书店
开 本：787 mm×1092 mm 1/16
印 张：22.25
字 数：400千字
版 次：2020年12月第1版
印 次：2020年12月第1次印刷
定 价：68.00元

策划编辑：王则灵 责任编辑：贾理智
美术编辑：李向昕 装帧设计：李尘工作室
责任校对：包冀萌 责任印制：马 洁

内容简介

本书围绕“中国与世界：当代中国文化国际影响力生成”的主题展开，收录了中外学者的相关讨论文章若干。这些论文分别从当代中国文化影响力生成的世界资源、中外文化影响力的交互表现、当代中国和世界文化传播的案例研究、中外文化交流的路径与效果等角度展开，论题既有宏观的理论思考也有微观的个案研究，在当代中国文化国际影响力系列年度总主题基础上，侧重于从中国与世界的角度，展现中外学者关于当代中国文化国际影响力的最新思考成果。

代序：世界文明格局中的中国文明主体性[①]

黄会林

2019 年，是中华人民共和国成立七十周年，站在这样一个光辉的历史节点上思考中国与世界以及人类命运的发展问题，应该成为今天中国知识分子必须承担起的一个伟大课题。当前我国社会主要矛盾已经转化为人民日益增长的美好生活需要和不平衡不充分的发展之间的矛盾。[②] 这一主要矛盾体现在文化方面就是要不断推动社会主义文化繁荣兴盛，加强新时代中国特色社会主义文化建设。

当今世界文化呈现多样化格局，从影响力看，其主流大体可以分为三极。若将欧洲文化与美国文化看作世界文化的"两极"，则具有数千年传统、根基深厚且生命力强大的中国文化，可称为"第三极文化"。"第三极文化"植根于中国传统文明，同时具有与时俱进的内在品格。它以文化多样化为前提，尊重文化差异，反对文化殖民和文化霸权。

---

① 本文由 2019 年北京师范大学中国文化国际传播研究院"中国与世界：当代中国文化国际影响力生成"论坛发言稿修改而成，曾发表于《红旗文稿》2020 年第 1 期。

② 中共中央宣传部：《习近平新时代中国特色社会主义思想学习纲要》，北京，学习出版社、人民出版社，2019。

“第三极文化”以“和谐”为理念，践行创造，在多元文化世界里确立自身位置，自主适应时代变化，与其他文化取长补短，共建一套共同认可的秩序和守则，一起为推动人类社会发展做出应有贡献。世界文化必然在相互影响下形成多元共存局面。

一、新时代中国文化的世界角色

为什么当代中国文化国际影响力生成问题成为今天中国知识分子需要思考的问题？① 我们知道，文化软实力集中体现了一个国家基于文化而具有的凝聚力和生命力，以及由此产生的吸引力和影响力。提高国家文化软实力，不仅关系我国在世界文化格局中的地位，而且关系我国的国际地位和国际影响力。②

中华文明自诞生以来从未中断，历久弥新，不仅成为世界文明的重要组成部分，更是当代中国文化再次崛起最为宝贵的资源，也是当今世界和平共处、构建人类命运共同体的重要思想来源之一。不论其他国家是否愿意承认，中国已经成为世界第二大经济体并在不断缩小和美国的差距，中国的经济和科技保持着良好的发展态势，中国人民的生活水平不断提高，但作为当今世界经济大国，当代中国文化影响力却相对滞后——就像一个演讲者登上了舞台，台下却听不到或者听不清楚他发言一样。显然，加强当代中国文化建设，已经成为我们面前一项必然的任务。

习近平同志指出：讲好中国故事，要形成同我国综合国力相适应的国际话语权。“我们有本事做好中国的事情，还没有本事讲好中国的故事？我们应该有这个信心！”落后就要挨打，贫穷就要挨饿，

---

① 2016年，以黄会林资深教授为首席专家的国家社会科学重大招标项目《当代中国文化国际影响力生成研究》获得立项，课题组目前正在有效推进相关研究。

② 中共中央宣传部：《习近平新时代中国特色社会主义思想学习纲要》，北京，学习出版社、人民出版社，2019。

失语就要挨骂。前两个问题基本得到解决，但“挨骂”的问题还没有得到根本解决。[1]

鸦片战争以来，中国文明遭受了西方文明强烈的冲击，经历了“三千年未有之大变局”的剧痛，国家危亡之际，中国的革命者和知识分子在向西方学习的过程中，不断地摸索中国的新生之路。我们试图“师夷长技以制夷”，开始了洋务运动，尝试了戊戌变法，进行了辛亥革命等，在政治体制和思想文化方面一度忽视了我们的传统文化。

以毛泽东为代表的中国共产党人将马克思主义与中国实际相结合，找到了革命的成功之路。新中国成立70年来，中国的发展也一次又一次地打破了西方所谓的“发展规律”，成功地走在了伟大的民族复兴之路上。今天的中国再一次处于世界的中心舞台，也再一次站在了历史的关键时期。中国的发展走向不仅关乎亿万中国人民的福祉，也和世界的发展密切关联。

一方面，中国和世界在经济全球化的进程中融合得越来越深入，而且持续与世界不同文明在交流沟通；另一方面，中国取得的举世瞩目的成就，也让中国人在世界文明的格局中重新思考中西关系，重新认识中国文明的主体性。

一些中国学人已经开始了这样的努力。如季羡林以“天人合一”为核心的理论，费孝通的“多元一体”、文化自觉理论等。本人和先生绍武针对当代世界文化格局提出了“第三极文化”构想，正是因为中国文化强大的历史根基、独立传统和绵长不断的生命力，使我们有理由相信在充分继承和发扬传统优秀文化资源，借鉴和吸收世界文化精华，总结百年来中国革命和建设经验的基础上，当代中国新文化将以“和合”方式追求“会通以超胜”的伟大复兴。并最终形成和欧洲文化、美国文化鼎足而立的“第三极文化”——中国文化。

“第三极文化”注重对中国文化自身系统的梳理与发扬，主张在

---

① 中共中央宣传部：《习近平新时代中国特色社会主义思想学习纲要》，北京，学习出版社、人民出版社，2019。

世界文化的背景下对中国文化加以观照，正视世界文化多样但不平衡的现实格局。其核心实质就是要在世界文明格局中，重新认识和确立中国文明的主体性。

二、中国文明主体性基本的依靠资源

今天我们强调重新认识中国文明的主体性，其实就是想在覆盖世界的西方话语体系中，重新确立中国文明的话语能力；也是对百年来中国文明与其他文明，特别是强势的西方文明关系进行反思，即我们要以中国文明的视野去看西方和世界。

中国文明的主体性涉及的问题很多。这里主要探讨一个基础问题：中国文明主体性的依靠资源是什么？即我们用什么样的文化资源和包括西方文明在内的世界文明对话？我们认为当下中国文明的主体性资源主要包括三个部分。

第一个是数千年形成的以儒释道为主的传统文化资源，其中有很多基本理念如“天人合一”“和而不同”“己所不欲，勿施于人”“天下大同”等对全人类都有参考价值。

全球可能没有任何民族像中华民族这样充分记录了历史。有学者认为：中国二千多年正史里记录下来的事件总额是无法估算的。①若将二十五史翻译成英文，需要四千五百万个单词，而这还只代表了整个记录中的一小部分。中国文明积累下来的这些传统资源无疑将会帮助我们更好地确立中国文明的主体性，但要想发挥出其潜力，我们仍然需要深入地研究中国文明，学习世界史和各种西方社会科学理论。

第二个是鸦片战争以来，中国人民在寻求独立自主的过程中形

① 哈佛大学的张光直教授认为，人文社会科学的21世纪应该是中国的世纪，其理论依据就是中国文明积累了一笔最庞大的“文化本钱”。参见甘阳：《通三统》，北京，生活·读书·新知三联书店，2014。

成的抗争精神与爱国传统。鸦片战争后，中国人开始开眼看世界，中国长时间沦为半殖民地半封建社会，经历了巨大的民族屈辱与磨难，无数革命先行者摸索寻找中国的强国富民之路。这个传统既有“为天地立心，为生民立命，为往圣继绝学，为万世开太平”的中国传统，也有中国文化在中西文明的碰撞中上下求索、左右突围的现代转型。

第三个是马克思主义基本原理同中国具体实际相结合，以毛泽东思想为代表的中国现代革命与建设的传统。这个传统是中国现代民族国家独立建设的基础；也是改革开放后与世界不断接轨、不断创新发展的基础。它增强了中国人独立、平等、正义等基本观念。①

以上三种并存发展的传统就是我所理解的当下中国文明主体性的主要文化来源；也是我们与世界文明精华进行对话并且有能力融合创新的底气和依据；更是我们未来为世界提供新发展理论的珍贵土壤。

中国文明是以儒释道尤其是儒家文明为主体的学习型文明。虽然经受了一段时间西方强势文明的冲击，但世界上没有哪一种文明可以完全冲垮、化解掉中国文明。中国文明只会在学习吸收后变得更加富有活力和包容性。

中国文明的根源和基因里有许多超越民族国家界线的真理。比如关于人与自然关系最理想的“天人合一”，以及关于人类未来前景的“天下大同”，它们和今天某些国家强调的“自我优先”，以及面对人类共同面临的问题时“各扫门前雪”的态度形成了鲜明的对比。

中国的发展实践，超出了现有各类学说的解释范围，没有哪个西方理论能够完整或者一直有效地解释清楚中国的发展现状。因为中国的社会发展太快并且太丰富，它的实践理性远远地快于学者们的理论总结速度。

如何认识和理解当下的中国，对外国人和中国人都是一件困难的事情。要想解决这些困扰，需要重新认识中国，重新认识西方，

① 这里对中国学者甘阳提出的“通三统”说法有所借鉴并进行了改造性的吸收。

重新认识古典与现代；需要中外学者，尤其是中国学者能够在学习世界的同时，在重新认识中国文明的过程中确立自身的主体性。

三、用当代中国文化自信引领新时代

实践是理论的来源，实践的理论性要比自觉的理论性先进很多，因为它是对自己的历史处境不断应对过程的体会。当下的中国需要中外学者、尤其是中国学者能够把实践的先进性上升为新的理论自觉，在这个过程中，需要重新确立中国的主体性，这种理论创新也是在世界文化格局中不断建立中国自信的过程。对此，我们认为中国有足够的文明储备和现实资源来发展和升华新时代的中国理论自信和文化建设。

一百多年来，我们的思想体系实际上更多的是用西方的视角来看中国，包括马克思主义。五四运动以后我们对传统的否认太多了。尽管这种否认是基于我们想超越自己，追赶先进的目的。今天的中国人开始对一百多年来潜移默化中以西方作为判断标准进行反思。中国学者可能需要在思想话语体系方面，更自觉地将中国传统文化和当代实践话语经验进行创造性的融合，向世界提供新的思维方式和有说服力的解说。中国作为一个文明国家，代表了一种文明形态，要靠我们的经济、政治、社会、文化来展现给世界。我们要有能力把当代中国的实践理性转化生成当代中国的文化理论，以理服人，以情动人，以我为主，融通中外，努力进入主流市场、影响主流人群，完善国际传播工作格局，提升中国话语的国际影响力，让全世界都能听到并听清中国声音。①

中国文明的历史和体量足以和西方文明构成互相参照的体系，中国人在学习和参照西方的过程中，不应该丧失掉千年积淀下来的

① 中共中央宣传部：《习近平新时代中国特色社会主义思想学习纲要》，北京，学习出版社、人民出版社，2019。

民族文化自信。然而有一些中国人丧失了中国文明的主体性，迷信甚至臣服于西方文化，完全跟着别人，完全以别人作为尺度，在文化自觉的层面已经没有了自信。而这些大言不惭谈论西方如此这般的人，往往是对西方不甚了解的人。

重新认识中国文明和世界文明的关系，我们必须对自己的文化、制度等做出剖析和反思。我们认为中国在1840年鸦片战争以来，随着1949年中华人民共和国的成立缓和了主权焦虑，中国2010年成为世界第二大经济体缓和了生产力焦虑，现在我们正处于一个缓和文化焦虑的大时期。①

当代中国文化是要建设坚守中华文化立场，吸收世界文化精华、立足当代中国现实，面向世界与未来的文化。它不但要满足国内人民群众对丰富文化生活的需求，也应该满足世界人民理解真实中国的需求。前者我们有一些相对成熟的文化建设经验，后者从当代中国文化在世界的现实影响力及一些案例来看，可能依然需要从文化政策到具体的执行策略甚至个案方面探索，同时加强相关部门、机构、专家们的协同合作，促进当代中国文化国际影响力生成更加高效和专业化的大协同机制。

文化建设不同于经济建设，国际文化影响力的生成也不同于国内文化的发展。文化是最需要创新的领域，“不日新者必日退”，文化传播与认同最终是发生在个人的内心体验里，这些都要求我们要尊重文化本身的发展规律，才会形成社会主义文化的繁荣局面。习近平总书记强调：“没有高度的文化自信，没有文化的繁荣兴盛，就没有中华民族的伟大复兴。”②如果说我们中国用了三十年的时间改变了挨打的局面，又用了三十年的时间改变了挨饿的状况，那么我希望下一个三十年它将会逐渐改变目前这种经济文化极不相称的现

---

① 刘江凯：《影响力与可能性——中国当代作家的海外传播》，载《文艺研究》，2018(8)。

② 中共中央宣传部：《习近平新时代中国特色社会主义思想学习纲要》，北京，学习出版社、人民出版社，2019。

象，这是下一代、两代甚至三代中国知识分子的历史使命。所有的改变都需要强大的实力，而实力的生成需要时间，也需要个人和国家的耐心。

（作者系北京师范大学资深教授，中国文化国际传播研究院院长）

目　录

CONTENTS

第一编　世界之中的中国文明

第二编　中国与世界的文化交流

第三编 中国戏剧与影视的国际表达

第四编 国际视野下的中国观察

第五编 中国文学与音乐的世界情怀

第一编

世界之中的中国文明

中华文明的文明观和文明态度

陈来

在历史上，中华文明与亚洲其他文明曾有过丰富的交流，这种交流促进了中华文明和亚洲其他文明的多彩发展。文明的通畅交流，依赖于一定的世界观和价值观。这种交流，就中华文明来说，是依据于中华文明的价值观和世界观，尤其是“和而不同”的观念。《国语·郑语》记载了西周末期史伯的话：“夫和实生物，同则不继。”同是单一性的重复，和是多样性的协和，这种思想认为，不同事物的调和配合是事物得以产生的根本，相同的事物的单纯重复却不能持续生成。在这个意义上，多样性的存在是生成新事物的前提，如五行是五种最基本的元素或材料，由五种不同的元素或材料相互结合而能生成一切事物，单一的元素则不能生成。这种推崇“和”而反对“同”的主张，后来被孔子概括为“和而不同”的原理。这种思想明确反对单一性，认为多样性才是事物繁盛发展的根本，强调多元要素的调和、配合、结合远远优越于单一性，单一性只能阻遏生成发展。这是一种真正的中国智慧，也是一种价值理想和态度。《左传·昭公二十年》中也记载了春秋后期的智者晏婴关于“和”的思想：“若以水济水，谁能食之？若琴瑟之专一，谁能听之？同之不可也如是。”这也是认为不同事物的调和、互补才能满足人们社会文化实践的需要，多样性、差别性、他性的存在是事物生长的前提，对多样性的调和才是生长的根本条件。可见这种强调多样性的辩证思想在孔子以前已经有所发展，经过孔子的总结，成为中国哲学崇尚多样性的思想资源，并广泛应用于政治、社会、文化等领域。“和而不同”的观念为中华文明关于文明交流和文明多样性的态度提供了基础的世界观。

“和”不仅是多样性的协和，它所具有的一般和谐或普遍和谐的意义，在中国文明早期便开始发展。《尚书·舜典》记载，帝舜命其乐官要通过诗歌音乐，达到“八音克谐，无相夺伦，神人以和”。这说明古人非常重视音乐的和谐作用，并期望歌乐的和谐使人与神达到一种和谐的关系。春秋时代的人继承了这种思想，也主张通过各种乐声之“和”，扩大到超越人间的“和”，即“以和神人”(《国语·周语下》)，体现了早期智者对宇宙和谐的向往。古代中国人反复地以声乐之和比喻世界各种事物之间的和谐，使其成为一种文化的普遍追求。又如《左传·襄公十一年》载晋侯曰：“子教寡人和诸戎狄以正诸华，八年之中，九合诸侯，如乐之和，无所不谐”。中国古人将音乐的和、谐作为处理人与人、人与社会、族群与族群、人与天地等关系的模型，对“和”的追求成为中国文化思想的普遍理想，塑造了中华文明的思维方式、价值取向、审美追求。

把追求永久和谐作为对待外部族群的态度，在中国文明中也是源远流长的。《尚书·尧典》提出：“克明俊德，以亲九族。九族既睦，平章百姓。百姓昭明，协和万邦。”以后“协和万邦”便成为中国文明的世界观的典范。类似的说法还有“以和邦国，以统百官，以谐万民”(《周礼·天官冢宰》)。孔子早就用“和”作为对外部世界的交往原则，他说：“‘柔远能迩，以定我王’，平之以和也”(《左传·昭公二十年》)。《周易·乾卦彖辞》说：“首出庶物，万国咸宁。”这也是与协和万邦的思想一致的。一个和平共处的世界，是中国文明几千年来持久不断的理想。

和谐是中华文明的核心价值，《周易》提倡“保合太和”，太和就是永久和谐。这一思想对孔子也产生了重要影响，孔子延续了西周文化对乐的重视，他也主张乐的功能在于“和”，认为乐所体现的和谐精神可促进礼的实践和补充礼的作用。孔门弟子所作的《礼记·乐记》说：“乐者，天地之和也；礼者，天地之序也。和故百物皆化，序故群物皆别”。这清楚地显示，在儒家看来，人类的和谐在根本上来源于天地的和谐，即自然的和谐。因为和谐是一切事物的生成原理，没有和谐就没有万物化生，和谐的实现有着深刻的宇宙论的根源。孔子的孙子子思在《礼记·中庸》中提出：“中也者，天下之大本也；和也者，天下之达道也。致中和，天地位焉，万物育焉。”中是中道平衡原理，和是和谐原理，平衡与和谐不仅仅具有人类的意义，更是宇宙普遍的法则。人必须与宇宙一致，奉行平衡与和谐的原则，其结果将不仅是人类社会的繁荣，也必将促进宇宙的发育和秩序。

汉魏以后印度文明与中国文明的交流，主要是通过佛教的传入。唐代以后，袄教、景教、伊斯兰教、犹太教传入中国，进一步增进了亚洲不同文明的交流。印度佛教的东传，使得中国不仅吸收了佛教文化，而且使中国人开辟了多元的文明视野，在意识中明确了解到在中华文明之外存在着其他的文明。中国文明与印度文明的交流始终是和平的。由于佛教的传入和发展，中国古代各个王朝大都同时支持儒释道“三教”，在中国后来的思想界也流行所谓“三教合一”的口号。不同宗教之间的互相融合，使宗教战争在中国与外部世界之间不可能发生。这样一个不同文明、多元宗教融合的传统，是古代中国“和而不同”观念的文化实践，也是中国文明至少自唐代以来处理宗教文化的重要资源。这些都表明，中华文明所追求的和谐是以多样性共存互补为前提的和谐观。

中华文明对其他文明的包容态度，得到孔子的仁学的支持。孔子说“仁者，人也”。这是说儒学强调的是对他人的友爱与关怀的态度。所以“仁者，人也”是一种他者优先的伦理，这主要表现在两个方面：“和而不同”与“与人为善”。“和而不同”是孔子的话，指包容差异，尊重差异，注重多元。而“与人为善”是孟子的话，包含着与自己不同的他者的和善相处，友好对待。这两点也是处理文明关系的原则。遗憾的是，世界上还是有一些人抱持一种“异者为敌”的狭隘观念，坚持自我为中心的单一性，把与自己不同的他者都看成敌人，试图用一切手段甚至是武力来改变甚至消灭对方；他们所说的“异者”不仅是指民族、国家，甚至包括文明。这既不符合文明发展的世界潮流，也有悖于文明交流的普遍价值。

当然，中国古代对文明的认识还达不到今天的政治高度，但其基本态度确有其合理性。如古代儒家认为不同的文明有差别，甚至有先进后进之别，但主张先进文明之所以先进就在于道德文明的高度成熟，故先进文明应该以道德的优势吸引感化后进文明，而绝不认为先进文明可以用强力的优势去压迫、宰制后进文明。同时，中华文明也善于吸收其他先进文明，中华文明不仅在物质文明、生活器物方面大量吸收其他文明的成果，在宗教艺术、精神文化上也是开放包容的。在中华文明中，由于对方与我的文明不同而必欲与之冲突，或必欲压迫之、甚至除之而后快，是不可想象的。

经济全球化已经使全世界在技术和市场、金融、贸易各个方面联系密切，世界比以往任何时候都更增加了各个领域的相互合作，而人类的处境却并没有因此变得更为美好。冷战结束以后，局部的战争并没有停止，巴尔干半岛、非洲、伊拉克、阿富汗、叙利亚在西方的介入下，战争与混乱交织。贫富的差距并没有缩小，发展中国家在经济全球化中处境艰难。这些问题使我们相信，仅仅依靠西方现代性价值和西方的文明观去解决，是不可能的。我们必须进行各种探索，发挥“和而不同”的文明观与“与人为善”的文明态度，使当今世界得以改善。

（作者系清华大学国学研究院院长，资深教授）

欧洲汉学联合体的渊源与现状

[法国]白乐桑

欧洲汉学联合体的渊源与现状这一话题应该从历史和共识的视角去探讨。其中一个意义在于这个话题的渊源贯穿着不同学术范围及相关的概念，如中国学、汉学，甚至更早以前的东方主义、亚洲学、东方学等。

法文 orientalisme，即东方主义，是最早的一个相关词。我们应该从两层意思理解该词所涵盖的内容。近几个世纪以来，法国比其他欧洲国家更着迷于东方和伊斯兰文明。这种迷恋在启蒙时代和浪漫时代出现，以诗歌、绘画和文学作品为主要表现方式。1826 年出现的东方主义一词在概念上将其汇集在一起。东方主义既指文学艺术层面的流派，也指以国际观念关注他者，还逐渐地也被纳入学术领域，以东方主义去命名研究东方的语言、文化、文字、文学等学术领域。在艺术、文学、绘画领域，很多画家、作家、诗人都在寻找异国情调。

法国 19 世纪强大的浪漫主义思潮席卷当时文化的各个领域，尤其是文学、音乐、绘画，展现出了个性、自我、幻想、激情、怀旧等不同维度。这一思潮与东方主义有着明显的交叉。值得注意的是东方著名的故事集《一千零一夜》，1704 年由加朗（Antoine Galland)首先译成法文，不久便风靡欧洲，自此以后东方女性的形象在西方有了特殊的地位。这时期，“东方成为普遍关注的问题”。当时可以在贝鲁特遇见法国诗歌大师拉马丁(Alphonse de Lamartine)，在开罗遇见法国象征主义诗人奈瓦尔(Gérard de Nerval)，在君士坦丁堡碰到浪漫主义思潮重要人物戈蒂耶(Théophile Gautier)，在耶路撒冷遇到伟大的批判现实主义小说家福楼拜(Gustave Flaubert)。

对年轻的雨果(Hugo)来说，东方既是一个梦想也是一个激情，他在巴黎沙龙写《东方集》(*Les Orientales*)。夏多布里昂(Chateaubriand)曾参观了从希腊到突尼斯的地中海东部地区(参看他的旅行记录《从巴黎到耶路撒冷的行程》，*Itinéraire de Paris à Jérusalem*，1811 年)。雨果在巴黎的故居，一进门就能看到客厅里有很多的中国古董，都是他和他的情人德鲁埃(Juliette Drouet)收藏的，算是他们追求异国情调的表现形式。雨果同时把人文的思想、人文主义扩大到远距文化，扩大到东方文明。不少 19 世纪法国名作家去北非或中东一些国家接触远距文化。法国著名诗人戈蒂耶(Théophile Gautier)的女儿朱迪特·戈蒂耶(Judith Gautier)自学汉语，在法国翻译唐诗。她的很多作品都是在传播她想象中的中国文化及中国传统诗歌的笔调。法国著名作家，如福楼拜或拉马丁，他们的作品体现出明显的东方主义色彩。

与艺术方面的东方主义密切结合，形成了学术上的东方主义，即东方学，这是中国学、日本学、阿拉伯学的前身。这里起重大作用的是德·萨西(de Sacy)和雷慕沙(Rémusat)。雷慕沙被誉为法国汉学之父，1814 年年底他在法兰西公学院担任第一任汉文教授。此外，商博良(Champollion)也起到非常重要的作用，他是拿破仑登陆埃及的时候带的学者、科学家之一，罗塞塔石碑被发现之后，他成功识读了埃及古文字。从这个时代开始，在追求远距文化、远距语言的同时，法国和德国学界开始专注远距文字。雷慕沙特别关注汉字，在他的研究和教程里，汉字占有比较高的地位。

法国亚洲学会(Société asiatique)成立于 1822 年，德·萨西为第一任会长，雷慕沙为秘书长。法国亚洲学会旨在推广东方语言，发表东方学研究著作及文章，并召开法语国家和地区的会议。同时致力于破识文字，修复古迹，从事语言对比研究。其重要使命在于促进了从北非到远东的学问传播及学术交流，以科学及跨学科的视角对口头和书面文化进行研究。其学术刊物《亚洲学报》(*Journal asiatique*)，自 1822 年至今从未停刊。

法国 20 世纪初创立了法国远东学院，这一个学术机构的卓越贡献在于推动柬埔寨吴哥窟的考察与研究，另外也大大推进了汉学研究。法国著名汉学大师戴密微(Paul Demiéville)精通日文，在越南待过，在法国远东学院发挥过重要作用。法国远东学院除了学术性研究、文献研究，在考古方面也扮演着比较重要的角色。1898 年为了研究胡志明市一带风土文化，法国成立了这个学术机构，以人文主义为基础，在国王宫廷名人的庇护下，学者把人文范围扩大到东方文学，也即远距文学。14 世纪建立的法国国王图书馆经过了非常有意思的演变过程，逐渐地走向编纂辞典、语法书，并对远距语言(尤其是土耳其语、阿拉伯语、波斯语)进行相关的研究。

法国汉学研究所（Institut des Hautes Etudes chinoises，IHEC）由伯希和(Paul Pelliot)和葛兰言(Marcel Granet)于 1921 年成立，1972 年隶属于法兰西公学院。如今，汉学研究所图书馆已成为欧洲汉学图书馆重镇，书刊现已超过 25 万册。

到了 20 世纪初，汉学在东方主义、亚洲学的范围内占主导地位，到了 20 世纪末，汉学逐渐由中国学(études chinoises，相当于英文的 chinese studies)一词替代。值得注意的是，现在汉学界几乎没有自称“汉学家”(学术界以外才会有)的人。本人认为严格意义上的汉学家已基本消失，法国的谢和耐(Jacques Gernet)和汪德迈(Léon Vandermeersch)是末代汉学家，他们的专业不是单一的，汪先生既是儒学专家，又是甲骨文专家。他们之后，汉学逐渐演变为中国学，其包含各种研究方向，如汉语语言学、中国传统诗歌、中国当代社会等。

20世纪末，法国成立了法国汉学协会[①](AFEC)，虽然翻译成汉学协会，其实是中国学协会。它的宗旨在促进全法汉学家间的学术交流，建立网站和博客，办一个权威的《中国学》学刊。法国汉学协会还有一些不同的活动，每年颁发最佳中国学博士论文奖，另有一些研究日。其历届会长，最早的一位是汉学家吴德民先生，他是中国古典诗歌的专家，也是中国社会学的专家，也是中国古代思想专家。其接任者是中国植物专家、中国近代史专家，一直到现在。

什么是汉学家？成为一个汉学家就是要去了解和理解中国社会和文化的各个方面。由于其在欧亚大陆的位置及其闻名的独特性，中国经常被视为西方的另一极。汉学家有责任将这种差异“翻译”成了解并尊重中国特色的内容，他们要认识到汉学可以丰富西方的精神和内心。这是加拿大法语区汉学家对于“汉学家”的一个定义。

1984年，法国汉学协会成立4年之后，又成立了法国汉语教学协会(AFPC)[②]。这反映了法国特有的情况，法国是最早(1968年)把汉语纳入高考必考科目之一的国家。相对于其他西方国家甚至东方国家，法国对汉语有更早的普及，所以当时感到有必要在汉学协会之外成立一个法国汉语教学协会。法国汉语教学协会现在有近500名会员，它和汉学协会不同，汉学协会主要是办权威的学术学刊，法国汉语教学协会规模比较大、活动比较多，是最早在西方国家举办汉语师资培训的机构，并于1994年在欧洲创办汉语水平考试。

---

① 历任会长：1983年Yves Hervouet，1984—1988年Michel Cartier，1988—1989年François Jullien，1990—1993年Georges Métailié，1994—1995年Alain Roux，1996—1997年Catherine Jami，1998—2000年Frédéric Obringer，2001年Éric Trombert，2002—2006年Hubert Delahaye，2007—2011年Gilles Guiheux，2011—2013年Samia Ferhat，2013—2017年Gladys Chicharro Saito，2017年至今Valérie Lavoix。

② 历任会长：1984—1987年Noël Dutrait（杜特莱），1987—2004年Joël Bellassen（白乐桑），2004—2011年Shao Baoqing（邵宝庆），2011—2013年Isabelle Han，2013—2015年Catherine Legeay—Guillon，2015—2016年Martine Raibaud（海博），2016年至今Joël Bellassen（白乐桑）。

2017 年又创设了目前拥有 450 多名成员的微信群。除了其规模与活力，法国汉语教学协会的主要特色在于直接参与法国汉语教学的学科建设。

（作者系法国国立东方语言文化学院教授、法国国民教育部原汉语总督学）

以文心暖人心

——从几件作品谈起

吴为山

当代中国文化影响力的生成，来自传统文化的深厚度，来自现代生活的创新度，也来自对梦想的求索。我想通过几个故事，讲一讲以文心暖人心而扩大文化影响力的故事。

2017年隆冬，大地凝寒，在乌克兰首都基辅的市中心基辅大学，在叶落的冬林中，《灵魂之门——塔拉斯·舍甫琴科与杜甫对话》雕塑揭幕。作品以两本书的形式，相向而立，上面分别刻铸着中国诗圣杜甫和乌克兰人民心中的英雄诗人舍甫琴科。这两本书，一本是中国传统线装书，另一本是西方的羊皮书，形成了两扇打开的门。中间的道路象征一条中乌两国人民走进彼此内心的灵魂之路。

当红幕揭下来的时候，乌克兰前总统动情地说："中国的诗圣杜甫有'安得广厦千万间，大庇天下寒士俱欢颜'的情怀，在乌克兰最寒冷的时候，中国送来了温暖——中国文化的温度。"这组雕塑成为中乌建交二十五周年的标志和纪念碑。

第二年春天，乌克兰艺术科学院院长给我寄来了雕塑的照片，照片里春意盎然，一改冬日的萧瑟与冷寂，园林被春树春草染绿，春阳下一派生机。乌克兰友人用杜甫的“春夜喜雨”诗化和美化了这片诗人的栖息之地。人们在杜甫和舍甫琴科的雕塑前，立足欣赏、轻语感悟……2018年年底，中国驻乌使馆为雕塑修建了配套设施。2019年10月，项目正式竣工，被命名为“诗园”。杜甫与舍甫琴科，他们跨越1100余年，超越时空、地域、民族、国家，在“诗园”进行着永恒的交流，在中乌文化之间开展着两个伟大灵魂的对话。舍甫琴科的名言“既要肯定自己，也要向他人学习”阐明了对话的实质。人类命运的共同便是在自我肯定中，在相互肯定、相互学习、相互补充中获得共同发展。对话在平和、平等的相互尊重中获得心灵的相遇、情感的融通。作为青铜雕塑，经过塑造、塑形、塑神、塑魂的过程，经过1800℃的高温熔炼，经过模制的凝固，最后化为精神的象征、人类的楷模。舍甫琴科和杜甫作为关心人民疾苦的现实主义诗人，都有着敏锐的目光，有着犀利的笔锋，有着温润的情感，有着强烈的爱憎。舍甫琴科带着乡村农民的帽子，以专注的神情洞察社会万象；杜甫仰首向天的咏叹，各自成为两本书的封面。而这两本书则永远启迪人们探索与追问。

人类有着相同的生命本源，蕴含着共通的理想追求。

回顾历史，2000多年前，中国的孔子和古希腊的柏拉图几乎同一时期提出了“天下大同”的理想国，寻求建立一个有序、和睦、公正的社会。

在新的历史时期，经济全球化潮流已不可阻挡。面对“百年未有之大变局”，我们需要从人类文明的高度，寻找国与国之间深度连接的方式。而这，正是文化的超越性所在。

2013年，习近平主席在莫斯科向世界阐发了“人类命运共同体”的倡议；一年以后，他又在联合国教科文组织提出了文明对话的原则：多彩、平等、包容；2019年，习近平主席在亚洲文明对话大会开幕式上指出了“交流互鉴是文明发展的本质要求”，引发世界的深度共鸣。

广袤世界，山海无际。70多亿人口、200多个国家、2500多个民族，参差多态的文化，因文明互通得以彼此靠近、彼此交融。11年前，我沿着法国卢瓦尔河寻找达·芬奇城堡，创作了《超越时空的对话——文艺复兴大师达·芬奇与中国画家齐白石》，2012年这件作品永立于意大利国家博物馆。作品中，达·芬奇与齐白石各立于一条船的两端，实现着“对话”。2019年5月，该组雕塑的模型立于有着465年历史，由米开朗琪罗创建的意大利国家艺术科学研究院。

2020年1月在中意两国重要嘉宾的见证下，这件作品又永久立于莱昂纳多·达·芬奇博物馆和图书馆。雕像的背景是两株象征友谊与和平的枝叶繁茂的橄榄树，达·芬奇与齐白石则象征着文化与心灵的对话，它们根植于同一片热土，根永远扎在一起。这是这件作品跨越8年第三次受到意大利重要艺术机构的邀请，在意大利永久扎根，成为意大利国家公共文化的财富与文化遗产的一部分。

当中华人民共和国国歌响起时，我难掩激动的心情，饱含着热泪说道：“亲爱的达·芬奇故乡的朋友们，你们是我最真挚的、最富有情感的好亲戚，因为你们在迎接齐白石到来的时候，并没有要他的护照，也没有要他的永久居留证，而是用最大的热情、用最好的空间、用最美妙的风景迎接了齐白石，而且让他和达·芬奇这样一个举世闻名的伟大人物永远在一起，我真的永远感谢你们。”我的肺腑之言赢得了在场人们的热烈掌声。

为什么意大利这么看重中国艺术家所塑的达·芬奇？答案是：这里有中国文化的温度！中国文化中的“仁”，总是把自己和对方连在一起，并提倡在彼此关照、共同发展中各显其价值。中国当代走向世界的雕塑是“仁”的艺术形象化。《超越时空的对话——意大利艺术巨匠达·芬奇与中国画家齐白石》永立达·芬奇故乡并受到意大利各界人士的高度认可，表明了艺术语言可以穿越时空，在精神上相互呼应，在情感上相互融通；说明了中国文化不仅属于中国，也反映了人类在思想、情感和创造上的共同性。

2019年5月4日，在纪念留法勤工俭学运动100周年之际，我的大型雕塑作品《百年丰碑》在法国蒙达尔纪邓小平广场揭幕。景色优美的法国小城蒙达尔纪坐落在巴黎以南100千米处。一场春雨，将它的街道洗刷一新，淅淅沥沥的雨声5分钟前还在耳边吟唱，忙着收伞的人群逐渐聚拢到火车站前，翘首期待一百年前的“故人”回到这里。当红幕布揭开，青铜铸就的《百年丰碑》庄重雄伟，一批胸怀理想、有远大抱负的青年群像展示在大家面前，周恩来、邓小平等仁人志士的形象意气风发，满怀希望与信念，仿佛从历史中走来。

雄壮的中华人民共和国国歌在法兰西上空经久回响，紧接着法兰西共和国国歌奏响，全场观众肃然起敬，凝神瞻仰。这件“从历史中映照出今天与未来”的作品，印证了文明互鉴所取得的历史性成果，建立了一座中法友谊的丰碑。它使许多法国观众惊叹：原来这座小城还培养了这么多大人物！《百年丰碑》落成后，蒙达尔纪这座静谧小城在一夜之间受到了更多关注。不仅许多中国游客慕名来到蒙达尔纪参观《百年丰碑》，重游100年前的青年学子们生活过的地方，甚至许多法国人及外国游客也纷纷来到邓小平广场，来到《百年丰碑》前合影留念。世界从雕塑看中国，中法人士从雕塑感受两国文化交融的温度，以及由这温度而孕育的中法文明之花。

一尊尊雕塑，青铜铸就，伴随着中华人民共和国国歌的响起而落成，如种子一般，根植于不同的文化热土，呈现了人类共同的价值观。在充满希望和追求的新时代，中国美术馆牵头成立了“丝绸之路国家美术馆联盟”和“金砖国家美术馆联盟”，各国美术馆同仁在美的交流中开展对话，在友谊的温情中释放能量。在举世闻名的敦煌，面对古代文明交流的辉煌，几十个国家的美术馆人共同约定着一个个交流项目……

以心相交，方成其久远。只有付出真情实意，才能获得彼此的理解、尊重、认同和信任，才能同心同行，携手并进。文化交流的根本，在于一张脸、一颗心、一个魂。

一张脸，是指民族、国家的文化特征。

一颗心，是彼此坦诚、真挚之心。

一个魂，是共同珍爱、维护世界和平之魂。

每一种文明都是美的结晶，美的多样性组成世界的大美。我相信，优秀的中国文化一定会从“走出去”转化为被“请过去”。乌拉圭副总统访问中国时，曾专程到我的工作室要将《孔子》请过去，永立乌拉圭，并将新立之处命名为“中国花园”。我们每个人都是文明的传承者与传播者，唯有以真心去对话，用理解去交融，以文心暖人心，才能让世界变得更加美丽，让人们的生活更加美好，让文明之光更加绚烂！

（作者系全国政协常委、中国美术馆馆长）

第三极文化的未来：优化共生体系的“和”的概念

［美国］安乐哲

中国正在迅速崛起，我们已经看到了在经济、政治秩序上的改变，我们目前所能预料到的文化秩序也正在全球发生变化。我们这个项目中，常提到“第三极文化”的概念。它是一个非常理想的状态，也就是说“第三极文化”的理想状态是“和谐”，“和谐”是基本理念。我今天想就此提出一个话题，即我们在讲“和”的时候，它准确的意思是什么，内涵是什么。

我觉得现在的学术界有责任，清楚地厘清我们所用的词汇，还有我们阐述时使用的一些说法。对《大学》，一些传统的英文翻译是“Great Learning”（伟大的学习），我的翻译是“Extensive Learning”（博大的学问）。《大学》谈的是修身平天下的思想，字面意思是个人的修养、培养，这与西方传统的“目的论”听起来有些相似。孔子学说中也讲过类似的意思，人是有自己目的的，这也是西方“目的论”很基本的理念。人之所以为人，人的目的性是事先就预定的，每个人都在发掘自己的潜力。这个理念同“学以成人”观念有点类似之处，因为人不可能天生成什么样，而是取决于我们有什么样的追求，我们想做什么。

我今天想提出几个比照性的概念，包括“和”与“目的论”，还包括和谐、潜力、发展，等等。对于“和”的观念，如果就希腊传统经典而言，“和谐”的含义是被表述为一个数学公式，是可以计算出来的比例，也就是说“和谐”的概念是由数学数字来定义的。但是在儒学经典中，它是一种动态的发展，而不是一个逻辑概念，“和”是某一些特定环境中的成就结果。我的理解是不是有些让人感到奇怪，因为我讲的是“和”与传统希腊“harmony”的定义的差异。我想用这种共生的说法来解释儒学的“和”。

我们都知道，《论语》有几句非常重要的话是“礼之用，和为贵”；“知和而和，不以礼节之，亦不可行也。”“和”究竟意味着什么？需要有一系列观念阐释它。这些阐释要包含的是“互系性”而不是“概念性”。它要用一些非常重要的语汇来解释，比如说“礼”。我们发现甲骨文中含有“共生、优化”含义的一个字是“笛”字。笛这种乐器，给人以最优化的共生效果，而这其实就是人对音乐那种“和”的效果的理解。还比如于家庭的“和”而言，我认为中国人对家庭的理解是非常重要的，这是中国文化对世界文化最积极的贡献之一。再比如孝道，英语没有一个合适的词能表达孝道的概念。对这种文化的理解，对不同辈分之间的互系情分，其实是很不容易描述的，还有其中包括的每个辈分应承担的责任，以及一个人在文化伦理中承担的角色等。如何用“孝道”的思想解决现实生活中存在的问题，以便当我们变老、头发花白之后这种文化还能传递给下一代，让他们继续文化的守成。在这个意义上的“家”“齐家”其实是属于治理体系的，是儒学传统的应有之义。国家、人家、儒家，这些观念都离不开“家”字。汉代王充把“修身齐家治国平天下”换为一种“家天下”的说法，是说“天下一家”，将“家”事务延伸扩展到“天下”事务。这一延伸的策略含义意在使人的潜力得到更充分发展。

我曾举过一些其他例子。比如在欧洲，你看到餐馆的菜单，会发现很简单，上面只写了几道菜和甜点、饮料。但是如果你去重庆，哪怕只是一个小餐馆，它的菜谱都有一本书那么厚，上面包括各式各样的菜肴。这些菜的烹调也很复杂，比如说这种食料要切小块，那种菜需要大锅，还涉及用旺火还是用微火。这些菜基本都是廉价的食材，相对昂贵一些的是肉，但不管你是要吃混炒的还是分炒的，是浇在饭上还是做面条的卤，或者用饼夹着吃，都能满足你的需求。中国的这种烹饪文化或者说饮食文化，反映出优化共生的最佳效果。《孙子兵法》也是，它不是谈如何赢得战争的，它的核心要义是不要战争，必须尽可能避免战争或冲突。但是如果真的不得已必得参战怎么办？它谈的是如何恢复和平状态，如何消耗最少资源重新恢复之前的和平状态，如何通过最大主观能动途径或方式在逆境之中解决问题。所以“和”这个观念其实是反映最佳的文化取向，也即通过各种方法途径在各种情势下最大限度发挥人的主观能动性的。

还有 Culture 这个词，是 19 世纪创造的新语言，意在把西方和东方更好地联系在一起。“culture”译为汉语是“文化”，但它本是农业园艺学中的词汇，含义是“预先的设计”、是“培养”。这与中文里的“文化”很不一样。汉语“文化”应该说是人与世界的协同互动，以及如何使人的体验获得升华。西方的“Culture”被翻译为中文“文化”，这种文化语义词语的不对称是很值得探讨的。这个题目是可以写一篇论文的。

还有“度”这个字，我们也需对它进行深刻地理解。“天人合一”不是简单把天和人连在一起，而是说我们如何发挥主观，使现有的条件能动实现最佳优化，实现人与自然世界最契合的协同。“度”的最基本含义是就自然宇宙而言的，它表达的是人所能够发挥的自我主观能动作用。作为天地的协同创造者，如何做到同宇宙一起去共生同创，使得世界、人生更有意义。

孔子学说的世界，不是两个本体分隔的世界(比如天和地这样二元分开的)。其实人的体验是由天所制约，但又是人定胜天的。因此目前我们所生活的这个世界，是一个活着的过程，如同水一样是流动的，同时也是一个延续流动体。我们可以从另一视角讨论这个问题，即“第三极文化”，这也是从《易经》中汲取精神的一个理念。它立足的思想是要同世界其他方面构建关系。即一切事物是相互联系、息息相关的，我们要确认我们之间的关系，要考虑到事物发展的大背景。

我想向大家特别推荐《惠此中国》这本书。它阐述的是在儒学文化传统中，人们的目的就是追求和谐，“和”是和合乐曲最佳状态的世界。我们曾讨论过中国古诗蕴含的是礼乐中的那种“和”，音乐的“和”则体现天人合一的效果，是人与神之“和”。现在我们面临的一个挑战是，中国现处的世界可能存在一种反中国的现象，我认为，正是因为出现了中国这个“第三极”，西方才会有这种反对中国的态度。中国短时间的崛起，让世界格局一下变化了。今天再让世界忽视中国的存在是不现实的，更何况中国的影响力越来越大。因此我们现在要去做的是让中国在国际上获得更充分地理解，因此必须更好地诠释中国文化，要诠释话语语汇的中国域境，要研究中国应采用什么样的话语体系去消除那些反中国的影响。

（作者系国际儒学联合会副主席，北京大学博古睿讲席教授）

中国哲学问题的跨文化对话

［斯洛文尼亚］罗亚娜

一、引言

对于很多西方学者来说，中国哲学是个难解之谜。主要问题在于，他们无法回答这样一个基本问题：中国哲学到底能不能被称为哲学？在本文的详细论述中，我们可以换一个术语来避免这个困境，比如换为“中国传统思想”。但如此一来，它的意义和内涵就变得宽泛了，这种术语的广义化适用于中国传统文化中的文学、社会学、医学、宗教甚至艺术。

但为什么中国哲学这个提法有问题呢？当汉学家讨论中国哲学，他们必然会遇到术语的适用性问题。最方便的办法是，汉学家给西式思维训练的哲学家和其他人文学科同行解释中国传统思想的具体特征，比如认识论和方法论的根源。而定义的跨学科问题在于，需要明确澄清与所有东亚传统文化起源相关的概念和范畴。

总体来说，受西方哲学训练的学者对于中国的原创哲学问题和完整的理论体系，在认知和资源方面都很有限。很多中国古典哲学典籍的特色使西方学者感到晦涩而杂乱，认为其理论不严谨。因此我们必须首先回答这样一个基本问题：是否可以把中国古典哲学思想的主要流派归到哲学这个大类里？这个问题现在显得尤为突出，因为在互通互联的经济全球化世界里，对现实世界的跨文化理解至关重要。而想要对理论模式深入理解，任何不考虑其他哲学角度的尝试都是自负和天真的。

二、名称问题：究竟有无“中国哲学”？

就像其他学者已经提到的，欧阳敏在《中国哲学不必成为哲学》一文中论述说，哲学是一个西方文化概念，因此除了用于类比和比喻，它不能应用于中国传统哲学思想。因此他提出用“中国智慧”取代中国哲学这个术语。但是这个词的语源是希腊语词根“中国”和“智慧”的合成词。所以这也只不过是把中国智慧在西方的表达形式翻译成古希腊语。但是中国哲学思想的抽象性远胜于对智慧的论述。因此以上提法并不合适。

我们的本意并不是要在西方哲学的语境下解释中国哲学。因为哲学起源于人类对现实生活的抽象思考。人类思考的需求是共通的，感觉的特征是类同的，比如语言的产生。虽然创造语言的能力和潜力以及用语言沟通是共通的，但是每门语言和它的语法结构都取决于文化。因此，中国哲学这个广泛使用的称谓不是指地缘维度，而是文化决定论的表达。它决定了一种哲学思维方式，或者一个有特定范式结构的哲学思想体系。戴卡琳(Carine Defoort)解释说，我们已经根深蒂固地习惯于使用大陆系哲学或盎格鲁-撒克逊哲学来定义不同哲学传统的种类和形式。而中国哲学这个术语的问题更加严重。

对中国哲学最简单和最常见的争议基于这样一个假设：哲学决定了一套思维方法，这样的争议只在所谓的西方传统里出现。在这样的语境下，哲学被定义为一套理论体系，它基于西方人文主义特定的、独有的前提和方法。基于这样的假设，任何来自其他传统的思想体系都是非理性或至少是不科学的。所以其不能被看作是真正的学术科目，也没有包含抽象的学术理论，不能被认为是哲学。雅克·德里达在2001年访问过中国。他指出，探讨中国思想、中国历史、中国科学等并没有特定的困难。问题在于，中国哲学思想文化的出现要早于欧洲哲学模式传入中国之前。他认为，从本质上说，哲学比思想包含更多内容，哲学和特定的历史、语言联系在一起。西方哲学起源于古希腊，经历了拉丁语翻译、德语翻译的变化等。换句话说，哲学是欧洲的哲学。他的结论是，在西方文化之外，可能有多种同样具有完整体系的思想知识，把他们都称为哲学不合适。

根据德里达的结论，我们可以说中国有思想学派，但是没有严格意义上的哲学。因为世界上所有文明的各类思想体系和学术经典都可以称为思想，但是只有西方思想可以称为哲学。所以华夏文明、印度文明和西方文明可以说都是思想体系，但只有西方思想成为哲学的形式，因此被称为哲学。

两个世纪前，黑格尔对此进行了更详细的阐述。他认为，真正的哲学起源于古希腊。“东方人”的思想还弥漫着整体物质性。因此，东方的思想学派没有个体意识，也没有发展出宗教意识和自我意识。他认为，人们所称的中国哲学根本不是哲学，而是一种道德说教。黑格尔说鉴于孔子作品的知名度，翻译不好还不如不翻译来得好。[①] 黑格尔认为，孔子作为一个古代思想家，他传播了一整套道德思想体系，但是因为他的作品没有先验的维度，并没有开创真正的哲学。这种对古代中国典籍、对于孔子、对于整个儒家学说，甚至对于整个中国传统思想的肤浅误解存在于整个西方理论界。

德里达并没有故意贬低中国哲学的价值。他对西方哲学同样是挑剔的，认为其太过于以逻辑为中心。黑格尔和德里达都认定中国没有自己的哲学。但是对于这种论点，我们必须明白，他们都是对

① 基于对不同文化体系的问题缺乏了解和翻译，许多早期中国哲学作品的西方翻译对范式、类别、概念的转述都不够准确和地道。

哲学概念的接受而言的。另外，上述论断还包含一系列的其他问题，比如定位、评价、研究方法，甚至这些问题本身的合法性，它们一直困惑着研究中国哲学的中国学者和西方汉学家。换言之，西方人用他们自己的规范和标准看待中国思想是可以理解的，但是专门地(或者总体地)根据西方标准对中国传统知识分类，不是对哲学理解最好的学术方法。在方法论上，哲学是欧洲独有的论断是基于欧洲中心最优论的，而我们有必要用后殖民主义的批评方法考察东方主义的学术和文化传统。

在一般情况下说中国没有哲学，就好像说西方没有儒教、道教或者四大发明一样，似乎并没有问题。可是近代以来的现代化、经济全球化路径是由西方开启的，很多的评价标准也是西方建立的。在此背景下，说中国没有哲学就是一种傲慢。有鉴于此，我们很难心平气和地说，这仅是学术问题。但是对于中国是否有哲学的终极分析，已经上升到意识形态问题而不是学术问题。因此我们必须在学术语境下处理此问题。

事实很清楚，欧洲中心论从一开始就反对中国哲学的存在，尤其是我们考虑哲学一词语源的时候。哲学的意思是“爱智慧”。那些欧洲中心论者真的坚持认为苏格拉底、柏拉图和亚里士多德们的“爱智慧”胜过老子、庄子或王守仁吗？

在更复杂的层面，哲学一词在欧洲传统里特指热爱智慧是有道理的，它专指研究形而上学、存在论、现象学、认识论的智慧。古代中国从来没有发展出这些学科①。因此，我们必须考虑一个截然不同的方法，并且最终得出结论，欧洲中心论缺乏理性基础。第一，中国哲学不是欧洲传统意义上的哲学，而是产生于不同的方法论和理论的不同的哲学推演。第二，传统中国思想的哲学探求发展出了许多独特的、与欧洲古典哲学不同的形式和门类。

还可以反过来认为，传统欧洲哲学不是完整的哲学体系，因为

① 这些体系在欧洲启蒙运动之前并没有得到充分的(以清晰可辨的、不模棱两可的方式)发展。

它没有发展出任何中国古典哲学体系核心范式所具有的重要的哲学门类和方法：万物互联思想、二元分类法、主观超验和天人合一思想。我们可以认为，西方哲学发展不充分，对于系统地理解现实世界欠缺重要的方法。因为它没有发展出对应于玄学①、名学②的学科，以及对应于穷理格物③、心性④、理气⑤的哲学分支。

如果更激进一点，我们还可以宣称它的反面是对的，即欧洲思想并不能被认为是真正的哲学。因为如果哲学是“爱智慧”，那么作为一门分类严谨，命名方法有限的学科(这在欧洲以及全世界都被认为是最严格的意义上的哲学)，其根本不能被认为是哲学。最多可以被认为是“爱智慧学”，也就是对热爱智慧的教学研究和创作。

概念的复杂性、丰富性以及说教性，对统治者很有吸引力。论证的标准和美学内涵为最早的古代中国思想是哲学提供了强有力的论据。把中国思想的丰富性和深刻性贬低到浅显的西方哲学概念，或者仅仅因为不一样而贬低它的主要教义，会导致需要跨文化担当的时候缺失方法，丧失利用中国传统概念和思想资源的机会。这些资源在许多方面可资利用。例如解决西方传统长期存在的哲学困难，或仅是模仿想象力。而想象力在任何哲学探究中都是必需的。可是这样的想法用来强调中国主题和论证形式，有时候“截然不同于西方哲学，提供了独特的机会，用思辨和哲学的方法来质疑约定俗成的哲学概念自身。”

但是，对不同社会结构和政治结构下的现实世界的认知为理解、分析、传播提供了丰富的可能性。因此，与其停留在对西方哲学所提出的宽泛的形式和问题的严格限制，不如从语言和作品的角度去接近中国古典哲学。假如我们遵循它特定概念的内在规律，对中国传统的理解就会是更为原生态的，少一些异国情调的形象。但是，

---

① 玄学，形而上学(字面意思：玄远之学)。

② 名学，语义逻辑学(字面意思：名字学)。

③ 穷理格物，中世纪时期的认识论分支(字面意思：追寻事物的究竟)。

④ 心性(心灵和内在本质伦理学)。

⑤ 理气(本体论，建立在动态结构与生命创造力相互作用的基础上)。

假如我们不再拥有广泛有效、广泛共享的表达方式和想象力，我们怎么能够跨越不同文化之间巨大的鸿沟呢？当然不是试图像中国人一样用不同的逻辑去思维，而是像陈汉生(Chad Hansen)和罗哲海(Heiner Roetz)提倡的那样，我们应该尽量建立一套符合人文解释学原则的跨文化研究方法体系。人文主义是中国古典哲学的主旨，在此“人”是第一位的，人类社会一直是其关注的核心。

几个世纪来，中国哲学和世界其他哲学一样，一直是思想创新、知识形成的驱动力，形成和促进了人类对现实的理解，激发了人们的好奇心，激励了人们的创新精神。因此，西方知识理论并不构成唯一的、普适的方法论，这已被大多数现代文化界和学术圈普遍认同。而这在100多年前还不被大多数西方理论家所接受。事实上，西方哲学方法论只是代表了一种历史社会形态对现实世界的理解和解释。因此智力创造的多元论不仅是可能的，而且是理智的。假如我们在现代全球发展的框架下考虑不同系统的重要性和价值，那么我们必须考虑，中国古典哲学的当代解释在这个生机勃勃的过程中将起什么作用。

三、参照系统

在《中国哲学的方法论问题》一书中，冯耀明提出西方传统和东方传统的方法论有一定程度的不可比较性。他认为，这个现象和“信念”联系在一起，也就是从一个到另一个社会文化语境的概念之不可转移性。

据此，逻辑上可以推导出，比较不同的方法体系就算不是不可能，也是困难的。这种方法论的困难不能归因于前提条件(或者用加达默尔的话来说，不同的偏见)的不同，而是植根于更复杂的和动态的参考系统，应用于描述活跃的人类现实生活。从最广义的层次来讲，每个文化体系各不相同。但是，各种社会群体和文化提供了一定程度上类似的系统，在意义、观念、价值、意象方面都包含了相对稳定的结构，从而激发我们的知觉和感受，深刻地影响了我们的语言、思想和行为。因此，冯耀明提出的不可比较性是不同的参照系统的结果，而不仅仅是“条件系统”的不同。

不同的文化产生不同的参照系统。它们又产生应用于感知、理解、解释现实的方法论。这里我们特指这样的系统，它在科学和文艺的范围内定义理论和其他形式的抽象认知结构。这个意义上的参考系统可以定义为概念、类别、术语、理念，以及应用于物体认知理解过程的关联结构。该系统还包括影响、定义特定语义元素的理解、评价的范式和观念，以及这个结构本身。

此外，这些问题不仅限于不同文化传统的理论和方法，也出现在研究同一个语言和传统对象的时候。确实，我们面临的是在讨论广义的西方哲学理论时碰到的普遍问题。在黄耀明的作品里，提到一个广为人知的关于牛顿理论和爱因斯坦理论的例子。因为它们代表着不同的参照系，在应用于两个不同系统的时候，同一个概念的功能和含义也不相同。托马斯·库恩在他的关于科技革命结构的重要书籍中解释了这个现象①：在新的范式中，旧的术语概念和实验形成了新的相互关系，不可避免地在互相对立的学派间产生了误解。尽管这个称谓不太准确，我们还是必须用。比如，哥白尼认为地球是运动的，有人就认为他疯了。他们既不对也不错，他们所指地球的部分意义是静止的，至少他们认为的地球是不运动的。相应的，哥白尼的创新不是简单的移动地球，而是一个全新的观察物理和天文学问题的方式，从而改变了“地球”和“运动”的意义。

冯耀明尝试用一个比喻来解释使用不同参照系统的区别，它是关于在东亚和欧美地区用不同的锅煎食物：我们都知道，中国人做菜是用圆底锅的，而西方人则喜欢用平底锅。对于同样的材料来说，两种锅都可以来煮菜，只是煮出来的菜式有些地方近似，有些地方却可能极不相同。比如说，两种锅都可以用来煎鸡蛋，这是二者近似的地方。但二者也有不同的功能，因而有不同的限制。用圆底锅

① 没有提到参照系统而是用了范式。在该语境下，两个术语的意义相同。

和平底锅里煎蛋的不同使得色香味各不相同。

根据冯耀明的解释，同样的道理，不同的参照系统会导致对相同客观事物的不同描述和解释。这两种锅具体的功能性和局限性正好表达了不同参照系统的特征以及它们各自的优缺点。

参照系的决定性角色不仅存在于特定概念的意义，还在它们的相互关系。因此，参照系是用来过滤感知和创造业绩的综合性工具。在哲学的学术辩论中，必须考虑到，不同的参照系统会导致对相同客体的不同描述和解释。所以，实际上跨文化研究有时候会制造新的误解，而不是消除或减少误解。在两个不同的文化和语言中，结构、语义、价值观越是不同，越容易产生误解。在下面的章节，我们试图对两个与目前研究有关的不同文化参照系统进行对比分析。但是在考察它们之前，我们先要说明一些对西方学术界理解中国古典哲学产生重大影响的外部因素。

四、跨文化研究问题

对西方研究者来说，对非西方文化传统的理解会和语言、传统、历史、社会化过程造成的原因联系在一起。也就是说，对于不同文化各方面的诠释，不能离开诠释者和诠释对象双方地理的、政治的、经济的立场。如今，研究的基本主体是西方方法论，它只代表了人类理解力的许多模式中的一个，而学术研究的主要方法论原则来源于从不同的文化语言环境中产生的不同流派，因此，也必须考虑由不同文化形式决定的理论系统和范式的不可比较性。在西方对中国古典哲学的研究中，科学分析的使用常常是危险和误导的。因为它产生于特定的(西方的)历史时期和相应的社会组织结构，因此，概念和分类不能简单地转换到另一个社会文化语境。

研究中国古典哲学一个合适的方法是，认同“不同的理论模式”，认同其具有价值系统和认知结构的相关性，学术才能得到发展。但这个方法还是基于传统西方社会科学和人文科学理论体系之上的。

需要澄清的是，价值的相关性并不代表所有的价值都是同样好的、理性的。也就是说，那些对人类没有益处的，或者与保留人类道德和尊严相抵触的基本元素可以以“特定文化价值”的名义去探求和实现。这个时髦的字眼应该在不同的语境下理解，作为防止一元化价值理解的工具，或是绝对一般化的标准，用单一的价值论体系或教条来进行价值衡量。

鉴于西方哲学理论的主流学派是基于客观真实的概念，对于研究中国古典哲学的西方学者，认同中国古典哲学领域极少有客观和普遍有效的价值观是极端重要的。现代西方社会的价值体系是基于个人主义和自由意志的原则，而在东亚社会中，强烈的家庭观念和对集体的归属感居于主导地位。这些观念和认同模式代表了不同价值系统的组成部分，因此必须认为是相关的。

考虑到上述因素，我们还需要仔细研究基于中国社会现实的结构和历史、经济、政治、哲学系统之间的关系，从而形成和修正对中国文化复杂整体的认知。这些基本面的认知不可避免地影响着基本理论体系、方法和概念系统。它还形成了一个平台，可以让我们对中国古典哲学深入认识和理解。但是，在我们调研这些语义概念的方法论基础的时候，我们需要进一步考察一些强烈影响我们的解释和理解模式的外部因素。这些方法论的外部因素和大国间的历史发展结构有关系。

五、东方主义和反东方主义

在现代语境下，首先应当澄清，术语“东方”和“西方”分别对应的巨大亚洲多元文化体系和欧美文化传统已经问题重重，因为它们过于笼统和概括。而这些地区从历史、政治、文化发展各方面来说都是非常多元的。[①] 这样的概括通常是肤浅的典型化。在这样的视

① 这些术语是带着价值评判的。“中东”和“远东”这样的标签反映了它们到西方的距离。

角下，不同文化的发展特征是固定和预设的。在这种粗略的二分法下，此视角无视不同文化的特定的社会、观念、价值论的发展。

但是为了叙述方便，我们会在本文中使用“西方的”“中国的”这些术语。但在本项研究的框架内，它们不应该理解成特定的地理区域(比如中国对欧洲、美国、澳大利亚和新西兰)，而是基于主体的特定差异。这些差异深刻地决定了每个地区主体的思想发展，也就是内在的超验形而上学形成的差异。①

汉学是在东方主义下发展出来的学科。东方主义为用殖民主义的方法研究非西方传统文化奠定了基础。因此，在汉学研究中，批判东方主义元素就是在批判知识和权威。

爱德华·沃第尔·萨义德在他的开创性作品《东方主义》中定义这个概念是“东方和西方(大多数情况下)之间基于存在论和方法论区别的思想流派”。对于萨义德，东方主义还是对东方的管理机构，它对东方通过教化殖民管理发表声明，传授观点。总之，东方主义是一个西方对东方主导重构、拥有权威的体系。

在东方主义框架下，欧洲身份和文化被认为优于所有其他非欧洲文化和民族。如果这种所谓的优越性放在现有的全球经济和政治关系体系下考察，就会清楚的得出这一结论：东方主义是由西方强权定义的参考系统，并且和它有内在联系。因此，仅仅通过确认东方优于西方或西方优于东方来克服它的缺陷是不充分的。

东方是西方创造的一个词汇，从来不能成为一个自由的主题、思想或行动。因为很明显，把对立二元系统的一极放在另一极上面并不能消除二分法。②更好的方法是建立完全独立的方法论。但是，企图置身事外去建立一个客观的宏观视野，本身就是典型的西方概

① 对本章节所表达观点的具体解释，请参见《内在超越性》(*Immanent Transcendence*)或《世界统一观》(*One World View*)两本书。

② 萨米尔·阿明(Amin Samir)把此现象称为“去关联”。这个概念跟这样一个事实联系在一起：二分法占优势的一方不会自动放弃它的优势地位。咸在凤对以上这一点用了这样的说法：“在二分法中，最尖锐的批评、反抗来自弱势一方，从而迎合以及加强了这个定义，作为他们抗拒的开端”。

念，它在柏拉图时期就已经出现了。在后现代时期，许多学术著作是基于不可能超越语义和价值论体系的假设。因为这个体系是和我们的母语以及社会文化教育紧密联系的。因此，后现代解构各种对现实的表达和重现的目标根本不可能完成。就像咸在凤(Chaibomg Hahm)指出的，解构和破坏不同，正是因为它不能“把西方的偏见完全抹除”。

另外不能忽视的是，所有的历史观念和文化典籍都是民族中心主义的。在不进行反思的民族中心主义观念下，本民族的人“历史地担当了文明的成就，其他民族对于这些标准都是偏离的”。因此，欧洲中心主义是一种民族中心主义，因为欧洲中心主义是一种正式或非正式的制度化体系，它代表着对东方文化提供正统研究方法的心理基础。东方文化通过应用欧洲的观念和对现实的有效性起作用。因为东方文化是一种对权利的阐述，欧洲中心论自然形成了权利结构的一部分。在一定意义上，这两个方法就好像硬币的两个面。但是，欧洲中心论比其他的民族中心论更有影响力，因为它是产生于更高级的经济、政治层次的民族中心论，它本身又是特定的社会、理念、历史发展的结果。

有一批学者①相信文化多元主义的崛起会导致欧洲中心论的终结。经济力量的全球再分配和重构，传统文化的分崩离析会导致东方主义的终结。但是，这些结构的终结不会那么简单。文化多元主义这个术语本身有误导性，它不仅是文化的碎片化，而且会破坏社会结构和生产的传统形式。因此欧洲中心论的终结可能是一个幻象，因为它的内部结构仍然是后现代社会体系的主导部分。阿里夫·德里克声称：欧洲中心论的终结是一个幻觉。资本主义文化在形成的时候，它的话语权牢牢抓着欧洲中心论。这就可以解释，为什么欧洲和美国失去了它们对资本主义世界经济主导权的时候，欧洲和美国的文化价值仍然处于全球性主导地位。另外值得注意的是，东亚儒家文化复兴的原因不是它提供了不同于欧美起源的另一种价值观，

① Pop(2009 年)、Caputo(1997 年)、Shohat 和 Stam (1994 年)等。

而是它对本土文化的阐述进入了资本主义话语体系。

德里克指出，我们面对的可能不是文化的分崩离析，而是空间的离散。根据德里克的观点，这种碎片化为全球资本主义提供了新的机会解决一些老问题，这些老问题是关于利润最大化、控制市场、解放生产力、来自社会干预压力(例如联合罢工)的市场化，或者政治控制(国家层面)。空间碎片化还意味着个人社会地位的垮塌，个人生活状况越来越不稳定，在现实世界里，现代公民人与人之间疏离，显示出不稳定性、多变性和其他典型症状。这就是为什么一维的欧洲中心论和它对历史与世界结构的解释不再成立。对我们尤其重要的议题是，在更宽泛的意义上，也就是说在日常生活中，欧洲中心论已不再局限于欧洲，而是一个全球性和现代性的现象。①

欧洲中心论把它自身置于其他形式的民族中心论对面，比如把非洲世界伊斯兰世界视作异类。这和东方主义一样，是非人性化和意识形态化的。这可以视为一种在非欧洲或非西方世界的民粹主义，尤其是在发展的蒸蒸日上的亚洲。这两大流派的差异(类似于欧洲中心论和中国中心论的关系)起源于上文所提及的全球大国关系，这种关系植根于由世界殖民史和后殖民时代决定的历史的和价值论的条件。

但是西方主义不能被混淆成反东方主义，反东方主义植根于东方主义作为历史引领角色的条件下。② 该学派最重要的特征可以在东西方(东方和西方的社会、文化、民族间)的基础本体论预设条件的不同中找到。

这个本体论的差异立即可以引出一个认识论的差异，即用于理解和处理西方社会的概念、工具、科学类别、社会概念、政治描述和思想差异本质上仍然对东方社会是无关和不适用的。

---

① 对于社会关系的建立、美学概念、政治或经济体系，对许多关键的价值做一般性的评判都是成立的。本文的中心论点是中国古典哲学，这个现象可以通过许多中国理论家处理和解释经典文献的方法清晰地看到，也就是使用欧洲的(西方的)方法体系。

② 这个引领性的历史角色在哥白尼革命时期、文艺复兴时期和工业革命时期是有限的。

从这个角度又可以推出，东西方社会的差异不是历史发展复杂过程的结果，也不是“根据经验主义的事实来相应的承认或者处理”。它们首先是特定东方元素的产物，适用于非西方社会的文化、心理、种族特征。Sadiq Jalal al-Azm 称之为东方主义存在论。

东方主义的概念在出现于东方地区以后变得有问题了。萨义德的书受到理解主要思想的人的欢迎，但是很多学者尖锐批评他的观点。尤其是许多中国学者和知识分子愤怒地反驳他的论点，声称东方被西方专家边缘化和扭曲了。

另外，根据东方主义存在论理论，无论西方汉学家如何精通中国语言和文化，他们都不可能完全理解中国文化。但是，请不要把孩子和脏水一起泼掉。首先，在过去的十年里，情形已经有了改进。中国学术界越来越认识到西方汉学家在欧美文化圈对中国研究的贡献，认识到其传播和加深了解中国文化知识的作用。很多中国学者(和决策者)认识到，有些事情离开一定距离观察可能做得更好。他们甚至愿意跟踪西方学术界对中国的学术研究成果。大量的关于从西方视角理解和诠释中国的书籍文章被翻译成汉语，并由各个中国出版社和杂志社出版。

此外，像戴安娜·拉里(Diane Lary)指出的那样，我们不该把上述的中国中心学术思想偏见看得太严重。其实，有这样观点的中国人也越来越愿意承认，个体的西方学者是相当有能力的。这些学者和个人被称为“中国通”，一个口语化的表达方式。它指的是一个对中国语言和文化有深入理解和真知灼见的外国人。戴安娜·拉里还强调，反东方主义的基本问题和广泛、基础的问题联系在一起，这和体现、反应历史上的不平等有关系。

男人可以写女人吗？白人可以写黑人吗？这些关注点深刻的联系在一起，不可能轻易解决，因为他们是基于长期以来的歧视和误解上的。

假如我们真的想在历史学、语言学、方法论的语境下定位、观察、解释中国古典哲学，我们不应该再忽视全球合作的重要作用。因此我们必须考虑权力结构的历史角色和作用，以及因此产生的上下层社会群体和社会文化。同时，我们必须一直对以下事实保持警醒：尽管欧洲需要对社会的和文化的不平等负主要历史责任，我们仍需要辩证地思考正面和负面因素的互相影响。就像康奈尔·韦斯特(Cornel West)说的：“欧洲确实对人类做出了巨大的贡献，而犯罪也以欧洲的名义做了同样多。”这段论述强调，为了超越欧洲中心主义和多边文化主义，我们必须对这些事情进行更深刻的反思，包括历史方法的细微差别、微妙的社会分析，以及最重要的全球视野。

六、汉学的杂糅性质

在中国研究领域，后殖民时代的观点对于晚近的历史发展还没有明显地区别于本质论和东方主义对现代中国社会的理解。尽管它现存于各种媒体形式，中国的知识分子和学术成果还没有获得应有的地位。汉学家们被批评，认为他们在理论上和实践上都重复着殖民时代和过去东方主义的错误做法。中国语言文字有海量的典籍和深刻的人文主义传统，新自由主义的视角被认为不仅是多余的，而且(像许多其他潜在重要的学派一样)是危险的和不受欢迎的。近年来，许多大学已经把汉学改成了中国研究实践应用，目标主要是现代中国，基本上忽视了古代中国文化的繁荣多彩和辉煌灿烂。很多西方政府只采用所谓“专家”的信息，而这些专家大多数相当缺乏中国历史、语言、文学、民俗的知识。

但是，汉学家们还需要解决杂糅性质带来的基本问题。这些问题各不相同，应该从同样庞杂的东方主义根源上分别对待。结果是，许多中国的和外国的学者从萨义德那里得到提示，仍然相信汉学是东方主义的一种形式。Hans Kuijper 反对汉学是一个学科，并对此进行了强烈的攻击。他把汉学家们贬低为伪科学家，说他们缺乏任何形式的中国学理论。他还认为汉学的定义是错误的(应该根据研究对象，而不是所见物体命名)，也不是系统化的研究。他认定，汉学家们：

>……无视他们中国研究对象的核心或者完整形态，因素和子系统之间的关系或特定的组合，他们看不见整体并不等于许多部分的相加……他们不了解中国作为一个超级复杂的整体是怎样运转的，不理解它的构造，它的深层次结构和机制。不去试图发现和理解中国之所以作为中国的有序性，他们作为科学家是不合格的。确实他们就像皇帝的新装，自欺欺人。

与此同时，Kuijper 还对此问题提出了解决方案，他建议，汉学家们要么倾尽全力翻译海量的尚未介绍给西方读者的中国文化作品，要么在他们感兴趣的中国研究领域与西方相关学科的学者合作，因为这些学者确实在理论和实践领域都有研究。

尽管 Kuijper 方法的出发点是好的，但不是每个人都认同。至少那些已经获得了杰出理论家国际声誉的汉学家是如此。确实，根据崔瑞德(Denis Twitchett)所说，对于一个精通中国历史的汉学家[①]，汉学有“巨大的统一性，紧密关联的方法体系，比历史上任何时期都更具有整体目的性”。

不可否认的是，在东方主义的过去(它的遗迹在 21 世纪初还萦绕在一些最著名的西方汉学院系中)，汉学家们表现得对中国无所不知。[②]现在，对汉学家仅有的基本要求是掌握现代汉语、古代汉语和相当于中国中学生水平的教育。在学习过程中，西方的汉学学生很少有掌握中国政治、社会、文化、思想、历史基本知识的。他们经常不熟悉中国文学、艺术、哲学的主要发展潮流和学派。研究德国的法国学生不必要学习德国哲学或者社会学，而对于汉学，这些学科是必须的，因为欧洲的(或西方的)学生在他们的高中教育里几乎

① 崔瑞德(1925—2006)是英国知名的汉学家、学术批评家，专攻中国历史。作为《英国剑桥史》的作者和编辑蜚声学术界。

② 作为另外一个极端，汉学家的称谓经常用来讽刺学究气和沉迷于无关痛痒的边缘课题的人。但是崔瑞德提醒我们，学究气和沉迷于琐碎细节并不是汉学家特有的：“在任何图书馆随便浏览一下与西方历史或社会科学有关的时事杂志便可以认识到，在某一学科严谨的学术训练不再能够预防先进分析技术在不重要课题的滥用。”

不学习中国历史文化和社会。

这就是说，汉学必须提供对中国文化、社会以及各个方面广泛的理解，以获得本能理解和定位的能力，这种能力我们对自己的社会是有的，因为我们生于其中受教育于其中。另外，它还必须给予我们通过写作西方素材的中国文人的视角看问题，从而能够在翻译他们西方题材作品的时候剔除他们的偏见和成见。

就算是对兴趣主要只在中国语言和翻译的学生，这种通识教育也是必要的，对语言训练也是如此，因为语言总是扎根于特定的思想和文化。

反之，那些对某些特定领域有学术兴趣的汉学家(例如中国历史、中国社会学、中国哲学、中国艺术、中国考古、中国法律等)必须在相关领域进行深入的学术训练才能成为该领域的专家。这并不容易：它要求在中国学术界和西方学术界都进行专业训练。因此我们必须考虑到，在汉学相关领域的教授们只能提供他们自己专业的学术训练。各个院系的汉学课程与其他学科的课程相比差异性更大。在理想条件下(事实经常如此)，汉学家会把他们自己的研究和其他学科结合在一起，多数是他们的专攻领域和汉学通识教育相结合。

但是这样的结合，在严格的方法论意义上讲不是没有问题的，尤其是在非汉学专业学习汉学的时候。在本文后面我们将看到，西方方法论体系并不适合中国传统研究，有时甚至会起反作用。学术方法经常包含对现实的认知和解释方法，社会科学和人文科学尤其如此。在西方的人文学科领域，观照现实的角度取决于特定的(西方的)历史和思想发展。这些领域的方法论给我们提供了一套系统的类别、概念、方法和参照系统。这是任何理论的必要条件。但是，当产生于特定学科的特定方法论提供了特定工具的时候，把它用于不同的语言文化的同时也限定了对特定学科的处理方式。如果我们把观照现实的特定视角内化，我们会忽视很多重要的元素，而它们只有从不同的角度观测才能体现出来。而这个不同的角度是我们正在使用的方法论体系力所不能及的，因为它植根于感知、理解、解释现实的不同流派。

上文已经提及，调研的概念、类别、方法不能自动地从一个社会文化语言环境转换到另外一个语境。这一点在两个研究领域的语言、语法、语义结构上有巨大差异，在地理距离巨大，历史、社会、文化的发展轨迹差异巨大的情况下显得尤其明显。

被广泛认同的一点是，把西方社会科学和经济政治理论的术语和分类方法应用到非西方社会的历史和现状会引起误导。即使现在，很多中国的(甚至西方的)研究西方社会分类的理论家还在把封建主义不加区别地应用在中国社会所有古代、中世纪、前现代的发展阶段，尽管中亚和东亚的社会模式和生产结构和中国历史以及欧洲历史完全不同。①非欧洲的生产方式一直被视为对标准的偏离，因此，“亚洲生产模式”的提法一直有负面含义。这同样适用于现代化理论和非欧洲思想传统。没有详尽深入的汉学研究，厘清欧洲中心论误解是不可能的。

大多数人文学科研究都是这样的。例如在历史上，学者们面对语焉不详的作品不得要领，因为建构和著述历史必须基于某一流派。对于中国历史的撰写和评价，汉学及其折射出的问题给予了历史学家巨大的帮助，使他们认识到历史和历史学的问题，从而对他们研究的流派更具批判性思维，并且因此脱颖而出。汉学知识使他们理解如何和为什么标准化和西方化的原因，然后在重构历史的时候应用它。仅仅用后殖民主义体系来替代这个流派是不够的，因为在西方价值论和方法论框架下研究非西方文化的角度仍然有问题。

这个问题同样存在于比较文学。很多受过西式训练的中国文学专家强调，西方的体裁分类并不适合中国文学。对非西方文学作品

---

① 即使可用，封建主义也仅仅适用于中国的西周时期。在欧洲，封建主义取决于贵族、农民、工人(平民)之间的阶级关系。工人把他们的体力劳动作为投资支持整个社会结构，其中有一部分是有影响力的宗教领袖。贵族头衔和平民地位是世袭的，意味着后者是依赖于地主的雇农。另一方面，在中国，为地主(属于乡绅)种地的农民可以自由流动。这个系统受官僚阶级控制，官僚的地位不是世袭的，而是来自“精英管理制度”，也就是科举考试。再把西方的封建主义翻译成他们的语言时，中国译者用了“封建”这一术语。他起源于儒家学说和法家学说的概念，描述基于四大职业(官农工商)的周朝的去中心化的政府系统。

用西方的形式、技巧、结构、叙述方法进行文学批评仍然植根于欧洲中心论，应该对其进行如下批评：

> 推断和应用信息的时候，有倾向性是自然的，而且是必需的，但应该是对对象带着敬意的，因为中国文学不能用一套非汉语的命名系统来表达，中国文学被认为是大一统的整体，这是否准确地反映了中国式的创作风格？

石峻山(Josh Stenberg)在批评体裁的普适性时重点谈到，有理由问一下法语的 roman 和英语的“小说”是否指同一对象，或者“小说”一词究竟是否可以下定义？然而有一点是毋庸置疑的：它们在相互交错中产生和发展，因此有一定程度的可替换性，共享同一批参考书目。这些结论对于中国小说就不适用。

比如，鲁迅经常被文学批评家称为中国的高尔基。鲁迅笔下的《母亲》想要逃避吞噬生命、毁灭人生的现实，这个现实与高尔基笔下的英雄逃离的无助现实完全不同。汉学家和比较文学学者和理论家都必须对此了然于胸，因为他们会迫使非西方艺术家的创作进入西方方法论的模式。也就是说，伟大的中国文学不能通过欧洲中心论分类的世界文学这个角度来解读。

对不同艺术作品的创作应采用不同的结构，对此原则的无知在解读中国古典诗词时表现得尤其明显。几乎没有西方翻译家在尽量保持中国古典诗词严谨的音律结构。这个方法在西方学术界导致了不少的偏见。主要的观点是错误地认为，这些作品是高度现代化的、格律自由的诗歌，没有任何严谨的节奏、押韵或其他诗体、格律的限制。这是完全错误的观点，因为任何汉学家都知道，绝大多数中国古典诗词是有严格完整的韵律规则的。

所有这些问题都说明，任何学科一旦进入比较视野，都会显得更复杂。但是，汉学仅仅存在于中国文化和西方文化的比较和交流中。汉学作为桥梁，通过互相译介连接了中国和西方的文化、历史、思想传统。特定的作品由翻译和不同的文化、思想、语言特征的融合所决定。有鉴于此，汉学发展出了相对完整的学术方法。这些方法的共同基础在生动的文本和哲学批评的方法论体系下表现得很明显。这对任何中国及其多元文化的历史研究都是必需的。文本批评是对文献的语义、句法、历史、文化内容进行分析和解释。作者生平介绍、作者对语言的使用是否契合作品产生的时代，以及作品之外内容的探讨都属于文本批评。

这种比较体系提供了一个可靠的、综合的方法，但是仅适用于接受了广博、深入、详尽的汉学教育的学者。作为一个学科，汉学的基本方法论体系使我们能够在本质论和进化论之间游刃有余。它还是一个坚实的基础，使我们能够对中国古典哲学典籍建立现代化的更加精准的解读。

（作者系斯洛文尼亚卢布尔雅那大学教授）

建立并保存艺术文化的数字身份

——在探索和创新之间

［塞尔维亚］米洛斯·帕夫洛维奇

媒体的数字化，以及内容制作工具和服务的大众化趋势，为交流、创作和分享艺术文化内容创造了前所未有的参与式开放性环境。这些趋势不可避免地改变了致力于保存和传播国家文化认同、文化价值和艺术实践的艺术文化机构的期望和任务。

当前，越来越多的艺术文化机构不仅向本地受众，更向全球受众传播国家文化认同、文化价值和艺术实践。由于覆盖全球受众的渠道非常广泛，因此艺术文化机构必须能够快速适应，为动态、网络化的多媒体市场开发新的艺术文化呈现方式。

媒体内容的数字化不仅扩大了媒体选择，也使受众产生了新的习惯和行为。从新的媒体形式到新的媒体内容消费和使用形式，我们发现受众对媒体功能的需求越来越多，对媒体内容的要求也变得越来越高。随着媒体制作人提出新的方法来博取和留住受众的关注，每位观众都希望媒体内容能够激发、激励以及从情感上吸引他。因此，文化艺术机构需要考虑特定的受众期望，以及现代数字时代出现的新的内容制作和发行形式。

一

我们在谈及数字化时，通常会强调制作和发行内容更优质的音像制品的新方法。但是，从受众的角度来看，文化艺术机构的受众绝对不会着重去思考技术问题。我们需要认识到，在谈及艺术文化内容时，受众仅对数字化感兴趣，因为数字化进程为提高产品或服务质量，以及访问内容的灵活性和能力创造了新的机会。

“受众不断向我们表明，他们会流向提供非凡用户体验的地方——有吸引力的内容选择、重大发现、社交社区——具有直观的界面，增强个性化，并允许跨设备访问”（见普华永道会计师事务所2015年的相关报告）。

在撰写本文时，我发现了中国艺术文化使用数字工具的非常有趣的例子，这些例子可用于说明我的假设。第一个例子是，可在众多新渠道上用覆盖全球受众的数字工具来呈现文化认同。这只是其中一个例子：谷歌文化与艺术（Google Arts and Cultur）平台以新颖有趣的方式讲述传统、文化习俗和艺术，通过该平台，世界各地的受众可以更多地了解中国文化。

二

当前，“受众”的概念变得更加复杂，因为它涵盖了不同程度的激活、受众参与度及艺术文化内容。我们在谈论当代受众时，往往说的是粉丝、关注者、订阅者、用户、点赞者、制作人或内容发行人。描述数字受众的另一个可能术语与上文已经提到的谷歌艺术项目（Google Art Project）有关，该项目获得了许多积极的评价，包括肯定未来受众的艺术和动画。谷歌艺术项目扩大了艺术获取渠道，从而创造了所谓的空想游客、博物馆和画廊参观者，这些人不用出门就能参观世界各地的艺术品。通过谷歌艺术项目开展的研究还表明，访问谷歌艺术项目的人与受启发去参观真实博物馆的人之间，有着显著的统计相关性。

“受众”一词本身可能逐渐被人们所遗忘。一些艺术家倾向于认为自己是在培养“社区”，吸引“粉丝”或组织和激励“街头队伍”。一些人偏向于使用“粉丝群”，另一些人则喜欢使用“同事”或“同工”等词来表示“受众”。

综上所述，可以肯定的是，当前的受众体验不再(仅)局限于观看、收听和阅读，而越来越多地由协作、参与式、交互式、沉浸式、分配性注意等术语进行限定。当前，文化机构必须满足一类新型受众群体的需求，这类受众希望参与其中，但是需要给出充分的理由——即需要激励、鼓励和挑动他们。受众的新习惯和新需求随着新功能而出现，这为艺术文化制作人提出了新任务。制作出具有针对性且足够吸引受众关注的内容，只是当代媒体面临的其中一项新挑战。

我们所说的“参与度”其实是指受众参与，从情感上被内容所吸引，进而享受新体验的能力。评估受众在数字环境中的参与度的一种可能方法是，基于受众不同程度的激活，以及对艺术文化内容的操纵或使用程度。

1. 方法：发现所有可用的内容，选择不同的选项和决定，或计划参与；

2. 学习：获得新技能和知识；

3. 体验：从网上了解和享受所有创意或艺术作品；

4. 分享：使用互联网分享内容、体验和观点；

5. 创作：使用互联网帮助或支持创作过程本身。

艺术文化机构传统上之所以抵触为受众提供新的、丰富体验，往往是因为害怕、不了解机会，以及偏执地认为需要投入大量资金才能取得成就。但是，良好的实践事例表明，实际上一个想法就能引起受众的关注。当然，它必须是一个充满创意、新颖、令人兴奋的想法。

三

2011年5月，英特尔公司(Intel)启动了社交网络视觉博物馆(“Museum of Me”)项目，肯定了“交互性”这一概念。“Museum of Me”是一个趣味网站，访问者可以直观地看到他们的社交网络朋友圈，他们访问的图片、历史或地理位置，以及他们“点赞”、交流和记录的所有内容……尽管该项目旨在商业化的推广新英特尔处理器，但其引人注目的可视化功能有效地推广了“交互性”的一些关键概念，这些概念定义了新媒体环境的特征——我们每个人都可以当作家，在互联网上的每一个举动或交互都会创造出某些新的内容或新的价值，并且我们创作的每个内容都会有受众。

连通性、交互性，以及内容创作和交流的畅通无阻，消除了受众对艺术文化内容创作以及参与发行过程的限制。同时，得益于交互性，艺术文化机构能够更加清晰、准确地了解受众的需求、愿望和习惯，从而为广告商提供更有利的环境。基于此，直接参与跨媒体、沉浸式和交互式艺术文化内容创作实践的艺术家和制作人预测，将出现“更加社会化、更相互连通和更加个性化的媒体浪潮”。

随着新技术和新平台的发展，人们对于接触艺术文化内容，得到更深刻情感和现实体验的渴望变得越来越强烈。“沉浸式娱乐”一词最初与某种类型的视频游戏有关，即所谓的“大型多人在线游戏(MMOG)”，后来，该功能应用于虚拟人生网络游戏(Second Life)平台，即“为其用户提供的持续协作平台”。“沉浸式媒体可能强烈影响用户的情绪、他们的临场感和参与度……管理感官印象、环境效果，以及通过分辨率影响生动性，可以决定沉浸感。它可能与临场感(用户在虚拟世界中的意识)有关；通过参与和社会融入媒体链，可以增加归属感”。

在创作沉浸式媒体内容时，艺术文化制作人最常关注的问题是，是否、如何和有多少人，有多少受众真正对与众不同、更具革命性的内容做出反应，他们是否有能力并希望利用新的机会，或者是否有足够多的感兴趣受众使项目盈利。此外，新的叙述机制和互动机会是否会使受众关注故事，即艺术文化的主要价值和观念？

四

媒体制作工具为受众以新的方式分享他们的创意、想法和观点提供了机会。无论是现有服务(YouTube、Vimeo、8Tracks、Last.FM)的自建媒体渠道，还是社交媒体平台(Instagram、Flickr)，数字时代代表着新的力量和新的受众角色。“众包”是受众参与内容创作和收集过程的形式之一。众包代表着协作、聚集、团队合作、共识和创造力。这是一种新的商业调度形式，同时也是一种现象，即在适当的条件下，与个体专家相比，一群人可能取得更好的成果。众包可以带来新的观点和见解，不同地区的个人可以共同创作内容，提出想法和新做法。据预测，2020 年，中国虚拟现实(VR)市场规模将达到 900 亿元。①

最后，我想用前文提到的“普华永道”的报告进行总结，该报告指出，艺术文化市场必须将内容与客户体验相结合，以使其与众不同，在他们选择的平台上吸引受众的关注。为此，当今媒体行业想要取得成功必须采取三个可能(或必要)的步骤：

1. 促进和鼓励注重客户体验的创新活动。

2. 通过各种发行渠道发展客户关系。

3. 将数字个人设备和多平台视频内容作为向用户提供的核心内容。

(作者系塞尔维亚贝尔格莱德艺术大学教授、影视戏剧学院院长)

---

① 参见：https：//theartling. com/en/artzine/virtual－reality－art/，2020-10-29。

中外文化对话与“共同体美学”

饶曙光

安乐哲先生对中国的思维方式做了阐述，提出中国的思维方式是一种关联性思维。中国的思维方式与西方有很大不同，中国强调系统性、关联性，这直接影响了中华美学的生成。所以有人把西方的美学称为区分性美学，把中国美学称为关联性美学。现在有一个新的发展趋势，西方正在走向关联，而中国在关联性的基础上又更多地走向区分。我想这样本身就是一个在文明交流、文明对话当中形成的动态过程。

我提出的“共同体美学”概念跟我们的关联性思维有直接关联，共同体美学在思维方式和哲学层面强调的是我者思维基础上的他者思维。要建立中华文化的主体性，也要考虑到他者的利益和诉求，这是习近平总书记强调的文化对话互鉴、文明包容、文明相互促进的基本理念。

共同体美学的核心理念就是合作，通过合作达到一种和谐。实现多方利益的最大化，首先要强调对话，建立沟通渠道和机制；不仅要善于表达，同时还要善于倾听。在充分对话的基础上，以文明互鉴的包容性来扩大共同性，尽量降低差异性，特别是因为差异性思维形成的对抗性。以有效的合作，尽可能实现双赢、多赢和共赢，也就是天下大同、社会和谐、世界和谐。

习近平总书记希望构建人类命运共同体，共同体美学的提出正是回应了人类命运共同体，我们希望这样一个人类命运共同体的理念能够为更多人所接受。与时代同行的中国美学应该在基于中国经验和民族精神的基础上建立起来。而我们提出的共同体美学充分借鉴了西方文艺理论的研究成果，从作者美学、文本美学、接受美学到共同体美学，是一个合乎逻辑的发展。当然这其中还有很多的问题需要我们去阐释。

黄会林老师强调西方理论不能完全解决中国的实际问题，从电影层面来讲，这表现的更加突出。中国电影的实践性、丰富性、多样性、差异性、矛盾性是其他国家所没有的，在电影实践的层面，我们的理论、话语体系建设正处在一个新的起点，我们在一个新的起点上应该有所作为。这其实也是一种文化自信，也是我们中华美学的美学自信。联系到2035年要建成社会主义电影强国这样一个具体目标，我们应该用这样一个共同体美学的核心理念贯穿渗透和辐射至电影理论、电影创作、电影体制、电影市场、电影产业、电影学术研究的各个层面。

互联网的发展深刻地改变了中国电影，互联网对中国电影的影响比其他国家更大。在这样一个背景下，中国电影面临着新的发展机遇，同时也面临着很多的挑战。从世界电影版图来看，形成华语电影市场，或者说是会林老师提的儒家文化圈所形成的有共同文化基础的大华语电影市场的空间潜力和可能性都非常之大。

中华美学的关联性思维要求我们对每一个方面都要进行更多的思考，在文明互鉴、文明对话的基础上建立起自己新的生成，这就要求我们对本土文化资源进行创新性发展和创造性转换。就中国电影发展来讲，中国电影语言的现代化、中国电影话语体系的建设要形成开放性、包容性、科学性的理论评价体系，促进电影创作与电影生产的良性互动。这其中一个很重要的话题是虚拟美学、人工智能的发展，对电影美学体系提出的新挑战。我个人觉得，我们需要在一个更高的层面上把传统的纪实美学和虚拟美学进行有效的综合和平衡。强调一个根本的理念不是简单地否定，而是通过否定之否定实现螺旋式上升。中国思维有一个传统的缺陷，就是循环论，经常回到历史原点，而把过去有价值的东西扔掉了。我们希望在中西文明、中西思维方式对话和交流中，建立起一种包容性的思维，在充分借鉴传统和西方优秀成果的基础上，去进一步推进它。

从宏观层面讲，中国电影应该在国内主导中华民族共同体，在国外响应人类命运共同体。同时基于中国电影的实践，建设起中国电影理论批评学派，以理论自觉、理论智慧推动中国电影的创新发展，进而为世界电影、世界文化贡献中国智慧。

全世界的电影都面临如何应对人工智能、互联网、5G 等新技术对其的深刻改变这一问题。现在中国的年轻观众都在谈互联网思维、碎片化思维，思维方式的改变直接影响了中国电影的发展。所以我们电影最核心的问题是全方位构建与观众的新型关系问题，即中国电影美学大师钟惦棐强调的，电影最核心的美学问题就是与观众的关系问题。中国电影一直没有处理好这样一个关系，或者俯视观众，或者把观众当成上帝，或者把观众当成大数据。中国电影自身存在许多矛盾性问题，比如商业大片和小成本的问题。中国电影国内市场和中国电影国际传播可以形成共同体，中国电影和世界电影也可以形成一个共同体，实现互动和融合发展。

中国电影实践发展得很快，中国电影理论也逐渐摆脱了对西方电影理论的追随，我们要从自身出发，从中外对话出发来建构我们新的美学体系，现在是一个非常好的时机。

共同体美学有几大特点，首先是集大成，即批评性、创造性、建设性、整合性。对过去所有的电影理论，包括西方理论的一切成果，进行有效整合、有机生成、有为创造。中国文化影响力的生成是在中国与世界对话这样一个框架中实现的，所以今天这样一个命题特别有意义。其次是实践，我们的理论是在实践基础上提出来的。中国电影面临着很多新的挑战(如互联网、人工智能、传播方式、文化基因，等等)，面对新的挑战，我们需要提出新的理论来解决这些问题。我们强调一定要有一种包容性思维，一定要在过去所有的文明成果基础上进行新的创造。总之，我们应该以电影的方式回应会林老师提出的在中国与世界对话中提升中华文化形象和影响力，以电影的方式传播中国文化，以电影的方式实现对世界发展的贡献。

（作者系中国电影评论学会会长、原中国电影家协会秘书长）

第二编

中国与世界的文化交流

试论跨文化交流中三个关键性传播节点

——关于减少和消除“文化折扣”的传播学视角

喻国明

折扣现象无所不在。所谓折扣，就是一种价值的损耗。传播过程中信息表达的折扣现象主要来源于三个基本方面：文本编制时的编码损耗，渠道传播时的传输损耗，用户解码时的“认知—加工”损耗。本文着重从传播学的角度来探讨跨文化交流中如何减少和消除这三个“文化折扣”及其机制与操作逻辑。

一、文化折扣现象是普遍存在的

文化折扣现象不仅存在于跨国别、跨民族之间的交流，而且也存在于不同文化群落的交流，甚至存在于细微个体之间的“接受—认知”差异中。

所谓“文化折扣”(Cultural Discount)，最初是指因文化背景不同，国际市场中的文化产品不被其他地区受众认同或理解进而导致其价值降低。霍斯金斯(Colin Hoskins)和米卢斯(R. Mirus)在1988年发表的论文《美国主导电视节目国际市场的原因》中首次提出此概念。他们认为：扎根于一种文化的特定的电视节目、电影或录像，在国内市场具有吸引力，是因为国内市场的观众拥有相同的常识和生活方式；但在其他地方吸引力就会减退，因为那儿的观众很难认同这种风格、价值观、信仰、历史、神话、社会制度、自然环境和行为模式——即文化结构差异是导致出现“文化折扣”现象的主要原因。

其实推而广之，“文化折扣”可以出现在任何文化结构差异所造成的现象中。代际之间、上下级之间、南方人和北方人之间、主流文化人群与亚文化人群之间，都会在其交流中出现程度不同的“文化折扣”。霍夫斯泰德经过40余年横跨3大洲、50多个国家的多方面调查，总结出了测量“文化折扣”的五个维度，即个人/集体主义倾向(成员只关心自己和家人或更倾向于强调自己属于某个群体)、不确定性规避(成员面对不熟悉的情形时产生危机感的强烈程度)、权利距离(成员对不公平权利分配的接受度)、男性/女性主义(社会成员更强调成功或更追求生活品质)，以及长期/短期取向(成员更注重节俭并坚持为将来作打算，或更注重活在当下)，完成了“文化折扣”量化研究的开山之作——“文化五维理论”。

研究“文化折扣”现象，探讨其形成的内在机理，将有助于我们在跨国传播、跨文化传播、跨界别、跨人群传播中减少和消除“文化折扣”所带来的价值损耗，提升传播效果与质量，这对增进社会共识具有非常重要的理论和实践参考价值。就传播的逻辑过程而言，传播过程中的三个关键性节点“信息触达—信息认知—信息认同”对于传播价值的实现是至关重要的。我们可以对这三个关键性节点上“文化折扣”的发生机理进行探讨，以此来把握“文化折扣”的消除之道。

二、信息触达：要解决“看得到”的问题

众所周知，以互联网为代表的技术革命正在深刻地改变着社会生活，而传播领域发生的改变尤为巨大。

首先是构造传统媒介影响力的两大价值支撑点被互联网技术“解构”了：一是内容采集、加工制作以及社会发布的特权被“人人都是传播者”所解构；二是一直以来传统媒介在社会传播领域中的“渠道霸权”被“万物皆媒”的现实所解构。被互联网技术赋能赋权的个人、机构成为新型的内容生产者，UGC（用户生产内容）和OGC（机构生产内容）与PGC（专业生产内容）一道，成为内容生产的多元主体。而随着5G技术的“全时在线”“万物互联”所涌现出的海量数据被人工智能技术有效处理后，生产出更加海量的MGC（机器生产内容），这极大地分流了社会视听的“流量”。作为与主流传播有着文化区位上不同话语的资讯的泛滥，在一定程度上会“稀释”甚至遮蔽传统主流媒介的“话语”，成为影响主流话语传播的巨大“噪音”。

其次，万物皆媒解构了传统媒体的渠道霸权，碎片化和垄断化同时成为传播渠道的当下现实。一方面，形形色色个性化、分众化的自媒体和机构媒体分流了一直以来集中于主流媒体的渠道依赖；另一方面，寡头独占也是今天线上传播的突出表征。有研究表明，两大类互联网平台媒体——基于社交链条构造起来的社交平台（如微信、微博）、基于智能算法的内容分发平台（如今日头条、抖音）——的崛起已经占据了线上流量80%以上的份额。在此双重夹击下，传统主流媒介的渠道影响力大大降低。

因此，在信息触达的问题上，当下的关键是要解决“看得到”的问题。新的现实发展态势需要新的操作逻辑与之契合。新的传播过程所联结的要素、资源越来越多，它所涉及的领域以及相应的规律机制就越来越多，所以需要全要素全环节的协同来完成。因此，“接力传播”便成为今天信息触达用户的一个传播关键。在一个“碎片化”的市场上，只有将形形色色的渠道协同整合、彼此“连接”和实现信息在不同渠道间的转换，才有可能将信息有效地通达给用户——它意味着传统传播模式的巨大变革以及内容表达形式的对应性创新。

这就要求我们必须以用户洞察为先导，构建接力传播的能力。这其中，传统媒体与新兴媒体之间的“接力－协同”尤为重要。我们在近年的舆情研究中发现，在当下社会舆情的生成发育的过程中，存在着明显的“哑铃效应”。一个舆情从生成到成为社会热点，一般都要经过两个重要步骤：网络舆论场对于新近发生的林林总总的舆情个案进行扫描、筛选、蕴蓄与赋能，使其成为一个网络热点，但是，其作用边界也仅止于网络。只有当传统主流媒介跟进报道，实现其“社会地位的授予”，它才能真正成为现实社会生活中的热点，引起各方职能部门的关注与干预，进入社会舞台的中央。可见，虽然眼下网络的作用非常强大，但“地位授予”依然是传统媒介所拥有的强大功能之一。一个重要信息的传播有赖于两类平台之间的协同与接力，其社会影响力的造就缺一不可。

三、信息解码：要解决“看得懂”的问题

内容产品的形成是一个信息的“编码”过程，相应地，内容产品的接受与读解则是一个信息的“解码”过程。一个理想的信息解码过程是能够最大限度地避免用户因“文化折扣”与认知偏差造成原内容产品的价值耗损，以及价值反转(曲解)。要做到这一点，必须将解码过程还原到对用户解码产生作用的几个影响性要素的分析和探究中。

(一)认知载体：因语言差异所造成的“折扣”

语言翻译讲究“信、达、雅”，但严格地讲，语言之间从根本上来说是有不可翻译性的。不同语言之间的转换是有着明显的信息损耗的——唐诗宋词翻译成外文，总给人感觉像是二流作者的打油诗；同样，莎士比亚的十四行诗翻译成中文，无论译者多么努力，依然无法产生它在英语人群中引起的痴迷与沉醉感。要从根本上解决这一问题，只有一个办法：掌握对方的语言和话语方式。因此，我们必须认识到，一个内容作品至少应具有两个价值维度上的建构任务：一是纵向的深度价值的操作与表达，使作品的内容与形式的表达符合严整、深刻、生动、传神、真实可信等要求；二是横向的宽度价

值的连接能力和共振效果的营造，即激发不同文化属性的人们在同一内容作品下的情感共振、关系认同的能力。我们的传播者对于纵向的深度价值的操作与表达比较熟悉；而对于横向的宽度价值的连接能力和共振效果的营造相对较弱。而这一点，正是在跨文化传播中降低“文化折扣”的关键所在。譬如，在当下的网络空间中，我们常常看到形形色色的“扮丑”内容，按照传统观念我们会把它们统统归入垃圾作品。但为什么很多人，尤其是青年群体对这些“扮丑”内容不以为丑，反以为美，甚至狂热追捧并成为其“粉丝”呢？实事求是地讲，是因为这些所谓的“扮丑”内容激起了他们内心的认同、情感的共振，有一种感同身受的巨大认同感，因此成为他们的族群符号和群体宣泄的附着物。如果我们善于掌握并且利用这些符号、载体来承载并表达主流价值观的内容，不正是一种基于新的载体来实现跨越文化群落的“连接”和协同吗？

（二）认知参照系：解决因既有经验所造成的“折扣”

从认知心理学的角度看，人的“认知－理解”过程是人基于既有的认知体系（结构化的知识、经验、阅历等）将一个外来信息与自身的认知结构进行归类、匹配、融合和结构化处理的过程。因此，人的既有经验在用户对于外来内容作品“解码”的过程中起着重要的作用。譬如，西方发达国家社会问题的主要矛盾集中于横向人群之间的利益平衡与决策参与上，因此，他们对于相关社会问题的解读角度一般是以“民主参与”范式来“解码”的；而对于像中国这样的发展中国家，“发展”本身构成了解决社会问题的最为主要的路径和方案，因此，我们对于相关社会问题的解读角度倾向于用“发展”范式来进行“解码”。因此，当跨文化传播时，不同文化背景的人面对同样的事、同样的现象和同样的问题，他们基于不同的理解“范式”所得出的结论是不同的，有时甚至是大相径庭的。同样地，不同文化族群之间的对话与沟通之所以常常沟而不通、大打折扣，究其原因很大程度上是由于沟通双方在社会文化的认知参照系上的不同所造成的。

因此，要想在沟通上少打折扣，增进效果，就要注意到认知参照系的差异，并且努力在两者之间搭建起彼此理解和认同的“合意空间”(即寻找彼此在社会文化的认知参照系方面的共同部分)，以此作为双方沟通的立足点和发挥影响力的作用点。一般而言，人们社会认知的心理结构分为三个层次：深层价值心理—基本社会态度—具体社会意见。越是后者，差异便越大；越是前者，不同文化族群之间的共同点(即重合部分)就越多。因此，避开具体社会意见，从基本社会态度和深层价值心理上寻求共同点，是解决由于认知参照系的不同而造成沟通中“价值打折”的一个关键性操作。

(三)认知逻辑：解决因思维逻辑所造成的“折扣”

有研究表明，以拼音文字为语言表达的文化族群在认知逻辑上比较倾向于“以点到面”的方式来形成概念和判断；而以象形文字为语言表达的族群在认知逻辑上则比较倾向于“由面及点”的方式来认识和判断事物。中国人比较喜欢从一开始对一个概念进行定义，然后再通过举例来进一步理解它的内涵和外延；而西方人则比较习惯于从具体的事物和个案的认知出发，经过一定数量的累积再进行相应的归纳和演绎。因此，一开头就给“老外”赋予抽象的概念，会让他们摸不到头脑；而给我们的同胞讲几个支离破碎的个案，也常常会让人不得要领。因此，在跨文化传播中，讲故事是一个好的共同方式：它既具有具体生动的形象性表达，同时也充满着故事的内在逻辑结构张力。因此，解决因认知逻辑不同所造成的传播者的“折扣”问题，应该从讲好故事开始，这是非常有效的一种解决之道。

四、信息认同：要解决“说与做”的协同问题

传播是重要的，但不是万能的。俄罗斯的谚语说：“天上的仙鹤不如手中的麻雀”，而法国也有一句名言，叫作“一个实际行动胜过一打纲领”。行胜于言，是社会认知与价值判断的第一要义。曾几何时，在央视大屏幕上做了多年广告的“好客山东”被一盘“38 元一只大

虾”的负面事件弄得颜面扫地。我们曾经试图通过几十项传播类指标去建构影响社会态度的形成模型，研究结果表明，在态度改变的问题上，传播所起到的作用不超过 38%。[①] 当然，这并不是说，在信息认同的问题上传播不重要，而是提醒我们要充分地认识到，在社会认同效果的达成上，传播永远只是居于从属的“配角”，最多只能起到促进性的作用和效果。

具体地说，传播所能起到的作用从普及知识起步，进而建构观念，然后再促进行动。社会认同是从相关信息与知识的累积和掌握开始的，在社会认同的实践层面上，传播的信息普及化作用是巨大的——给予准确、全面和系统化的知识和资讯是一切社会认同的认知基础；但是，仅仅掌握了知识和相关资讯还是不够的，还需要将这些知识和资讯内化为人们系统性的认知“文化地图”，成为人们判断一个社会问题是非曲直的标准、尺度和基本框架；在此基础上，典型任务、典型事件的示范引领、潮流和时尚的推动以及参照群体的裹挟，在很大程度上可以促进社会认同的发生和强化。当然，这其中并不排除不同文化倾向之间的对冲和博弈，与其说这种对冲和博弈有碍于共识的达成，毋宁说它实际上会大大增强社会在观点冲撞中找到社会共识，寻求社会的“最大公约数”。其操作的关键在于用一整套结构化的“游戏规则”来框定其意见的对冲，如同“民主协商理论”的实践范式中所阐明的那些规则和程序。

此外，作为社会的管理者，透过社会信息和社会意见的流动、对冲来理解和把握民意及问题的症结所在，并且动用相应的社会资源和管理手段去解决相关问题、营造良好的社会氛围和客观环境，对于社会共识的达成也是至关重要的。换言之，要以沟通为手段，以民意为指示器，构建相应的社会政策与游戏规则，建立健全的有助于问题解决的客观条件。

最后，应该特别指出的是，本文所谓的跨文化传播，不是仅止

---

① 赵水福主编：《中国社会心理的轨迹——亚运宣传效果调查报告集》，北京，北京广播学院出版社，1991。

于传统意义上的跨国传播和跨文化传播。因此，上述分析性结论和判断同样适用于一个国家、一个社会的不同族群、圈层的沟通与对话，其降低“文化折扣”、提升传播效果的机理是相同的。

（作者系教育部长江学者特聘教授、北京师范大学新闻传播学院执行院长、中国新闻史学会传媒经济与管理专业委员会会长）

探索增强中华文化国际影响力的新方法新路径

——关于建构跨文化分层传播体系的理论思考

孟建

不断增强中华文化国际影响力，是我国实现“两个一百年”奋斗目标和中华民族伟大复兴的重大战略决策。传播力决定影响力，话语权决定主动权。处在网络与数字时代，如何在学术层面更好地审视这一重大问题，探索增强中华文化国际影响力的新方法新路径，是放在我们学术界面前的重要课题。

一、我国跨文化传播面临的新课题

虽然我国在不断提升中华文化国际影响力方面做了大量工作，也取得了一定成绩，但在这方面仍然存在着“维度单一，层次不分，停留浅层，效果不佳”等突出问题。提升中华文化国际影响力存在的问题具体表现为“有效传播理念的缺失、分层传播结构的失衡、精准运作路径的偏差”，解决好这“三大问题”是我们以“问题导向”来进行“破题”的根本。

从全球文化格局和国际舆论态势看，“西强我弱”的状况仍未得到根本扭转。借助互联网的飞速发展，西方一些国家不断对全球文化和舆论格局进行重构，传播观念、传播方法、传播手段也在不断升级换代。他们期望通过不受国家主权约束的信息自由流动，直接与他国民众对话，以影响其价值观念、文化思想和行为方式。近年来，我国国际文化交流和对外传播的规模、渠道、技术、影响都取得了跨越式发展，但传播理念、话语体系、传播方法、传播技巧等与大国地位和国际水准、现实需要和时代要求相比，仍严重滞后。“有理说不出”“说了传不开”“传开叫不响”的问题依然存在，突出表现在找不准站位、对不准主流、发不准声调、讲不好故事。在国际文化交流和新闻传播中，要改变这种“西强我弱”的局面，我们不仅要提高讲好中国故事的能力，也要增强主动对外发声的意识。要加强话语体系建设，创新对外传播方式，让世界知道中国人民为人类文明进步曾经作出过什么贡献、正在作出什么贡献、还要作出什么贡献。我们不但要把中国的声音传播出去，更要让中华文化融入世界、深入人心，要让中华文化的交流与传播达到习近平主席所提出的“中华优秀传统文化是中华民族的文化根脉，其蕴含的思想观念、人文精神、道德规范，不仅是我们中国人思想和精神的内核，对解决人类问题也有重要价值”的高度。

二、跨文化传播的观念变革

增强中华文化国际影响力的核心问题是加强国际传播能力建设，从而构建我国文化软实力。为了适应网络与数字时代的现实环境和媒介环境，我们需要在观念、结构、路径三个层面对我国中华文化国际影响力的传播体系进行全面审视。其间，如何建构起“跨文化分层传播体系”是非常值得探讨的问题。

我们要从“增强中华文化国际影响力”这一大命题出发，对“跨文化传播”进行全面整理和深入分析，并据此梳理出“跨文化传播”这一学科发展的脉络，以及其在当下“数字化、网络化”媒介环境下的最新变化，努力建构一个更符合现代传播规律的“跨文化分层传播”模式。

“提升中华文化影响力”研究格局的形成和变迁是一个动态发展的过程。当前“增强中华文化国际影响力”战略的研究从政府到学术界已经有了一定的基础，积累了一些经验，也形成了一些共识。但理论深度、体系完整性、领域拓展性还有待进一步加强。其间，对跨文化传播研究中“分层传播”这一实现途径的研究，尚缺乏社科方面的系统理论支持。我们主张在“网络与数字时代”背景下，推动“增强中华文化全球影响力的分层传播”学术理论的整体建构，以体现国内学术界在文化强国建设进程中对中央加强文化自信要求的高度重视。特别需要指出的是，中国人文社会科学的总体性目标就是构建中国话语体系，打造中国学派，其主要目的都是为了构筑新的与国家崛起大背景相适应的国家叙事。中华文明在新时代寻求新的发展，但新时代面临许多急需澄清的问题。我们应该承担起解释、谋划“增强中华文化国际影响力”的重任，为国家发展提供理论支持。

这其中，运作观念的转变是进行跨文化分层传播实现途径研究的逻辑起点。这主要是从战略规划的深层次上解决我们目前在观念中存在的三个方面的问题。首先，增强中华文化全球影响力的对外传播观念在运作过程中尚未摆脱“强大效果论”的桎梏。往往在夸大媒介强大作用的同时忽略了接受者层面。虽然传播效果理论的发展经历了“强大效果论”“有限效果论”并已进入到“适度效果论”阶段，但我们在实践中宣传色彩还较为浓厚，往往根据主观意愿进行议题设置，其实质是仍未摆脱“强大效果”的陈旧理念。其次，我们的社会观念尚停留在“社会整体观”的局限中。社会整体观作为一种社会学的重要理论，固然有其重要意义，但从马克思主义分层理论来看，该理论尚存在着过于笼统、过于概念化的弊端。社会学研究的对象是人类社会中的具体层级，目前，我们在对外传播的实践中，往往将社会看做一个整体而忽略了整体中各个层级的区别。再者，我们对外传播的“外”仍旧层次不清，对国家关系的认知尚停留在“泛世界”中。我们把世界看作一个“整体”固然有其合理性，但这个“整体”仍旧是一种“泛世界”的认知。也就是说，具体的实践操作并未针对不同的国家(地区)进行清晰的划分并制定相应的传播战略。

三、跨文化传播运作的全新体系

由此，我们要从“传播效果”“社会分层”“国家认知”三个方面入手，摆脱限制中华文化国际影响力增强的陈旧观念，重新思考网络数字时代跨文化分层传播的运作观念，为跨文化分层传播体系构建寻找基本定位和发展方向。

这其中，“三个转变”显得非常重要。一是如何尽快实现从“强大效果”到“有限效果”再到“适度效果”的观念转变。效果问题是对外传播的重点，麦奎尔认为，大众传播理论大部分研究的是效果问题。传播效果观念决定了在对外传播的运作中所采取的路径。我们要重点研究在跨文化分层传播的运作中如何转变传播效果观念。从“有限效果论”“适度效果论”出发，通过分析效果理论的演变，建构起跨文化分层传播的新“传播观念”。二是如何尽快实现从“社会整体”到“社会分层”观念的转变。分层研究的问题是非常本质的问题，社会分层是指社会成员、社会群体因社会资源占有不同而产生的层化或差异现象。既然社会资源是多元的，那么，造成的层化现象也必然是多种多样的。我们要通过不同国家社会分层观念的对比分析，抽离出适合增强中华文化国际影响力的以传播效果为基点的对外分层新战略。三是如何尽快实现从“泛世界理念”到“具象国家认知”的转变。我们要着重分析具象国家认知层面，从国别的维度进行多层次的划分，并针对不同的国家分层，在新的“传播观念”以及“社会分层理念”的基础上制定相应地增强中华文化国际影响力的传播战略，实现精准传播。

我们认为，有这样几个理论问题需要高度关注。首先是传播主体、客体、内容的单一问题。我国当前跨文化传播主体依然局限在相关文化主管部门和国内主要媒体机构(《人民日报》、新华社、中央人民广播电台、中央电视台、中国国际广播电台、《中国日报》等);我国当前跨文化传播客体已经开始有按照国别来进行分类传播的趋向;跨文化传播内容已经有了根据不同层次受众传播不同内容的意识。但是,传播主体和客体都还不同程度存在着结构单一的问题,在有些方面还相当严重,传播内容"一刀切"的问题也没有完全改观,这不利于精准传播和有效传播。其次是社会资源结构的非网状性问题。在社会分层研究中,对社会资源的不同占有是产生层化的主要原因,社会资源的种类包括经济资源、政治资源、声望资源、人力资源、文化资源等。从传播学的视角看,文化资源也是社会资源的一个重要类别。占有不同类别的资源往往会产生不同的分层结果,传统分层理论多采用单一或者少数资源类别来进行社会分层,而在当今的文化多元化社会,却只有多种资源类别维度组成的网状结构才能更好地反映社会分层结构。第三是不同国家(地区)的差异化问题。我国当前的跨文化分层传播已经开始考虑国别(地区)的差异,但是受主客观因素的局限,在跨文化传播过程中尚未形成文化的差异化传播,这是我国跨文化传播战略尚未高度重视的重要领域。即便是我国实施跨文化分层传播,也要看到不同国家(地区)内部存在明显的差异化现象,如何在保证可行性的情况下更为精细的实施差异化传播是今后需要解决的重要问题。

从当下的传播态势、社会资源和国际状况看,我国跨文化传播面临着全新的挑战,突出的表现在以下三点。一是从传播主体、内容的一元化到多元化。在网络与数字时代传受同体的情况下,我国更需要在多元层次上来分析跨文化传播的运作结构。传播主体通常划分为国家、社会组织、个人三个层面,我们现在的传播主体基本上是停留在国家层面。有效整合传播资源和力量,充分发挥政府、社会组织、企业、公民个人等不同主体的责任,形成中央和地方相结合,外宣部门和实际工作部门相结合,政府和民间相结合,组织机构和个人相结合的全方位、多元化的多元传播体系。针对不同教育程度的受众传播不同层次的文化,对不同行业、圈层的受众传播不同样态的文化，如此才能吸引受众兴趣，满足受众需求，实现文化交流互鉴。我们要延续传播学中控制研究和受众研究的理论脉络，结合社会学的分层思想来分析传播者和受众的情况，厘清传播主体的多元结构。二是从社会资源单一结构到社会资源网状结构。网状资源结构能够更好地描述社会分层情况，多维度的影响因素分析能够更为合理地建构跨文化分层传播的模型。我们要系统考察当前典型国家和地区的社会文化现状，在社会分层理论的指导下廓清多元社会的网状资源结构，在描述并阐释该结构的同时进行理论分析和体系建构。三是从国际整体到国别差异。跨文化分层传播中要考虑国别差异已经成为理论和实践领域的共识，但是国别差异也是较为简略的分类分层方法，并且在实践中依然存在只考虑整体不考虑差异的情况。我们要通过对当前我国跨文化传播实践的考察来进一步分析传播中的国别差异情况，认识当前面临的问题并提出解决方案。

四、分层传播的主要方法与实现路径

目前，中国覆盖全球的跨文化传播网络已经初具规模，尤其是我国迅猛发展的社交新媒体的普及，为增强中华文化全球影响力提供了技术支持和平台支撑。但是在跨文化传播的实际过程中，世界不同国家(地区)、一个国家(地区)的不同阶层和群体，对中华文化的认知与理解仍然达不到对外传播的最初预期效果。故此，我们首先要解决好跨文化传播中的“三非”问题，即传播的非精准化、传播的非层次化、传播的非区隔化。在跨文化传播过程中，针对性越强，传播效果越好。而目前中国跨文化传播中的受众定位存在“泛化”和“大一统”等问题，缺乏“精准化”的定位。这种过于“千篇一律”的现象，使得许多海外受众并不能真正获知和了解自己需要的信息。将一个国家作为一个整体，并不关注社会分层，而是对同一个国家不同阶层的人采取相同的策略，这种“混沌一片”的现象，使得跨文化传播缺乏立体化和层次化；同时在传播过程中，并没有很好实践“区隔化”的运作，“多国一策”的方式，只会使传播效果大打折扣。其次，就是要解决好建立起一个科学、完整、准确的“分层传播”综合测评体系的问题。如何尽快地建立起跨文化分层传播测评体系是“重中之重”，我们必须依据研究的最新成果，建立起一个科学、完整、准确的“跨文化分层传播”综合测评体系。

要摆脱上述研究中的束缚，达到上述目标中运作的要求，我们首先要厘定跨文化分层传播路径。其间“三个实现”值得关注。要实现从泛众传播到精准传播。所谓精准传播，就是既要求传播内容更加细分，又要求精准切分受众需求，改变整齐划一的“一刀切”和“一视同仁”的传播方式，变“粗放式”为“精准化”。从传播主体、渠道、受众等都要做到科学系统的分层设计，找准定位、对准频道、准确发声，让海外受众更加贴切和有针对性地了解中华文化，提升跨文化传播的精准度和有效性，实现从广义社会到阶层社会的传播。

不同阶层的人群对文化的需求有所不同。在跨文化传播过程中，对一个国家的不同阶层和不同群体也要做好细分，制定有针对性的传播策略。要实现从多国一策到一国一策。“一国一策”要求我们在充分调研的基础上，针对不同国家和地区分别制定与之相适应的跨文化传播策略。受资源限制，在进行跨文化传播的过程中，应当根据我们的战略利益将不同国别、地区进行分类，确立“一般推进”国家(地区)和“重点布局”国家(地区)，有针对性进行跨文化分层传播。要将国别差异与区域协同结合起来。比如“一带一路”沿线国家的传播，就应既尊重差异化又寻求同质性，做到区域协同。此外还要充分考虑同一国家和区域内部的阶层，进一步细化方案，实现一国一策。

其次，要构建跨文化分层传播测评体系。构建跨文化分层传播的运作路径不仅需要进行整体性的体系设计和具体的战略实施，还需要在实践中不断进行科学的监测和评估，建立起“跨文化分层传播的测评体系”，以实现“实践－反馈－调整－实践”的动态传播过程。跨文化分层传播的科学性、操作性、有效性问题是目前此领域研究中的一大难题，这个问题对于中国来说显得尤为突出。要想卓有成效地实施跨文化分层传播必须建构科学的测评指标体系，并对传播实施适时、有效的评估。具体制定跨文化分层传播测评体系时应从以下五个方面展开构建工作：(1)评估原则：科学性、操作性、有效性；(2)评估指标：间接指标，直接指标；(3)评估路径：媒体效果评估(质、量)、专家评估、受众评估；(4)实施手段：入户调查、抽样调查、大数据分析等；(5)效果反馈：适时效果、延时效果。

百年未有之大变局冲击全世界。要想在这大变局中立于不败之地，“不断增强中华文化国际影响力”是根本。我们要通过探索增强中华文化国际影响力的新方法新路径，让中国的软实力真正变强，为中华民族的伟大复兴出力。

(作者系复旦大学教授、博士生导师，复旦大学国家文化创新研究中心主任)

"一带一路"建设与中日交流的文化路径

色音

一、"一带一路"建设现状

关于"一带一路"的正式提出，起源于习近平主席 2013 年 9 月 7 日在哈萨克斯坦提出的"构建丝绸之路经济带"[①]和 2013 年 10 月 3 日在印度尼西亚提出的"建设 21 世纪海上丝绸之路"[②]的倡议。但是，研究者认为，"一带一路"的提出并非偶然事件，而是有着深刻的社会历史背景。首先，从人类历史来讲，"一带一路"是对古代丝绸之路的继承和发展[③]。"丝绸之路"自古以来就是中国对外交流的通道，是中外文明的历史交汇带。其次，从国际环境来看，"一带一路"的提出既是中国周边外交"亲、诚、惠、容"理念的重要体现，也是

---

① 习近平：《弘扬人民友谊 共创美好未来——在纳扎尔巴耶夫大学的演讲》，载《人民日报》，2013-09-08。

② 习近平：《携手建设中国—东盟命运共同体——在印度尼西亚国会的演讲》，载《人民日报》，2013-11-04。

③ 石焰：《建设"一带一路"，打造繁荣的"命运共同体"》，载《老年教育》，2014(9)。

促进世界和平与发展的需要，其核心在于弘扬“和平合作、开放包容、互学互鉴、互利共赢”的新丝路精神①，共同打造互利共赢的“利益共同体”和共同发展繁荣的“命运共同体”。② 再次，从国内情况来说，“一带一路”的提出是加快中西部和沿边地区开放步伐，形成全方位开放格局的客观需要，实质上是中国“引进来”和“走出去”战略逻辑的必然延伸。③

中国提出的“一带一路”倡议，引起了全世界的广泛关注。根据公开报道，乌兹别克斯坦、吉尔吉斯斯坦、哈萨克斯坦、塔吉克斯坦、土库曼斯坦、俄罗斯、海湾阿拉伯国家合作委员会各成员国、巴基斯坦、老挝、缅甸、东帝汶、斯里兰卡、马尔代夫、印度等国元首或政要都已明确表态支持中国的“一带一路”建设。④ 根据最新资料，目前已经有100多个国家表达了对“一带一路”倡议的支持和参与共建的意愿。⑤

二、中日历史民俗文化交流为“一带一路”建设打下人文基础

丝绸之路是一条联结东西、通向世界各地的和平之路；丝绸之路是一条传播中华文化、吸纳世界精华的文明之路；丝绸之路是一条促进沿途各国经济繁荣的发展之路；丝绸之路是一条增进各国相互了解、亲善往来的友谊之路。

正因为丝绸之路具有如此特殊的功能和巨大的作用，肩负着发展各国经济的历史使命，所以丝绸之路被人们载入史册。我们称古

---

① 田军、田丰伦：《丝绸之路经济带的重庆战略构想》，载《重庆日报》，2014-06-12。

② 王湘穗：《“一带一路”战略目标是世界多极化》，载《环球经济》，2013(7)。

③ 石泽：《“一带一路”与理念和实践创新》，载《中国投资》，2014(10)。

④ 岳菲菲：《亚欧都有哪些国家支持“一带一路”》，载《重庆与世界》，2014(11)。

⑤ 李永全主编：《“一带一路”建设发展报告(2019)》，3页，北京，社会科学文献出版社，2019。

代从陆路通往南亚、西亚以及欧洲的贸易通道为“陆上丝绸之路”；从海上连接拉美、非洲、日本等东西方国家和区域的贸易通道为“海上丝绸之路”；还有经过草原或沙漠的“草原丝绸之路”。其中以“陆上丝绸之路”和“海上丝绸之路”贡献最大，影响最广。特别是明代郑和七下西洋开辟的“海上丝绸之路”，不仅是东西方商业贸易之路，而且是中国和世界各国政治往来、文化交流的通道。①

在海上丝绸之路的发展史上，中日间的文化交流曾占据着特殊的地位。以中国佛教的发展为例，海上丝绸之路发挥了非常重要的作用。在佛教传入中国初期，有许多高僧大德通过海上丝绸之路经由不同港口进入中国传教。最早见诸记载的是东晋时期的法显法师，他从陆上丝绸之路来到北印度学习佛法，后辗转经狮子国(今斯里兰卡)搭乘一条去往广州的商船归国。这一记载也恰好说明由南亚到广州的海上贸易路线在东晋时业已存在。另外，南北朝时期《华严经》的翻译者佛陀跋陀罗、禅宗经典《楞伽经》的主要翻译者求那跋陀罗、禅宗创始人菩提达摩等人皆于广州登陆中国。这些历史典故说明古代中国一直以来就与世界存在着诸多联系，中华文化既是在五千年的文明积淀中孕育而生，也是在不断融合、吸收外来文化的过程中形成的，外来文化传入中国的最重要途径之一就是海上丝绸之路，这其中重要的一支是佛教。

日本的佛教就是中国佛教经海上丝绸之路传播到日本的，这种独特的文化纽带自古连接至今。据日本学者宫家准的研究②，弥生时代，随着以家为单位的固定居住生活的发展，日本人开始重视家谱，期望家族香火不断而开始祭祀先祖。这一切都与汉语的进入、历法的使用、佛教的参与有关。

此外，在日本最广为人知的祖先祭祀礼仪是盆祭，即盂兰盆会。在日本，第一次举行盂兰盆会是在佛教传入不久的推古天皇十四年(606年)。

---

① 卞洪登：《丝绸之路考》，北京，中国经济出版社，2007。

② [日]宫家准：《日本的民俗宗教》，173页，南京，南京大学出版社，2008。

南北朝时期，中国的《目连救母经》传入日本，日本应永十四年(1407年)的《三国传记》中“目连尊者救母事”一则，几乎未加改变地介绍了《目连救母经》的内容。在日本，法藏的故事也是从中国的“目连变文”发展而来的。

此外，日本神道虽是日本的民族宗教，但是，在其形成时期，无论是其神学思想还是其宗教祭仪活动，都受到中国儒家思想的影响。

三、借助民俗文化交流，促进中日民心相通

民俗文化是中日两国“礼尚往来”的桥梁，对于促进两国民众之间的民心相通具有重要的促进作用。

中国公共外交需要借助民俗文化纽带有效促进与“一带一路”沿线国家民心相通。即既要重视与其政府打交道，还要研究其社会、文化结构，特别是民间民俗文化的作用，通过民俗节庆等活动开展公共外交，为拓展“一带一路”沿线国家的民心相通工作创造条件。“官办民办”相辅相成，经济与民俗同步推进。“一带一路”建设中如何有效运用民俗文化资源和中华民族多民族文化优势，是我们需要研究的重要课题。

我们应当坚持文化先行，通过进一步深化与“一带一路”沿线国家的民俗文化交流与合作，促进区域文化合作，实现共同发展，让命运共同体意识在沿线国家落地生根。民俗文化的影响力超越时空，跨越国界。民俗文化交流是民心工程、未来工程，潜移默化、润物无声。我们在建设“一带一路”和国际合作进程中，要积极发挥民俗文化的桥梁作用和引领作用，加强与“一带一路”沿线国家的各领域、各阶层的交流交往，努力实现中国与“一带一路”沿线国家的全方位交流与合作。其中，应重点挖掘和开发民俗文化资源，开展人文交流和民俗活动。这有助于夯实中国与“一带一路”沿线国家合作的民意基础。国之交在于民相亲，民相亲在于心相通。各国间的发展既

需要经贸合作"硬"的支撑，也离不开文化交流"软"的助力。民俗文化是一个国家核心竞争力的重要组成部分，在综合国力竞争中的地位和作用日益突出。我们要立足中日之间民俗文化交流的历史人文基础，打造新的文化交流模式、探索新的民心相通机制。周边国家的关系亲不亲，关键在民心。民心的亲近无疑将对国家之间的外交、政治、经济、文化等各领域产生显著影响。

在日本，文物古迹、古典园林、文学艺术、宗教文化、城乡风貌、民俗风情等都被当作人文资源。日本的经验证明，文化遗产和民俗文化可以作为一种旅游资源和文化创新资源对社会发展起到积极的推动作用。让人们参观文化遗产、欣赏民俗文化是其发挥作用、实现价值增值和传承的重要途径。文化遗产和民俗文化作为一种特殊的资源可以适当地开发，但一定要从区域文化的整体特征来认识文化遗产和民俗文化的价值，使其与区域经济的整体发展结合起来。从20世纪70年代前半期开始，大阪、兵库、琦玉等地的地方自治体负责人发起了"行政的文化化"活动，这种地方文化活动是在艺术文化、民俗文化遗产保护、终身学习等领域进行的。[①]

在振兴地方文化政策，保存该地区独特民俗文化的同时，还有必要创造新的民俗文化内容。通过有形民俗文化遗产和无形文化遗产的活用，创造独具特色的地方民俗文化来吸引观光旅游者，是日本搞活地方经济、振兴地方文化的重要措施。

人类在不断地创造和享受文化艺术，人们都向往生活在充满文化气氛的环境中。文化的形成和发展取决于人们的创造性劳动。日本政府非常重视文化政策的民间反应，维护政策实施和制度运行的透明度和公正性，不断征求艺术家和其他公民的意见，充分考虑之后才酝酿具体可行的文化政策。日本为了振兴本国民俗文化，尊重举办的文化活动者和文化遗产传承人的文化政策和文化遗产保护制度，值得我们学习和借鉴。

旅游服务是民俗文化产业的重要平台。民俗文化是非常宝贵的

---

① 根木昭:《日本の文化政策》，38页，劲草书房，2001。

资源。旅游业虽然是以盈利为目的，但与其他商业形式不一样，它也是一种社会文化现象，旅游的发展也加速了传统文化的传播，这对增进中日两国民间文化交流有积极的推动作用。随着旅游业的蓬勃发展，旅游资源的不断开发，民俗文化借助旅游业这个平台得到了广泛的传播。

为推动“一带一路”建设，中国将充分发挥旅游业的优势，与沿线国家和地区共享旅游市场与发展机遇，联合开发“一程多站”式的旅游产品，共同打造丝路旅游形象和品牌。利用这良好的发展机遇，我们应该尽快制定中日民俗文化旅游线路。

比如在“一带一路”建设背景下，策划一些中日两国之间的“民俗文化之旅”，借助这些活动，宣扬“一带一路”和平发展、经济互融和互信包容的理念，消除日本民众对这一政策的疑虑，推动中日两国在“一带一路”建设方面的合作共赢。

（作者系北京师范大学教授）

中国文化的极致性与构建人类命运共同体的关系

向云驹

众所周知，随着中国改革开放的不断深化，丰硕的发展成果和成就日益呈现，在世纪之交，中外不少文化理论家、思想家开始思考中国经济、社会全面崛起之际、之后的文化何在与文化何为问题。在20世纪末联合国教科文组织召开的一系列国际会议、论坛上，一批国际著名学者不约而同提出，未来世纪的思想、哲学和文化发展的出路在于回首东方，向孔孟、老庄等东方思想回归，寻找思想动力和出路时，中国的文化学者、思想家也提出了同样的思考和回应。在庆祝中华人民共和国成立70周年时，获得中国政府颁发的共和国友谊勋章的法国前总理拉法兰在他的《中国的启示》一书中说过这样一段令人印象深刻的话："中国思想是'人类经验另一极'，它让我们着迷。西方思想和中国思想就像阴和阳的关系，形成了创造性的互补。我们的差异表现在许多方面，这让我们互相思考，也激发了我们对彼此的兴趣、好奇和尊敬。"德国诗人黑塞说过，老子的思想体现了尽善尽美的人类极致性。日本学者沟口雄三预言，中国将是与美国、欧洲三足鼎立的一极。我国著名东方学者季羡林先生提出了以“天人合一”为核心的21世纪是东方文化的世纪的理论，著名社会学家费孝通先生提出了文化自觉和“各美其美、美人之美、美美与共、天下大同”的文化发展趋势和文化选择，著名哲学家张世英先生提出了未来文化的出路是融东西方主客分离对立为主客融一的新“天人合一”观。21世纪初，黄会林、绍武先生以高度的文化责任意识和强烈的学术理论担当，既谨慎又大胆地提出了“第三极文化”思想，接续前辈话语，顺应时代发展所需，使中国文化再一次获得了前沿性、战略性的理论支撑。极性在某种意义上就是极致化。研究和探讨中国文化的个性与它的世界影响及其构建人类命运共同体的关系，有必要首先厘清中国文化的特殊性、极致性和传播魅力。

一、地理的一统与思想的道统构成中国文化的极致性和“从未中断”

中国文化的极致性来自地理闭环效应。中国文化的极致性与它所处的地理环境有着重要的关联。中国文化生长、形成和定型的自然地理空间是：位于欧亚大陆东南部，西部以青藏高原和喜马拉雅山脉、昆仑山山脉、天山山脉等为地理高度，从西向东倾斜下滑，即所谓“折天柱，绝地维，故天倾西北，日月星辰就焉；地不满东南，故百川水潦归焉。”(《列子·汤问》)由此向东形成1.8万千米漫长的海岸线，面向浩瀚的太平洋。北部是沙漠和草原，接壤广阔的西伯利亚地区。南方是山地丘陵，一直抵达南亚和东南亚海域。以中国华北平原、东北平原，西北黄土高原、西南盆地、云贵高原、江汉平原，黄河中下游、长江中下游、江南湖泊地区等为核心，人口繁衍、文明起源，构成一个闭环性的地理空间。在这个空间里，多元一体是其基本特征。多元一体既包括中华民族的多元一体，即主体民族汉族与55个少数民族的民族共同体和民族历史的多元一体；也包括文化上的多元一体，即汉族文化与55个少数民族文化的多元一体，以及草原文化、农耕文化、海洋文化、山地文化、森林文化、雪域文化等地域差异性和同一交融性相统一的中华文化的多元一体。高山、沙漠和汪洋的阻拦隔断，使中华文明数千年来处于独立自主、封闭自洽的发展环境之中，成为人类文明独一无二的伟大样式，以其独特性、丰富性彪炳世界。中华文明是世界上最古老、最伟大的文明之一。它又是其中唯一从未中断，从古至今传承未绝的文明。这种“从未中断”的原因，首先是因为我们前面所讲的地理环境决定的，其次是由于中国思想从古至今都有一种根深蒂固的“大一统”思想，即地理的一统、王朝的一统、政治的一统、文化的一统。“大一统”的观念，其基本内涵就是高度推崇和颂扬国家的统一、民族的融合、文化的认同。西汉刘向《战国策・赵策二》说：“中国者，聪明睿智之所居也，万物财用之所聚也，贤圣之所教也，仁义之所施也，诗书礼乐之所用也，异敏技艺之所试也，远方之所观赴也，蛮夷之所义(仪)行也。”秦汉大一统帝国的形成，使“大一统”的理念和道统变成了客观的历史王朝、政治实际和文化行为。特别是秦始皇于公元前221年统一六国后下令在全国范围内推行“书同文、车同轨、行同伦”的政令，为维护、保持中华文明传承不绝开启了历史的可能和可行，产生了深远的影响。中华文明的“从未中断”，具有丰富多样的表现形式。包括王朝历史的代代更替，编年清晰可溯；二十四史代代编修，文字从甲骨文时代一直活到今天，古代语言音韵依然可考，文献积累浩如烟海，口头文学代代相传，民俗民风古朴因袭，诗歌传统代有新出，等等。其传承不绝的原因除了环境的大体量封闭，地理多样性、生态多样性在大一统思想下形成的分分合合外，还包括文化多元一体，文化认同的传续，帝国王朝体制的代代沿革，中医药文化对人口繁衍和人种生殖的保续。由此，形成中国文化的圆柱式模型：自成一体、自树标杆、圆形柱体式生长、在世界文明中独树一帜、达到极致的个性化程度和极致的海拔高度。

二、世界发现中国

虽然自古以来中国就处在相对封闭的地理环境中，但是这个封闭并不是完全的不与外界往来或者根本拒绝与外界交往。事实上从古至今，中华文明都不断地汲取着外来文明的营养，出现多次大规模的吸纳、学习、模仿外来文明的热潮。汉代的百戏就是代表，是西方的杂技、魔术、驯兽、幻术大量涌入中国之后形成的。汉代以后不断有人去西天取经，佛教在中国普及和深入人心并开始本土化。唐代辐射四方、胸襟博大、万邦来朝，文化盛极一时，陆上丝绸之路和海上丝绸之路同步繁荣，丝绸和陶瓷成为中国文化最亮丽的名片。宋、元、明时代中国文化不断走出去，且高潮迭起。这些实际上是大航海时代的前史，并且代表和达到了那个时代文化交流的顶峰，并且孕育了西方工业革命的大航海史。当然此后，中国文化由强到弱、由盛而衰，而西方文化则由弱到强、由衰而盛。此前是西方发现东方的时代；而之后，随着对中国的侵略和掠夺，西方又开始极力否定贬低歪曲中国文化。

在西方发现中国的时候，除了一般的肯定外，还有一批睿智的西方思想家敏锐地发现和揭示了东西方文化之间的共性和个性价值。他们凭着思想家的敏锐、深刻和胆识，对中国文化作出精辟的判断，有效地把中国思想融入自己的思想理论体系之中。

培尔(Pierre Bayle)在思想史上被马克思、恩格斯称为使“一切形而上学在理论上威信扫地的人”。他认为，古代中国人承认万物之灵中，天能支配自然，即自然界中其他之灵非顺天不可；这种在德谟克利特和伊壁鸠鲁那里出现的思想，在东方却极为普遍。但伊壁鸠鲁否认有统摄一切的天理天则，从而肯定神的存在；而儒家却肯定有一种天理天则，从而否定神的存在，这是中国儒学与伊氏的不同处。培尔从东西方同一现象中比较出两者在思想上的完全不同。

维柯(Giambattista Vico)在自己的《新科学》研究中多次提到中国

古代文明，他感叹："中国和雅典这两个民族相隔那么久又那么远，竟用同样的诗性方式去思考和表达自己。"这证明了他关于诗性智慧的理论的普适性，因为"古代民族中的波斯人以及近代才发现的中国人，都用诗来写完他们最早的历史。"这是东西方文化的相同性引起的惊奇和因此得出的深刻判断。

莱布尼茨(Gottfried Wilhelm Leibniz)是近代德国思想家中对中国文化倾注了最大兴趣和耗费最多精力的人。他的一个重要思想是超越了此前一概否定和全盘肯定的时俗，认为中国文化与西方文化具有互补作用，两者在思维上有同构性。他指出："中国是一个大国，它在版图上不次于文明的欧洲，并且在人数上和国家的治理上远胜于文明的欧洲。在中国，在某种意义上，有一个极其令人赞佩的道德，再加上有一个哲学学说，或者有一个自然神论，因其古老而受到尊敬。这种哲学学说或自然神论是从约三千年以来建立的，并且富有权威，远在希腊人的哲学很久很久以前。"莱布尼茨还对中国文字、易经、数学、哲学等展开了艰苦的研究，从过去的同样被人评论过的中国现象推导出更高层次的不同结论。

从以上思想家对中国的认识看，中国文化的独特性、悠久性既包含着人类的共性也包含着民族的个性，它们能引起他者的共鸣和惊奇。

三、人类命运共同体的根源与起源

人类命运共同体思想的提出首先是基于人类的本质和天性，中国哲语称：东海西海，心理攸同；南海北海，道术未裂。人类命运共同体思想是未来的构想，也是一个实践性的历史进程。在远古神话时代，人类命运共同体表现为伟大瑰丽的想象力，形成了人类的宇宙观、世界观；在人类意识觉醒的传说时代，人类命运共同体表现为形成了人类的自我意识和人的自觉，明辨真善美，同母题传说故事出现在世界各地；在文明化(早期、中期、现在)时代，大航海开辟了地球一体的命运，两次世界大战促成了世界存亡的命运一体，自由、民主、正义、平等、博爱成为人类文明的核心价值追求；在信息化时代，科学进步，市场经济发育，生态环境同频共振，互联网无障碍联通世界，人类命运共同体表现为共享共建、和平共处、互惠互利、平等相待、睦邻友好、携手发展、共同繁荣。人类命运共同体超越国家政治制度差异、国家意识形态差别和经济发展不平衡，追求人类文明的最大公约数。人类命运共同体追求和促进文明交流与互鉴，化解和超越文明冲突与敌视。

人类命运共同体的思想基于人类的共性和个性的辩证关系。即所有个性中的共同性构成共性；共性表达了所有个性中的共性；个性是一级一级、一层一层、一圈一圈扩大、升级、外延的；有无数个层级的多元一体现象；人类命运共同体与政治多极、文化多样、经济多元、个性自由互为表里；越是科技化越要人文化，越是一体化越要文化多样化，越是经济全球化越要本土化，越是现代化越要传统化，越是市场化越要资源化，越是物质化越要精神化。总之，越是政治多极化越要人类命运共同体化。

四、伟大的文化个性与伟大的人类命运共同体理想

文化差异性是不同人群和不同文化之间互相吸引的根本原因。艺术魅力来自文化个性，惊奇产生于个性的魅力。一种文化的伟大个性加上它的高度成熟，就形成它的文化高峰和极致性。中国文化是世界文化中的第三极文化，也是人类文明中的大体量、长时段的文化高峰。例如，与法国拉斯科洞窟岩画、西班牙阿尔塔米拉岩画的风格、技法、功能等高度吻合的中国岩画遍及全国，阴山岩画可考的有两万多年历史，南方花山岩画以绘为主，规模宏大，被列为联合国教科文组织世界文化遗产名录。新疆、西藏、贺兰山、连云港、云南沧源、黑龙江、广西等都有岩画群，这些岩画不仅有生动准确的造型能力，而且风格与世界各地岩画相吻合。又比如法国前

总统希拉克认为，在画与书极少融合的西方文化中，中国书法这样独特的艺术，既使人惊诧又使人着迷。它源自于古老的中国象形文字，基于文字的实用又高度的艺术化，熔想象、意象、形象于一炉，集诗、文于一体，汇纸墨笔砚印于一隅，名家辈出，高峰叠起，蔚为壮观。还有，中国园林在几百年前就被欧洲人赞为“世界园林之母”。因画成景，以诗入园，叠山理水，集建筑美、自然美、人文美于一身，体现了中国人天人合一的哲学理念、崇尚田园风光和山水情趣的审美理想。中国园林可能是得到世界各国专家赞誉最多的中国文化艺术之一。法国著名作家雨果说圆明园是“人类的一大奇迹”，“人们一向把希腊的巴特农神庙、埃及的金字塔、罗马的竞技场、巴黎的圣母院和东方的圆明园相提并论”。17世纪末英国人坦伯尔称赞创造出中国园林的中国人是“一个富有想象力和判断力的伟大民族”。“叶限”的传说也是一个经典案例：这是我国唐代段成式在其笔记著作《酉阳杂俎》里记录的一则民间传说。这是一个很早以前的故事，它有后来风靡世界的“灰姑娘”传说的基本母题和情节，被国内外民间文学专家确认为是“灰姑娘”型民间传说最早的记录文本，比欧洲早了700多年。从“叶限”到“灰姑娘”，其间的传播路径、传播秘密，都具有重大的研究价值。此外，中国戏曲、中国绘画、中国诗歌、中国哲学、中国文字等，无不体现着独特的中国性，又彰显着普遍的人类性。

几千年来，古老的丝绸之路建立起中国与世界的广泛联系，也创造了中华文明的世界史奇观和奇迹。中国为世界送去了中国风，掀起一次又一次的中国热，拉动了西方文艺复兴、启蒙运动、工业革命、全球航行等重大历史事件的敏感神经。中国为人类文明进步和世界人民的福祉、幸福、美好生活做出了不可磨灭的贡献，在世界文明史中书写了无数可歌可泣的篇章。一个具有独特气质、别具创造才华的民族一定具有自己的独创能力，必然会为人类做出新的贡献。中国的未来将更加现代化，更加世界化，更加文明化，我们古老的丝绸之路将在全新的“一带一路”重构中焕发新的活力。中国制造和中国精神将为人类物质文明丰富和精神文明发展做出全新的贡献。

今天，中国的发展离不开世界，世界的繁荣也需要中国。中国坚持实行积极主动的开放政策，并着力于形成全方位、多层次、宽领域的全面开放新格局，因此提出新的文明主张，这就是习近平总书记提出的构建人类命运共同体。习近平主席指出：“自古以来，中华民族就以‘天下大同’‘协和万邦’的宽广胸怀，自信而又大度地开展同域外民族交往和文化交流，曾经谱写了万里驼铃万里波的浩浩丝路长歌，也曾经创造了万国衣冠会长安的盛唐气象。正是这种‘天行健，君子以自强不息’‘地势坤，君子以厚德载物’的变革和开放精神，使中华文明成为人类历史上唯一一个绵延5000多年至今未曾中断的灿烂文明。”开放是中华文明的未来选择，“一带一路”是中华文明与世界人民通融互惠的纽带，构建人类命运共同体是中华文明向世界贡献的崭新思想智慧。总之，我们的未来观和文明观是“文明互鉴”。这既是中国40年改革开放的宝贵经验，也是中华文明必然形成的历史目标。习近平总书记说：“文明因交流而多彩，文明因互鉴而丰富。”“历史告诉我们，只有交流互鉴，一种文明才能充满生命力。只要秉持包容精神，就不存在什么‘文明冲突’，就可以实现文明和谐。”因为文明是多彩的，文明是平等的，文明是包容的。中国的当下成就是在文明互鉴中发展起来的，中国人民愿意将这一伟大的宝贵经验奉献给世界，中国也愿意为世界和平发展提出中国的方案：构建人类命运共同体。这既是历史所趋，也是世界各国的民心所向。推进人类各种文明交流交融、互学互鉴，是让世界变得更加美丽、各国人民生活得更加美好的必由之路。

在21世纪，以太空空间技术、虚拟空间技术、互联网技术和海陆空立体交通为标志的新时代，中国文化将以其个性拥抱开放的时代和世界文明，中华优秀传统文化也将在创造性转化、创新性发展中实现伟大复兴。中华民族将在雄厚的基石和伟大的高原上创造新的辉煌，也将以其独特面貌和巨大魅力走向世界、吸引世界。

（作者系北京师范大学中国文化国际传播研究院京师特聘教授，中国文学艺术基金会副理事长兼秘书长、中国文艺评论家协会副主席）

当代中国文化国际影响力生成的核心内涵与关键路径

闫玉清

当代中国文化国际影响力的生成是伴随着当代中国人走向国际社会的步伐同步生成的，既体现民族生存发展的文化引领，又凸显当代中国文化的自觉自信。环顾全球，当今世界正在经历百年未有之大变局，人类重又站在历史的十字路口。而中华民族的文化性格则是，“每到重大历史关头，文化都能感国运之变化、立时代之潮头、发时代之先声”。值此之际，当代中国文化国际影响力的生成必将为国际社会注入独具中华民族特色的中国智慧、中国精神、中国价值。

一、中华优秀传统文化的丰厚滋养——当代中国文化国际影响力生成的坚实根基

德国思想家雅斯贝尔斯指出，公元前800年至前200年之间，是人类文明的“轴心时代”。这段时期是人类文明思想的重大突破期，各个文明都出现了伟大的精神导师——古希腊有苏格拉底、柏拉图、亚里士多德，古印度有释迦牟尼，中国

有孔子、老子、墨子、庄子……他们提出的思想原则不仅塑造了不同的文化传统，而且还影响着当今时代人类的生活。“轴心时代”概念深刻洞见了人类文明发展传承的奥秘，揭示了人类文化交往传播的内在机制。而对古老的中国而言，“中华民族之所以在世界有地位、有影响，不是靠穷兵黩武，不是靠对外扩张，而是靠中华文化的强大感召力和吸引力。”①新时代在中华民族伟大复兴的历史进程中，起“压舱石”作用的正是中华优秀传统文化。对于本课题研究来说，坚持的一个基本理念就是，中华优秀传统文化是中华民族的突出优势，是当代中国在世界文化激荡中站稳脚跟的根基，也是当代中国文化国际影响力生成的坚实根基。

(一)根与魂——中华优秀传统文化中的思想价值观念对当代中国文化国际影响力生成的引领作用

费孝通教授认为中国文化是“从土地里长出来的文化”，因此养成了中国人“知足常乐”的基本文化精神，这与现代资本主义文化精神的“贪得无厌”形成了鲜明对比。这说明传统的思想价值观念都是有根基的，能够持续发生长远作用。19 世纪法国思想家厄恩斯特·勒南写道：“国魂或人民精神的导引，实际由可以合而为一的两个要素形成。其一与过去紧密相连，其二与现在休戚相关。”②就文化影响而言，中国传统文化中的许多思想观念至今仍对国际社会起着非常大的引领作用，诸如“天下大同”“协和万邦”“以和为贵”“亲仁善邻”“近悦远来”“见利思义”，等等。下面简而析之。

“天下大同”。这是中国古代的天下观，既表达了古代中国人对“国际关系”的看法，也表达了中国人所希冀的理想世界。儒家经典《礼记》对此表述道：“大道之行也，天下为公，选贤与能，讲信修睦……是谓大同。”其基本特征即为生产资料公有，人人互助友爱，家家安居乐业，没有等级差别，没有剥削压迫，国与国之间没有战

① 习近平：《在文艺工作座谈会上的讲话》，载《人民日报》，2015-10-15。

② 转引自许纪霖：《家国天下：现代中国的个人、国家与世界认同》，143 页，上海，上海人民出版社，2017。

争。中国古代思想家老子就曾设想过没有欺压，人人平等，人人“甘其食，美其服，安其居，乐其俗”的理想社会蓝图。西方古希腊斯多噶学派宣扬“世界主义”，认为人类是一个整体，只应有一个国家，一种公民，即宇宙公民，这反映了早期西方文化中的世界大同思想。中国文化传统中的“大同”思想是从劳动人民的视角出发去看待人类未来的，宣扬的是全人类之间那种不分贫富贵贱，人人互帮互爱的精神理念，体现的是人类社会发展的必然归宿。今天，“天下大同”观念依然具有原创性意义，是能发挥重要引领作用的价值观念。

“协和万邦”“贵和尚中”“以和为贵”。这几个思想观念的核心要义在“和”。“协和万邦”出自《尚书·尧典》，主张人民之间和睦相处、国家之间友好往来；“贵和尚中”“以和为贵”主张重和去同、和而不同。“礼之用，和为贵”“君子和而不同，小人同而不和”，肯定事物是多样性的统一，主张以开阔的胸襟、海纳百川的气概看待不同民族文化的交流交融。“贵和尚中”追求处理问题保持“中”道，不偏不倚，允当适度。中国古代典籍《中庸》将孔子主张的持中原则提到“天下之大本”“天下之达道”的认识高度，中庸之道成为调节社会矛盾使之达于中和状态的哲理。当今世界并不太平，处理国与国之间的关系并不只有战争这种最不人道的方式，中国恰恰是遵循了“协和万邦”等价值理念，促使当代中国文化更为理性更为平和地被世界所理解、所接受。

“亲仁善邻”“近悦远来”。“亲仁善邻”出自《左传·隐公六年》，其义为：与仁者亲近，与邻邦友善。中国自古以来就重视邻里之间的亲善关系，一向以睦邻友好维系与周边民族和国家的关系。“德不孤，必有邻。”中国古代崇尚政治清明、远近归附的治理策略，提升自身的道德修为自然会使近居的人悦服，使远方的人慕化而来。唐朝白居易在《除李夷简西川节度使制》中说：“专奉诏条，削去弊政……近悦远来，归如流水。”近代孙中山说：“东方的文化是王道，西方的文化是霸道，讲王道是主张仁义道德，讲霸道是主张功利强权。讲仁义道德，是由正义公理来感化人；讲功利强权，是用洋枪洋炮来压迫人。”这是被近代中国历史所证明了的。在当今并不太平的世界中，是尊崇“与邻为善”还是遵从以强凌弱的“丛林法则”，相信历史自有选择。

“见利思义”。《论语》云：义以为上。孟子强调“先义而后利”，荀子明确提出“先义而后利者荣，先利而后义者辱。”在义利关系上，中国儒家向来重视“见利思义”，提倡“先利后义”和“以义制利”，反对见利忘义、唯利是图。中国传统文化中的义利观对当今世界范围内的“见利忘义”等价值观颠倒、失衡现象具有重要的矫正作用。

中国传统文化中上述思想理念不仅在历朝历代的典籍中有所体现，而且在历代政治家的执政理念和执政实践中体现得更加充分。从漫长的历史时期看，古代中国虽然曾经长期处于世界强国的地位，但以上述理念为引领，中国对外传播的是和平发展思想，输出的是丝绸、茶叶、瓷器等具有中国文化特色的精美物产。比如明代郑和七下西洋，足迹遍及 30 多个国家和地区，但沿路始终奉行“共享太平之福”的宗旨，将独具中国特色、中国风格的文化形式，如建筑、绘画、雕刻、服饰等带入沿线国家，影响至今。我们今天倡议的“一带一路”理念，以及以此为平台推动构建世界命运共同体，就是中华民族历来秉持的天下大同理念的体现，也是古老中国怀柔远人、和谐万邦的天下观的体现。

(二)窗与门——中华优秀传统文化中的精神标识、文化精髓对当代中国文化国际影响力生成的带动作用

数千年的政治治理与历史演变使中国文化形成了独具内涵的标识性符号，使其成为中国人独有的精神胎记。比如汉字、书法、绘画、剪纸、戏曲、舞蹈、服饰、美食等中国元素，甚至中国思想家孔子、老子，中国功夫(武术)、中国茶艺等，都成为当今中国文化对世界发生重要影响的特殊符号。应该说，中国优秀传统文化的诸多标志性符号中蕴藏着中国文化的精髓，它们就像一扇扇装饰在当代中国文化国际影响力大厦上的窗与门，透过这扇扇窗，打开这扇扇门，当代中国文化国际影响力的生成就会鲜活灵动、熠熠生辉。

根据一些机构的研究报告，近年来，一些海外受访者认为中医、武术、饮食是最能代表中国传统文化的元素符号，而中国高铁则成

为最能代表当代中国高科技成就的元素。这说明当代中国文化国际影响力的生成既离不开活生生的、依然扎根于现实土壤中的优秀传统元素，也离不开对世界文化具有影响带动作用的高新科技元素。从更加深刻的意义上讲，中国符号、中国元素并不仅仅是传统文化的延续和传承，而是与时俱进的创新发展。无论是有形的物质符号抑或无形的精神符号，如果不与新的时代精神相结合，就难以发挥传播四海的影响效应。现在通常将能够代表一个国家或民族的文化元素划分为著名建筑及伟大成就类，著名历史人文景观类，重大发明创造、创举类，民俗节日、手工艺、服饰、特色食品类，传统戏曲、乐器、体育项目类，重要学术思想、著作类，著名历史人物类，等等。从这些大类中可以细分出更多的符号元素，比如长城、故宫、天安门、四合院等建筑，春节、中秋节、元宵节等节庆日，四书五经、唐诗、宋词、元曲等文学经典。从普遍意义讲，这些传统文化元素如果不为世界所知，不为世界所发现，就不会产生影响力。从历史上看，中国的孔子、老子等学说是在传入西方后才发挥重要影响的，敦煌历史文物是在走向世界之后才成为世界性的“敦煌学”的，中医是在与西医的交流切磋中才被逐渐被部分西方人接受的，中国功夫是通过一系列的影视形象走向世界后才在国际上走红的。2008年的北京奥运会将“中国印·舞动的北京”作为会徽，第一次将汉字字形引入奥运会徽，实现了将中国书法、印章、舞蹈、绘画艺术和西方现代艺术观念融合，为世界盖下了一枚深深的中国印记；2010年上海世博会打出的《世界看中国》主题曲，也非常成功地将中国元素引向世界，使之成为极具影响力的主流流行元素。这说明，只有把传统中具有世界意义的文化标识、文化精髓提炼出来，展示出来，并创造性地与具体展示平台相结合，才能产生世界性影响。中国华为技术有限公司的5G通信技术领先世界，它的一系列软件系统却取了富有中国元素的名字。比如手机芯片取名“麒麟”，基带芯片取名“巴龙”，服务器芯片取名“鲲鹏”，服务器平台取名“泰山”，路由器芯片取名“凌霄”，人工智能芯片取名“升腾”，操作系统取名“鸿蒙”……不光华为，中国航天系统将航天器命名为嫦娥，月球车命名为玉兔，将嫦娥和玉兔的着陆点命名为广寒宫，附近的三个陨击坑则命名为紫微、太微和天市(这 3 个名词是古代中国天文 28 星宿中的 3 个)，将引领嫦娥 4 号在月球背面顺利着陆的那颗极为关键的中继通信卫星，命名为鹊桥，将航天站命名为天宫，将把天宫二号送上太空的火箭命名为神箭，等等，中国传统文化元素与中国最先进的科技成果联姻嫁接，并随着中国先进科技成果漂洋过海风靡世界的时候，当代中国文化国际影响力的生成自不待言。

(三)桥与路——中国优秀传统文化的创造性转化与创新性发展对当代中国文化国际影响力生成的引领作用

无论是根与魂，还是门与窗，中国优秀传统文化都是当代中国文化国际影响力生成的重要资源。传统文化历经数千年不可能一成不变，这些资源的进一步发扬光大，对世界产生影响，必须与世界大势同节拍，与世界潮流同起伏，与世界精神共振奋。具体而言，就是要为“故纸堆”里的文字、博物馆里的文物搭建讲故事、向外传播的平台，为中国历史、中国传统文化搭建讲故事、向外传播的平台，为当代中国文化、当代中国发展搭建讲故事、向外传播的平台，让创造性转化和创新性发展在国际传播中落地、落细、落实。

“汉语桥”世界大学生中文比赛自 2002 年启动以来，以语言竞技、文化交流为基础，加强中外青年互动，讲好中国故事。从最初的 21 个国家和地区的 49 名选手参赛，到现在 130 多个国家和地区的上百万青少年参加海外预赛，6000 多名各国选手来华参加决赛，“汉语桥”在世界范围内搭建起一座座独具国际影响力的文化之桥、友谊之桥、心灵之桥。

孔子学院从语言入手，以文化交融，增进世界人民对中国语言和文化的了解，发展中国与外国的友好关系，促进世界多元文化发展。目前全世界共有 150 个国家和地区设立了 500 多所孔子学院、1100 多个中小学孔子课堂，从 2004 年至今累计培养各类学生 900 多万人。在孔子学院带动下，近 70 个国家和地区将中文教学纳入国民教育体系，460 多所大学将孔子学院课程纳入学分体系。孔子学院已成为世界各国人民学习汉语和了解中华文化的园地和中外文化交流的平台，成为加强中国人民与世界各国人民友谊合作的桥梁。

北京师范大学会林文化基金、中国文化国际传播研究院主办的“看中国·外国青年影像计划”，是一个以文化体验与影像创作实践为主题的对外传播交流项目，迄今已经举办9届。“看中国·外国青年影像计划”将弘扬中国传统文化与展示当代中国人精神风貌结合起来，其内在吸引力还是中国传统文化的古老魅力。来自美国、加拿大、英国、法国、意大利、荷兰、格鲁吉亚、印度、新加坡、韩国、以色列、澳大利亚、巴西、阿根廷等60多个国家的70多所高校600多名青年参与了该项目，完成了600多部影视短片，在各个国家播出后获得100余项国际奖项，世界从“看中国”作品中看到了精彩纷呈的中外文化交融交流，该项目也在中外青年之间架起了一座充满活力和希望的文化“桥梁”。

上述三个事例说明，中国优秀传统文化通过国际传播通道“创造性转化和创新性发展”的落细落实，将会生成具有强大影响力的文化交流与交融，中国正前所未有地走近世界舞台中心。站在人类文化发展的历史长河中去审视中华优秀传统文化，可以看出，中华优秀传统文化作为中华民族的“根”和“魂”，既是独特的存在，又是具有世界普遍意义的存在，必将成为最深厚的文化软实力，成为中国人民在世界文化激荡中站稳脚跟的坚强根基。

二、当代中国价值的传播与引领——当代中国文化国际影响力生成的核心内涵

从全球范围讲，当代中国文化对世界最具决定意义的影响何在？是经济、社会、科技、军事等硬实力的快速发展，还是当代中国文学、艺术、电影、绘画等的不俗成就？应该说兼而有之，当代中国文化国际影响力实质上是由当代中国政治、经济、文化、社会、生态、教育、科技、国防、外交等各领域聚合发力而生成的，是综合国力影响于国际社会所形成的整体力量，绝不是单一领域的单项影

响力。某个单一领域也可以产生某一方面的影响，但那种影响往往是短暂的，形不成综合效应。而文化影响力则是建立在综合的经济基础之上的上层建筑甚或意识形态的影响力，这种影响力一旦形成，就会发生持续影响。诚如马克思所言，物质生活的生产方式制约着整个社会生活、政治生活、精神生活的过程。不是人们的意识决定人们的存在，相反，是人们的社会存在决定人们的意识。判断这样一个变革时代也不能以它的意识为根据；相反，这个意识必须从物质生活的矛盾中去解释。① 从某种意义上说，正是当代中国的发展进步与发展硬实力使当代中国文化产生了不同以往的巨大国际影响力。

同时，我们也要清醒地认识到，文化影响力也是社会价值观念的反映。价值观念是文化影响力的核心概念，核心价值观念反映着一个民族共同的价值追求。“当代中国价值观念，就是中国特色社会主义价值观念，代表了中国先进文化的前进方向。”②从某种意义上说，大力传播当代中国价值观念，就是以中国先进的文化思想引领世界文化变革潮流，这是当代中国文化国际影响力生成的题中应有之义。从本研究而言，我们将把传播当代中国价值观念作为红线贯穿每一子课题，从生成机制上把握当代中国文化国际影响力提升的路径和内在规律。我们选取对世界文化有着直接审美感性影响的三大显性文化类型——当代中国电影、当代中国美术、当代中国文学作为主要研究考察对象，从宏观价值维度与微观审美维度考察外国受众的价值认同度以及情感认同度。理性认同总是与感性认知密不可分，普遍性的理性认同更需要普遍性的感性认知作为基础。我们选择当代中国电影、美术、文学这三种文艺类型作为重点研究考察对象，就是要探寻从感性认知到理性认同的转化之间、从中国立场到国际视野的转化之间、从传统纸媒到现代信息社会的转化之间，

① 《马克思恩格斯全集》(第31卷)，北京，人民出版社，1998。

② 习近平：《2013年12月30日在主持十八届中央政治局第十二次集体学习时的讲话要点》，载《人民日报》，2014-01-01。

当代中国文化是怎样参与世界文化的交流交融、变革发展，是怎样由参与变为促进、由促进变为引领，从而成为对世界文化具有重要影响力的文化形态。我们将当代中国电影、美术、文学等文化类型放在人类整体文化与当代国际文化的坐标系上，力求揭示当代中国文化国际影响力生成的内在机缘机制，以期为当代中国文化更好地走向世界提供国际镜鉴。

(一)传扬具有时代价值的中国精神是当代中国文化国际影响力生成的首要任务

时代精神是一个时代特有的精神风貌，反映着一个时代人类社会发展变化的基本趋势，体现着世界绝大多数国家和人民共同的心愿、意志和精神追求。当今时代，和平与发展从总体上讲依然是世界范围的时代主题，由和平、发展主题而衍生的时代精神，已成为世界大多数国家和人民取得共识的时代精神。当代中国应牢牢抓住和平与发展主题，无论国际风云如何变幻，无论世界面临的不稳定性不确定性如何突出，都应顺应世界大发展大变革大调整的时代潮流，以中国道路、中国理念、中国模式为世界经济、国际安全、全球治理提供新智慧、新方案、新选择，积极发挥世界和平建设者、全球发展贡献者、国际秩序维护者的重要作用和影响，以刚健有为、自强不息的奋斗姿态走近世界舞台中央，形成以伟大创造精神、伟大奋斗精神、伟大团结精神、伟大梦想精神为核心的新时代中国精神。新时代中国精神延续着中华民族勤劳智慧、团结统一、自强不息、独立自主、爱国爱家、爱好和平的优秀传统基因，创造性地汲取着西方现代文明的进步因素，创造性地把当代中国革命、建设和改革开放的理论与实践转化到新时代中国精神的内涵中，创造性地把马克思主义、社会主义核心价值观作为当代中国精神核心词汇、核心概念向全世界推出。因此，向当代世界传递新时代中国精神，就是传递新时代中国和平发展新理念，向全世界表明当代中国价值观念。

用文艺作品向国际社会传扬当代中国精神，是当代中国文化国际影响力生成的重要途径。文艺是民族精神的引擎，以当代中国电影、美术、文学等为代表的中国文艺，在向世界传扬中国精神方面总是走在时代前列，也最容易为世人接受。这是因为人类的探知欲总是不满足于表层的、物质的、肉体的层面，总是想深入到人的深层的、精神的、灵魂的层面，总是想从生命及其文化源头追问“从何处来、在何处、向何处去”的问题。而文艺作品天生地包孕着一个民族的精神血液与精神密码，向世界传扬当代中国文艺精品，是打开世界探究中国精神、中国灵魂的不二法门。试想，现今中国大地上建筑林立，高楼大厦鳞次栉比，如果仅仅是一堆堆钢筋水泥的合成品，那对人类而言有何意义呢？但如果能从物质外壳中见精神、见风骨，见灵魂，那么，中国大地将是一个多么奇妙的存在。一个人、一条街、一棵树；一栋楼、一所院、一个城；一本书、一台戏、一首歌；一场播种、一次耕耘、一季收获；一个设计、一项发明、一个创造……如果都不是单纯以物的符号形式传播出去，而是将其什内部的精神思想传扬于世界，那么，整个中国的存在将是一个怎样的充满奇幻创造魔力的存在！可以说，中国当代文化国际影响力的生成是缘着国力的升腾，聚合所有精神动能形成的，中国大地上的一草一木、一砖一石都是新时代中国精神动能的启动者，都能在中国国势升腾期迸发出耀眼的正能量。精神的力量是无穷的，是先声夺人的。精神的力量展示于新时代的文艺作品中，当然会以新的动能开启当代中国文化国际影响力生成的大幕。

(二)传播当代中国价值观念是当代中国文化国际影响力生成的核心内涵

从整体的、长远的、全局的高度讲，当代中国文化国际影响力生成的核心内涵就是有效传播当代中国价值观念。只有实现当代中国价值观念的有效传播，才能在国际社会树立起“有理有处说”“有理说得清”“说理有人听”“听理有人懂”“懂理有人应”的地位。习近平总书记指出：从历史上看，对价值观念来说，先进的未必一开始就能占据主导地位，落后的也不会自动退出历史舞台。由于西方长期掌握着‘文化霸权’、进行宣传鼓动，当代中国价值观念存在太多被扭曲的解释、被屏蔽的真相、被颠倒的事实。同时，我们的阐释技巧、传播力度还不够，当代中国价值观念的国际知晓率和认同度还不高，有时处于有理没处说、说了也传不开的被动境地。[①] 在今天，我们通过各种渠道各种形式——包括电影、美术、文学作品等文艺形式，大力传播当代中国“以和为贵”“亲仁善邻”“协和万邦”的价值观念，有效提升了国家在海外的影响力。

向世界传播当代中国价值观念，关键是要让中华文化在世界各地“活起来”“热起来”“燃起来”。死气沉沉不是中华文化的品格，“其命维新”才是中华文化的底色。当代中国文化的国际影响力从哪里来？根本上是从中华文化自身的创新发展中来，从参与对世界文化的变革革新中来，从为全球发展出谋划策中来，从国际文化舞台的活跃度和影响力中来。不可否认，当今世界意识形态领域“西强我弱”的态势并没有改变，有时还会出现比较激烈的对抗。进入21世纪以来，以美国为首的西方国家将价值观战略推向全球，妄图以“普世价值”分割世界，遏制中国。2008年世界金融危机爆发以来，美国等西方国家更是采取直接、露骨的贸易战方式打压中国，干扰、影响我国经济社会发展稳定。他们暗中策动“颜色革命”，不断策划实施破坏、分裂活动，暗中支持、资助群体性事件乃至暴力恐怖事件，使意识形态领域的隐性斗争和较量变得更加尖锐更加直接。特别需要注意的是，长期以来以美国为首的西方国家凭借其科技优势，在互联网领域占领意识形态话语权。互联网中英文信息占95%以上，中文信息不到1%；超过2/3的全球互联网信息来自美国，而我国在整个互联网的信息输入、输出流量中仅占0.1%和0.05%。现实表明，美国等西方少数发达国家在互联网领域绝对占据技术优势端的霸主地位，使全球争夺意识形态话语权的斗争变得长期和复杂。改变这种基本态势，既需要我们在经济、政治、文化以及科技等方面持续不懈的努力，同时也需要我们在传播当代中国价值观念上保持更加清醒的认识。

当代中国价值观念是中国优秀传统文化、当代中国革命文化、

---

① 参见习近平：《在十八届中央政治局第十二次集体学习时的讲话》，2013-12-30。

当代中国建设文化的有机结合。当代中国文化在互联网传播中要敢于和善于当“网红”，要让传统文化里的中国红、红色文化中的中国红、当代中国文化里的中国红都像血液一样流淌在互联网的广阔世界，使当代中国文化通过精品影视作品、文学作品、美术作品的形式在互联网中广泛传播，逐渐改变互联网传播中的不利局面，使其成为影响世界互联网文化进而影响世界文化走向正义的重要力量。从最近几年一些影视作品来看，如《湄公河行动》《战狼》《流浪地球》《共同命运》等，大力宣扬推动构建人类命运共同体理念、推动构建新型国际关系理念、共建“一带一路”倡议，大力宣扬正确义利观、新安全观、新全球治理观、全球新文明观等重要理念，表明了当代中国价值观念价值原则。我国华夏电影发行有限责任公司配合国家政策，吸纳和集中各方优势力量及海外资源，发起成立“一带一路”电影院线联盟，广泛邀请各国电影机构及实体加入，成为中国智慧和中国方案融入国际影视合作平台的实践者，在当代中国文化国际影响的生成中发挥着重要的原创性作用。

(三)传播当代中国价值观念是当代中国文化国际影响力生成的重要引领

当代中国文化国际影响力的生成的一个核心问题就是价值引领。当代中国文化国际影响力究竟要对国际发生什么样的影响？发生哪一方面的影响？发生哪一向度何种深度的影响？这就涉及价值引领问题。传播当代中国价值观念解决的就是当代中国文化国际影响力生成的方向引领、价值引领问题。

传播当代中国价值观念，其实质就是传播中国特色社会主义价值观念，传播中国特色社会主义道路。中国的崛起不走国强必霸的道路，中国也不会以价值观相同与否来选择朋友，但这并不是说我们在价值观方面不持立场。与资本主义制度相比，我们坚持社会主义制度具有不可替代的优越性，这不仅已被马克思科学理论所证明，而且也被新中国成立 70 多年来特别是改革开放 40 多年来的实践所证明。社会主义核心价值观凝聚着新时代中国特色社会主义的价值共识，体现了马克思主义在当代世界的价值目标，占据着真理和道义的制高点。有效传播当代中国价值，将使国际社会对社会主义制度的优越性产生越来越清晰的认知，使当代世界对中国特色社会主义制度产生越来越深刻的认同，这是我们首先必须明确的目标方向。

传播当代中国价值观念的路径很多，但要善于选择，善于从宣介当代中国发生的社会巨变中激发影响力。新中国成立70多年来，中国大地在政治、经济、文化、社会、生态等各方面各领域都发生了天翻地覆的变化，对外宣介中国的发展变化特别是中国改革开放以来的跨越式发展与历史性成就，会成为当代中国文化国际影响力生成的现实支撑，是国际社会认可认同中国发展进步的直观材料。2019年9月环球舆情调查中心发布《新中国成立70周年变化的跨国民意调查报告》。调查显示，超六成受访者认为新中国成立70年以来发生了举世瞩目的变化，近六成受访者认为中国的变化主要体现在经济发展方面，其次明显的变化还体现在中国国际地位及影响力提升、科技实力增强、人民生活水平提升、军事实力提升、生态环境质量改善、中国国民素质提升、文化软实力提高、国际和平贡献突出等方面①。这个调查报告也提到，发展中国家的新兴经济体对中国发展变化认知度较高，而发达国家则明显低于新兴经济体的认知度。这恰恰说明，由于发达国家各领域的发达程度大多领先于中国，尽管当代中国发展变化巨大，但对他们来说“陌生感”还不够，所以引不起他们的认知重视。这是符合心理认知规律的。当然也不排除西方发达国家受众对中国缺乏全面深入了解并戴着有色眼镜看中国的偏见。但从宣介主体方面而言，我们对当代中国发展变化的宣介是否到位？是否精准化细分化？是否找到世界人民都乐于接受的方式？是否把当代中国价值观念贯穿于国际交流和传播的方方面面？这才是价值引领的关键所在。

传播当代中国价值观念，一个重要途径就是从宣介传播当代中国优秀文化创新成果中沉淀影响力。当代中国优秀文化作品讲述的

① 《外国人到底怎么看中国70年巨变?》，http：//finance.sina.com.cn/wm/2019-09-26/doc-iicezzrq8531196.shtml，2020-10-29。

是新时代中国的精彩故事，表达的是中华文化的核心理念，承载的是当代中国价值观念。通过宣介当代优秀文化作品，可以让外国民众从对作品的欣赏中、从对作品的审美感受中深化对中国的认知，增进对中国的了解。实际上，这些年来，中国的一大批文学、影视、美术、戏剧以及国宝文物等走出国门，走进国外民众的视野，成为世界了解中国、推动文明交流互鉴的重要通道。比如文学方面，中国当代文学的对外传播步伐加快，一些国家工程、计划相继出台。如 2005 年的“中国图书对外推广计划”、2009 年的“经典中国计划”、2013 年的“丝路书香”工程、“当代中国文学对外翻译推广计划”，等等。《狼图腾》《解密》《三体》等文学作品被翻译出版后蜚声世界。《狼图腾》英文版由知名的企鹅出版社 2008 年在纽约出版，全世界 940 家图书馆收藏，成为中国当代文学产生世界影响的标志性作品。刘慈欣的科幻小说《三体》第一部由美国托尔出版社 2014 年出版英文版，并获得科幻小说雨果奖，全球 1000 多家图书馆收藏，创造了中国图书译著有史以来的最高馆藏纪录，其中公共图书馆为 840 家，这表明《三体》已经进入了西方主流社会。2017 年美国托尔出版社网站上披露了美国总统奥巴马对《三体》的评价，认为“非常有趣，极具想象力”。英国《卫报》《每日电讯》，美国《华尔街日报》《芝加哥论坛报》《大西洋月刊》等主流媒体及专业媒体上发表的书评、报道，截至 2018 年累计有 4390 条，开创了中国当代文学图书在西方媒体被大规模报道的最高纪录。影视作品方面，《拆弹专家》《战狼 2》《媳妇的美好时代》《流浪地球》等走出国门后，对受众国也产生了一定的影响力。戏剧作品方面，中国戏剧加大与海外的文化交流，越来越多的海外民众能通过不同方式欣赏到中国的戏剧精品，同时通过在海外举办演出，举行论坛、讲座、合作工坊等多样化的交流活动，让外国民众从中国戏剧中了解到中国文化的传统底蕴。在文博方面，通过兵马俑、秦汉唐宋等中国精品文物的展览、展示、研讨，使海外民众由好奇转化为认知，由一般认知转化为深度探讨，使中国文物成为宣介中国文化活的载体。

当然，我们肯定中国当代优秀文化作品国际影响力在不断提升的同时，也发现一些隐忧与问题。一些影视作品及文学作品存在着过度宣示中国不同时代、不同年代阴暗落后文化面的现象，向外国受众传播了错误的历史认知和价值取向，暴露出创作者历史观的短视和价值观的颠倒；一些创作者无视新中国成立70多年来中国大地发生的沧桑巨变，却热衷于挖掘所谓的“人性之恶”与“国民性之恶”，挖掘放大历史上曾经的贫穷与愚昧，作为当代中国社会的现实映照，从而成为外国受众评判当代中国的现实标本。有些足不出户的外国受众竟还认为中国人现在还是像电影里宣扬的长辫子、邋里邋遢的病态模样。在当今网络世界里，一些外国受众囿于自身价值观的偏见与傲慢，总是戴着意识形态的有色眼镜看待中国人和中国当代的建设成就，肆意污化中国的一切。所有这些都从反面说明，中国文化中怀柔远人、近悦远服理念还没有走进外国受众的心里，还没有往实里走、往深里走，实际上就是“双创(创造性转化、创新性发展)方针”“双创理念”还没有落实到位，没有落实到具体项目上，绣花的功夫还没有跟上。因此，提升当代中国文化国际影响力不能泛泛而谈，必须靠精准精细的具体行动抓落实。

三、全方位对外话语权建设——当代中国文化国际影响力生成的关键路径

当代世界和平与发展的总态势并没有消除民族与民族之间、国家与国家之间、文明体与文明体之间的差异与隔阂，“强权即公理”的逻辑自近代以来还在全球横行。落后就会挨打、贫穷就会挨饿、失语就会挨骂对中国人民来说既是切肤之痛，更是痛入骨髓的教训。从站起来、富起来走向强起来的中国人必须全方位加强国际话语权建设，从根本上解决挨骂问题。

(一)争夺国际话语权，把我国的发展优势和综合实力转化为当代中国文化国际影响力生成的话语优势

顾名思义，国际话语权，就是在国际上说话的权利。能否在国

际场合说话？说话是否有听众？说的话是否有分量？是否有响应？这就是国际话语权基本内涵。中国积贫积弱之时，根本没有在国际上说话的权利。新中国成立之后，我国提出了和平共处五项原则和三个世界划分等重要外交思想，恢复了联合国安理会常任理事国席位，恢复了话语权。改革开放40多年来，中国经济腾飞，国家复兴，但老牌资本主义发达国家依然抱着冷战思维不放，想方设法削弱中国在国际上发表意见的权利，削弱中国的影响，其实质在于维护自身利益，损害他国利益。因此，国际话语权代表的是一个国家的利益权。维护国家的核心利益，就必须在重要、重大国际场合敢于说话、善于说话，说有分量的话，说有影响的话，在展示负责任大国风范的同时，对损害我国国家核心利益的言行进行坚定而有力的反击。

新加坡国立大学学者郑永年分析：“在国际方面，目前中国提升国际话语权的有利因素主要是经济实力增长，不利因素主要在于其与西方(美国)不一样的市场经济、政治制度和意识形态。因此，中国提升话语权的难点在于如何让中国能够被世界尤其是西方所理解，如何让国际社会相信中国的崛起对这个世界是有利的。”①郑氏的分析只看到了当前中美制度不同的一面，但从中国近代历史这个长的时间段来看，问题却没有这么简单。因为中国的话语权是在被西方列强欺凌之后失去的，而中国的崛起首先就要废止固有的欺凌制度，更不能屈意迎合当代西方的价值观、政治体制与新霸凌意识形态。在今天，正是由于西方死守冷战思维和霸权思维不放，才导致国际话语权成为大国战略博弈的重要战场。虽然在国际话语权方面西强我弱是一种现实，但我们清醒认识到，国际话语权作为一种“软实力”，实质上是靠“硬实力”支撑起来的。美国的国际话语权是靠其全球最发达的科技、最发达的军事、最发达的经济地位支撑起来的，因而造成了貌似“最发达”的政治体制假象。中国的国际话语权也必须建立在经济、政治、社会、文化、生态、教育、科技、国防、外

① 郑永年：《中国的文明复兴》，北京，东方出版社，2018。

交等各领域世界一流发展基础之上，这样才会把我国的发展优势和制度优势转化为文化影响力生成的话语优势。

但从另一方面看，经济力的提升还不能与国际话语权的提升直接画等号，两者间不能实现即时转换。作为世界上最大的发展中国家和最大的社会主义国家，要在已主导世界近两个世纪之久的西方国际话语体系中另辟新声，殊非易事。更重要的是，尽管自第二次世界大战以来国际政治的本质没有发生根本变化，但西方发达国家面对世界范围内风起云涌的民主革命浪潮以及中、印等世界新兴经济体的崛起，他们转换了对自身权力和利益的追逐策略，更多依靠“话语包装”的方式而非赤裸裸的抢夺。冷战终结后，东欧剧变强化了西方的国际话语权地位，民主、自由、人权、市场、普世价值等西方话语，“历史终结论”“文明冲突论”“民主和平论”“人权高于主权论”“失败国家论”等西方论调，都成为西方社会抛向世界的主导性话语。与之相对照，冷战后的中国尽管经济发展成就世人共睹，中国模式、中国方案、中国制度、中国智慧优势明显，但对国际社会的影响特别是对西方国家的影响仍然有限，中国反而不断地受到西方话语的攻击和贬损。西方抛出“中国责任论”“中国威胁论”“中国强硬论”“中国傲慢论”等论题，反复炒作“中国崩溃论”“中国衰落论”“人权大于主权论”等主题，在世界上混淆是非，甚嚣尘上。中国的崛起、国家复兴是中国人民的正当权益，但却被国际社会普遍理解为是对美国霸权的挑战，似乎美国对全球的霸权已被认为是天经地义的，而中美之间只能走向“修昔底德陷阱”，如此等等。现实表明，在当前西方话语权总体上处于强势、中国话语权明显处于弱势和守势背景下，争夺话语权也是一场斗争和革命。我们也看到，许多有利条件正在促成这种话语优势转换。中国正前所未有地接近国家复兴的伟大目标，民族自信、文化自信空前高涨；中国特色社会主义制度优势为解决全球问题提供了中国智慧，为中国赢来了巨大声望；国际力量(硬力量)对比正在发生变化，“西方中心论”正在衰退，中国的引领作用正在突出。“世界的中心和人类文明的中心正在加速向东方转移，人类历史发展的大变局已成必然趋势。”①国际道义力量(软力量)对比也在发生历史性变化，为我国占据道义制高点、提升国际话语权提供了历史机遇。可以说，我们正在逐步缩小与西方的话语势差，必须顺势而动、顺势而为，紧紧抓住内因和外因的联动助力，推动当代中国文化国际影响力的话语优势尽快呈现。

(二)构建中国特色国际话语体系，把讲好中国故事、中国共产党故事、中国特色社会主义故事、中国人民故事作为当代中国文化国际影响力生成的主题内容

传播力决定影响力，话语权决定主动权。习近平同志指出：“提高国家文化软实力，要努力提高国际话语权。要加强国际传播能力建设，精心构建对外话语体系，发挥好新兴媒体作用，增强对外话语的创造力、感召力、公信力，讲好中国故事，传播好中国声音，阐释好中国特色。”在当前相当长的时期，提高国际话语权的核心任务就是精心构建中国特色国际话语体系，在中国特色对外话语体系中讲好中国故事，传播好中国声音，以此推进当代中国文化国际影响力的生成。

“一个故事胜过一打道理。”讲好中国故事是提升中华文化国际影响力的基本途径。中国故事是什么？中国故事是从远古以来就发生在中国人民和中华民族身上的优秀文化和光荣历史。从盘古开天、伏羲画卦、神农尝百草、精卫填海到戚继光抗倭、冯子材抗法、鸦片战争、甲午海战；从五四运动到井冈山的故事、遵义的故事、延安的故事、抗日战争的故事；从西柏坡的故事、香山的故事、新中国成立的故事到抗美援朝的故事；从两弹一星的故事、抗击非典的故事到中国高铁的故事、中国飞船的故事，等等，这就是中国的故事、中国共产党的故事、中国特色社会主义的故事、中国人民的故事。在这方面，党和国家领导人都是向国际讲述中国故事的榜样。比如在中国革命的艰苦岁月，毛泽东同志向美国记者斯诺、史沫特莱等人讲述“延安故事”；在中国新时代的火热岁月，习近平总书记

① 竹立家：《世界大变局迎来中国时刻》，载《人民论坛》，2019(17)。

通过讲述一个个故事，介绍中国道路和共建美好世界的理念主张。今天，讲好中国故事最精彩的主题，就是要围绕国际社会最关注的问题，讲清楚中国共产党为什么能？中国特色社会主义制度为什么管用。在讲好故事中宣介习近平新时代中国特色社会主义思想，宣介中国共产党治国理政的故事、中国人民奋斗圆梦的故事、中国坚持和平发展合作共赢的故事，让世界更好了解中国。同时，让中国的成功故事为世界上那些既希望加快发展又希望保持自身独立性的国家和民族提供有益参考，从而有效扩大中国道路的吸引力和影响力。

构建中国特色国际话语体系，中国特色、中国风格、中国气派必不可少。向世界宣讲中国故事，不能言必称希腊，习惯性地奉西方话语体系为圭臬。客观地说，西方话语体系有其研究方法上科学的一面，但其骨子里的形而上学和唯心主义的世界观和方法论，影响了它们全面、辩证地看待世界的发展与变化。他们习惯运用解构、实证方法对世界进行分割、孤立地研究，习惯套用西方的模式和经验观察世界，习惯以自我为中心来看待别人，说得直白一点，就是习惯戴着有色眼镜看世界。我们说中国这些年发展得好，是因为坚持和发展了中国特色社会主义。而西方舆论却把我们说成是“国家资本主义”，图谋把我们拖进他们设置的话语陷阱。在这方面，我们强调中国特色、中国风格、中国气派，就是要实现从被动到主动的转型。比如强调中国文化走出去，不能停留在舞狮子、包饺子、耍功夫上，如何透过这些表层的文化符号将深层的精神标识提炼出来、展示出来，将具有当代价值、世界意义的文化精髓提炼出来、展示出来才是目的。再比如，我们对某些早已成型、由西方发起和主导的国际会议，如果仅仅满足于作为轮值国或主办方去承办，而不植入中国的价值观和中国理念，就很难显现真正的举办价值。这些年，我国开始主动搭台、主动召开一系列国际峰会，比如亚洲基础设施投资银行、金砖国家开发银行、“一带一路”国际合作高峰论坛等会议，提出系列倡议，充分体现了我国在提高国际话语权方面的努力。特别是“一带一路”国际合作高峰论坛（BRF），有望成为和 APEC、

G20、BRICS一样重要的国际峰会，成为彰显中国国际话语权、引领世界和平发展方向的重要会议。

当然，讲好中国故事并不是要自说自话、自我陶醉，这样也不利于提升当代中国文化国际影响力。“从历史上看，如果要崛起成为大国，就必须在经济增长的同时，造就一个为世界所接受的知识体系。”①讲好中国的故事、讲好中国共产党的故事、讲好中国特色社会主义的故事、讲好中国人民的故事，归根结底是向世界讲好新时代中国特色社会主义思想，既要讲好，也要讲懂，让世界欣然接受。从接受理论讲，讲好故事是搞好国际传播的有效方式。在当下，把新时代中国特色社会主义思想顺利地推向世界，让世界人民都听得懂、理解得通、接受得了，就是尽可能地将中国治国理政思想故事化，用更多有情节、有思想、有情感、有温度的故事向世界宣介、讲述，以鲜活的实践成果印证理论成就。在这方面，习近平总书记给全党做出了榜样，他不仅多次强调对外话语体系创新，而且还身体力行推进话语创新，提出了如“中国梦”“一带一路”“人类命运共同体”等一系列新概念新范畴新表述。新时代要求当代中国文化的国际传播要练就“内知国情、外知世界”的千里眼与顺风耳，生成更多既是“中国味”又带“世界范”的话语，全方位拉近中国话语与外部受众的距离，让当代中国文化在外国受众心中扎根生长。

讲好中国故事，需要提升各类媒体在国际传播中讲好故事的能力。媒介的国际传播是提升当代中国文化国际影响力的重要途径。在中国文化国际传播史中，传统印刷媒介对中国文化进入欧洲起到关键作用，并一直延续到今天。人类进入光电时代以来，广播、电视、电影对中国文化的国际传播厥功甚伟。当代社会以互联网为龙头的数字经济方兴未艾，以互联网移动通信为代表的新一代媒介传播全方位介入人类的学习、生活、工作之中。全媒体时代以全程媒体、全息媒体、全员媒体、全效媒体为鲜明标志，即时化国际传播成为现实，全球舆论生态、媒体格局与传播方式深刻改变，这既给

① 郑永年：《中国的文明复兴》，北京，东方出版社，2018。

新时代对外传播带来新挑战，也给当代中国文化国际影响力的生成带来新机遇。在当前移动互联网已经成为信息传播主渠道的条件下，随着5G、大数据、云计算、物联网、人工智能等技术的深入应用，媒体传播从信息采集、生产到分发、接收、反馈，都将进入加速发展新阶段。现在，我们已经形成政府主导，媒体、智库、企业、民间共同参与的国际传播格局，不同传播主体在传播形态、传播行为、传播能力和影响力方面各具优势，各具特色。但从社会责任而言，主流媒体应发挥更大的引导作用，应借助移动传播，牢牢占据舆论引导、思想引领、文化传承、服务民众的传播制高点，用中国特色社会主义主流价值导向驾驭人工智能的“算法”，全面提高全球舆论引导能力，全面提升当代中国文化国际影响力。

(三)创新对外宣传方式，增强国际舆论议题设置能力，增强在国际文化规则制定中的话语权，把破解人类发展难题的中国智慧和中国方案的议题设置与传播作为当代中国文化国际影响力生成的重要路径

“宣传”是中国的一大法宝，是中国意识形态建设的一大特色，但不为西方人所理解。这不足为怪。因为“宣传”已从中国革命、建设和改革开放历程中淬炼成为标准地道的中国话语，其内里蕴含着丰厚的中国智慧和中国经验。在当代中国，对外宣传是生成中国文化国际影响力的主通道，是提升当代中国国际话语权的主平台。我们要创新对外宣传方式方法，强化国际议题顶层设计能力，突破西方话语体系的障碍，在整体提高国家文化软实力的基础上推进当代中国文化国际影响力的生成。

当前情况下，系统梳理具有独创性和国际影响力的中国话语，使其真正发挥在当代中国文化国际影响力生成中的应有作用，至为关键。创新对外宣传方式方法，构建中国特色的国际话语体系，必须立足自身，面向世界。精心细致盘点一下什么话语是具有国际影响力的，什么话语是具有潜在国际影响力的，什么话语是中国独创的，什么话语是中国拿来的，什么话语是已经被国际认可的，什么话语是具有普遍意义的。尤其关键的是，当前条件下要弄清楚什么话语能够引领国际主流舆论，什么话语能够主导全球治理体系。这样的梳理不是要脱离现有的国际话语体系，不是另辟蹊径，另开炉灶，去建构与现存国际体系相抗衡的中国体系或什么东方体系，而是在梳理的基础上分析现有话语能否和如何融入现有世界话语体系，检视现有话语能否在融入的基础上发挥引领和主导作用，是否有长足和旺盛的生命力，因为归根结底，中国话语是为解决现有人类面临的共同挑战、共同问题而存在的，而不是为了一己之私，一国之私而不顾世界其他国家人民的安危。

梳理独具中国特色的国际话语，有两个方面需要关注，一是构建新型国际关系，二是构建人类命运共同体。实践证明，这两个方面是我国当前开展对外宣传工作的总基调，是具有国际道义力量的影响力话语。围绕这样的影响力话语，我们也提出了中国梦与世界梦、美丽中国与美丽世界、国家治理体系与治理能力现代化以及国际治理体系变革、“一带一路”与构建人类命运共同体等具有国际影响力的倡议作为实践的路径。综合国际各方面的反映可以看出，这些话语是基于中国的历史传统和社会发展现实提炼出的适合描述中国道路、反映中国力量、体现中国价值、表达中国精神的中国话语。这些话语已深受广大发展中国家人民的认可，部分发达国家人士也非常认同。在新时代，建设具有国际影响力的中国文化，必须从中国当前的发展现实出发，在中华民族生生不息的日常生活和文化传统中，提炼出更多的能够打动广大国外受众的话语。

同时，从梳理中可以看到，紧跟世界潮流和人类文明进步的步伐，适时提出具有原创性和时代精神的国际话语议题，对当代中国文化国际影响力的生成至关重要。提出国际议题的过程，实际上就是以独特的中国视角、中国思维发现问题、思考问题、解决问题的过程。由于西方话语在世界话语体系中长期占据优势，西方文化中心论对世界的影响根深蒂固。中国自近代以来就开始接受西方文化冲击，西方的学术文化话语体系深深嵌进中国人的学术话语体系中，特别是在人文社会科学领域，自 20 世纪 80 年代西方文化热、哲学热兴起之后，西方的各种思潮走马灯似的在中国学术场、思想界、文化圈驻足、徘徊、游离，诸如存在主义、精神分析学说、后现代主义、后结构主义。“历史的终结”“文明的冲突”等西方话题，成为国内理论界、文化界的舆论重点，奉西方话语为主流话语成为一时之潮流。但今天回过头再看，我们能以现代西方话语为根进行新的话语体系建设吗？答案无疑是否定的。如果从近代以来的一个较长历史阶段看，答案就更明显，无论是政治、经济、社会还是文化、文明、生态，我们都很难直接从西方得到什么。我们不否定西方文化文明也是人类文明的优秀成果，但西方中心主义那种傲慢自大与偏见，成为阻挡中西交流的篱笆。因此，当前构建中国国际话语体系必须摒弃西方赤裸裸的意识形态偏见，纠正西方民众对中国的认知偏差，在国际建立认同当代中国文化的认知体系。

增强制定国际文化规则的话语权，不断提出符合世界人民意愿的中国议题，展示中国智慧、中国方案在解决世界问题时的独特魅力，是当代中国文化自主自觉打动国外民众认知心理的重要途径。从某种意义说，影响力的生成不是靠硬权力打压出来的，在西方意识形态霸权还占据国际话语场主导地位之时，我们一方面要与之坚决斗争，在斗争中争得话语权，另一方面要通过有效的国际议题设置，影响国际文化规则制定的话语权，使国外民众从傲慢与偏见中走出，融入到自主认知、自觉认同中。应当说，随着中国综合国力和国际地位的大幅提升，国际社会对中国的关注度前所未有地增高。对一些重要的国际议题，国际社会聚焦中国方案、期待中国声音成为常态。在此背景下，我们在参与或是主导这些国际议题时，也应有针对性地设置体现我国立场主张、能够主持国际道义的议题。这些年来，我国通过各种国际议题，通过中美、中欧、中俄、中非及与周边国家的亲邻睦和交往，积极回应国际社会对中国发展道路、发展成就、发展模式以及中国的民主人权、民族宗教、环境保护、金融安全、新闻制度、网络安全等各方面的关切。同时，我们对近来国际社会出现的逆潮流而动的单边主义，对国际社会造成重大威胁的国际恐怖主义，对全球金融危机、全球气候变暖及环境污染等重大国际问题等主动发声、亮明态度，及时向世界传达中国声音、中国主张、中国方案，有效地影响和引导国际舆论，彰显我国在地区和全球治理的话语权。随着多边国际文化交流合作的拓展深化，中国通过联合国教科文组织等国际平台，深度参与《保护非物质文化遗产公约》《保护和促进文化表现形式多样性公约》的修订和实施，实实在在提高了国际文化话语权。我们利用国际重要多边舞台参与国际重要文化规则制定，主动营造有利于中国的国际话语权。类似这样的文化规则制定，需要我们及时跟进、广泛参与。

（作者系《求是》杂志文化部主任）

中国文化阐释中的问题与批判

李瑞卿

文化传播或创造本身就是阐释行为。道可道，非常道。道就是说，即用语言解释，以行为实践，包括与之相关的法律、礼仪、道德、文艺都可视为道的言说，文化阐释某种程度上就是道的言说。文化阐释在中国语境里是指坚持唯物史观、秉持道义、继承先贤、创造社会主义新的时代文化的历史实践。当然，我们在此主要讨论的是文本阐释的问题。

一、应当考源流，辨毫厘

对于古代经典，特别是中国经典要投入巨大的精力，要真正走入古人的思想与历史的脉络中，了解其基本的逻辑结构和缜密精深处。这个功夫不能忽略，无捷径可走，需几代人前仆后继的、有效的继承与创造。比如《诗经》记录了西周初年到春秋中叶的诗歌，其中有对政治、历史、制度、风俗乃至鸟兽草木的记载；《尚书》一般认为《今文尚书》中《周书》的《牧誓》到《吕刑》十六篇是西周真实史料；《左传》《周易》也是非常难得的可靠文献，这些经典中保留的历史文献和深刻思想对后世的影响是巨大的，而且保存了中华文化的丰富性与原创性，具有范本意义。比如，它们记载的制度即是后代的行政之根与文化基因；它们表现出的思维方法，总是历久而弥新。今人对经典的正确理解非常重要，比如如何理解“诗亡而春秋作”？这里的诗亡，应当是指古代圣王采诗以观民风的礼乐教化制度衰落了，于是孔子作《春秋》，以寓善恶褒贬之义；《孟子·离娄下》说“王者之迹熄而《诗》亡，《诗》亡然后《春秋》作”，孟子这里概括的是一种制度和理想的破灭，而不是说《诗》的文本流逸，或《诗》废弃不用。对一些重要的命题我们不能笼统视之，比如意象、气、老与庄、儒与道、道与易，以及儒家各派学说，等等，都需要深入辨析，细致入微。

二、应当重视个案研究

我们看到的一些讨论中华文化或中国文化的著作，穷尽天下资料，描述好几千年，但只得出几条抽象、普遍的结论而忽略扎实用心的个案研究，这样的结果是，用力勤恳但与中国文化无干。比如“天人合一”问题、“心性”问题都应该进入个案研究，而不能想当然地概而言之。比如有的论者将感兴、神会与意向性构成比附，将真情、童心比附为悬搁与还原，将意象、意境比附现象的呈现，将妙悟妙观比附为本质直观，我们并不反对以现代观念来阐释传统命题，但如果僵化而孤立地理解这些命题，就极可能遮盖了这些命题所蕴含的历史与文化意蕴。我们知道，这些所谓悬搁、现象呈现，只是一家之言，且有其历史语境和现实诉求，并不是放之四海而皆准的真理。因而，借助这些现代话语进行阐释时，不能完全沉陷在概念置换中，更何况如何“悬搁”和“呈现”本身也是个亟待解决的理论问题。如果忽略了个案研究，借助传播和平台势能，站在当代之巅，振臂一呼，凭空发论，就不是一个学术的态度。个案研究再怎么重视也不为过。庄子《齐物论》集中讨论了一个问题，即如何“齐物”或“道通为一”。而《逍遥游》即是讨论如何“逍遥”的问题(这一问题向秀、郭象、支道林都有讨论），后来的哲学家注者纷纷，但从方勇先生写的《庄子学史》看，历代注家对庄子的理解几乎是一代不如一代，难得《庄子》精髓，甚至渐行渐远。再后来，“庄子学”就沦为江湖术士式的空谈了，古人尚且如此，今人就干脆略过学术问题，为我任性而用了。近来有关庄子著作不少，不过写得依然隔膜，可见任重而道远。

三、应当重视科学技术与科学精神

文化阐释要有科学意识与科学能力，我们要重视中国文化中的科学。讨论人体，就要重视古代医学；讨论建筑、绘画、音乐，就要重视科学、数理；讨论哲学也不能离开当时的科学观念。不能把文化中涉及的科学问题都归结为抽象的观念，甚至看成一种个人的生命体验与审美感觉。“明清之际西方天文学传入中国以后，对清代考据学的形成具有决定性的影响。梁启超在《中国近三百年学术史》中说：‘治科学能使人虚心，能使人静气，能使人忍耐努力，能使人忠实不欺。……历算学所以能给好影响于清学全部者，亦即在此。’胡适也认为，考据学方法系当时学者受西洋天算学的影响而起。王力在《中国语言学史》中说得更明确：‘明末西欧天文学已经传入中国，江永、戴震都学过西欧天文学。一个人养成了科学头脑，一理通，百理融，研究起小学来，也就比前人高一等。’于是他主张学中国文学的人，应该学天文学，在他主编的《古代汉语》中天文学占了大量篇幅。”[①]这些见解足以振聋发聩，引人前行。在当下，我们阐释传统文化时，应当具备基本的科学素养和专业知识，客观地正视优秀的传统文化，并作创造性的阐释，而不能做腐朽无知而站在道德至高点上的村夫子。

---

① 《科学史十论》，143页，上海，复旦大学出版社，2003。

四、应当重视理论建构能力

任何文化都需要建构，比如易学模式如何阐释？比如中国古代哲学如何与西方哲学对话？如何引入西方语言哲学、认知论来讨论古代的哲学问题？如何阐释道和气这些概念？道和气在漫长的封建时代里被深切接受，到现在我们接受它们的理由是什么？目前存在一些不好倾向影响着理论建构：其一，食古不化，看不到古人与现代文化的通约性；其二，唯古是尊，认为中国古代文化可以包罗一切；其三，以为中国文化别是一家，片面夸大中国文化中的经验主义、直觉主义，以感悟式的、评点式、机锋式的智慧来代替规模式的宏论，而忘记了冰山之下的大部分，此乃舍本而逐末；其四，无论是对古代还是西方都没有理论的兴趣，唯文献是论，以为有一种客观的知识和文本放在那里，他们拒绝思考和建构，以为建构理论就是肤浅行为或离经叛道；其五，在理论上借用一些西方新观念，完成对中国文化与思想的粗暴收编，站在一个虚拟的理论高度上，说一些不着边际的话。凡此种种，当引起我们的反思。

（作者系北京语言大学中华文化研究院教授）

新媒介、新叙事与文化想象

卢蓉

进入 21 世纪的媒介研究，面临最大的问题是媒介融合对个体和社会的重构。随着互联网技术引导的媒介变革步步深入，传媒业的内容生产、业态环境、运作规律不断发生变化，使得人类生活的许多社会关系和权力结构发生了分化和重组。可以说，信息科技不仅引发媒介翻天覆地的巨变，更在整个社会层面掀起了一场广泛而深远的变革。

2019 年 11 月美国著名导演马丁·斯科塞斯在《纽约时报》上发文，批评漫威电影不是真正的电影[①]，感慨电影叙事美学的没落，引发全球范围的讨论和争议。随后美国流媒体巨头之一奈飞(Netflix)开始为安卓手机客户端用户提供倍速播放功能，这一解构成片完整性的行为同样遭到好莱坞影视界人士的纷纷抵制和不满[②]……然而，不管我们愿意不愿意，一个事实是，当代世界日益变得人工化，经过媒体过滤的二手图像正在替代直接经验，大量通过增强现实形成的“幻象”(拟像)正在替代现实……大量的“混合现实”构成的

---

① 《导演马丁·斯科塞斯在〈纽约时报〉发表长文，评论漫威》，https://new.qq.com/omn/20191105/20191105A0PHJS00.html，2020-03-11。

② 卫中：《奈飞提供倍速播放功能 影视界人士表示将抵制》，https://baijiahao.baidu.com/s?id=1652586738921567179&wfr=spider&for=pc，2020-03-11。

“高仿真社会”正在让我们逐渐丧失现实感，并强有力地影响人们的认知和心智。无处不在的传感器、跨媒体、人工智能等技术的兴起，参与式文化的兴起和新创客浪潮，还有全球宽带分销平台的兴起……所有这些集中到一起，正在重塑媒体和娱乐业，甚至可能重塑其他所有行业，整个人类社会进入了一个创造新环境和新经验的时代。

从媒介社会的外部来看，除了智能电视、iPad、手机为代表的新屏幕，还有虚拟现实耳机、谷歌眼镜、苹果手表等可穿戴设备，以及快速增长的物联网大幅改变了我们的游戏、学习、工作和生活方式。更重要的是，这些设备允许内容创建者以比以往更频繁、密集地向用户推送内容并从用户中提取数据。随着互联网和大数据技术的发展，我们越来越有能力通过指尖就拥有一个定制的、无所不在的全新媒体体验。如果视野再放远一些，下一个新屏幕可能根本就不是屏幕，当人工智发展成为新的“用户界面”，那时我们的体验将会超越目前任何一种设备，这是否意味着我们正在脱离现实世界？

从世界的内部结构看，AR交互、互动剧、AI写作等人工智能、新媒介、新技术扑面而来，对影视剧叙事技术带来全新体验和挑战。所有这些都在改变我们讲述故事和访问内容的方式。今天的影视行业，创作者、分销商、观众等新进入者大量涌入故事制造的上中下游，故事的传播通路往往呈现出多重进出点的非线性、非等级知识网络；叙事行为变得无起点和终点，无贯穿系统内部的固定通路；故事的意涵开始变得越来越流动，去中心、去结构特征凸显——人人都可以在任何地点进入信息流，并通过链接在多重通路中移动，任何人都能搜索、复制、操控、添加和传输信息异质并共存。于是相互矛盾的文本高速流传，语义相互渗透和对峙。拿一部流行电视剧的热议话题为例，下图是网友分析爆款剧《三生三世十里桃花》的互动粉丝热议热点情况(议论热度越高标识字体越大)①。

① 苏格兰折耳喵：《从大数据舆情传播角度看〈三生三世十里桃花〉》，http://www.woshipm.com/data-analysis/588635.html，2020-09-28。

从上图中能看到，与作品内容本身无关的娱乐社交信息大量充斥其间。事实上，类似的数据呈现并不仅仅限于这一部剧。今天几乎所有的流行剧集，观众读取信息的兴奋点、产生热议的话题标签都是大杂烩的。大量不同的态度、看法、声音混杂在一起，传统的大众传播的“唯一性”似乎正在被充满不确定的“多元性”所取代。剧集热度由此获得提升，随着关注度、话题度的迁延进一步带动其周边商品、线下活动等一系列衍生效应。

不过，在这个貌似人人拥有麦克风的时代，社会学研究者们却认为，我们所处的社会其实正在进入一个“主体的黄昏”期。也就是说，在泛娱乐业的蓬勃发展中，人们其实并不是自主地娱乐，而是按照媒体诱导的方式来娱乐。我们在参与每一条信息发布，获得每一次观看体验的同时，大数据系统也正在抓取我们个人的足迹和信息，进而为数码社会绘制的“用户画像”数据添砖加瓦，以便在下一次商业行为中进行更精准的推送。与此同时，由于传统社会结构在互联网的主导下日趋解体，人的社会身份和角色开始变得多元、模糊和复杂。在各种跨界的社交活动中建构起来的大众在传播链条上变成了一个个信息的“导体”，处于接收一传导的动态转换之中，而对意义的固定或者说对意义的辨识也变得越来越难。

不仅如此，互联网影视的宣发可以以排山倒海之势顷刻漫灌全球。类似漫威、迪士尼等产品由于具备强劲的市场需求，其倾销覆盖能力甚至可以把语言、文化和历史背景的壁垒夷为平地。大数据可以精准地按照全世界各个地区用户偏好来计算故事、演员与情节的发展。在这些流行全球的娱乐产品中，民族历史、文化的差异性可以被降低到几乎无意义的地步，唯一重要的只有用户偏好，这是全世界都在面临的“均质化”挑战。

重构自身文化的独特性与在场性，是“地球村”不同国家和地区的共同命题。德国著名学者扬·阿斯曼在其专著《文化记忆》中曾提到，文明记忆和身份认同的“凝聚性结构”需要依靠一套象征意义体系来形成。文化认同、感情记忆的建构与生成，及其公共使用问题是一个极其复杂的传播学、政治学与思想史课题。作为特定文化、民族记忆、历史情感等的重要承载物，每个国家、每个地方都想用影视作品来推广自身的文化软实力。但实际上，除好莱坞影片外，其他任何一个国家的电影都很难为其他国家的观众轻易接受，这是一个普遍现象，非中国所特有。美国鲁迪摩根集团总裁安德鲁·摩根回顾当年把功夫电影卖给世界时说：“我们用了 5 年时间才让功夫电影在美国立足。”①

我们可以举两个例子来看看在当代媒体内容生产链上做跨文化传播有多么难：2019 年 1 月 25 日，美国流媒体奈飞(Netflix)首播了其定制韩剧《李尸王朝》(*Kingdom*)。该剧讲述的是朝鲜王世子在调查席卷全国的神秘疫病时查获威胁整个国家的巨大阴谋的故事。这一跨文化定制行动，从韩国方面来看是文化输出，从 Netflix 方面来看是一次进入韩国原创剧集市场的尝试。全剧采用丧尸＋宫斗＋Netflix 标准制作＋全明星阵容的模式进行打造。但播出之后，很多亚洲观众仍然认为这部剧更像是一个披着韩国外衣的美国人故事。其主要原因是西方主导的合拍剧往往采用删繁就简的方式强化故事性，删除东方文化伦理上的较大差异，而植入西方文化的内核。几年前，中国热播的古装宫斗剧《甄嬛传》卖到美国本土播放，不仅片头曲完全西化，为了适应西方人观剧节奏，更是将原来七十六集的长度直接删改成六集。原先温婉的古风古韵突转成了暗黑系搏杀，这显然与原作想要传达的内容差距过大。东方故事擅长环境气氛营

① 《中国电影不必苛求国际影响力》，载《环球时报》，2013-05-15。

造和情感心理变化的细描，以及道德伦理秩序的呈现，故事表达抒情、含蓄、婉约、写意……如何将其作为另一种认知世界的方式准确传达给西方观众，确实是一个紧迫的课题。

面对变化了的媒介环境，变化了的故事生产关系与传播机制，就如何提升故事文本的跨文化传播能力，本文尝试提出如下几点建议。

一是内容制作人需要侧重于建立吸引力与故事含义之间的关系。故事的设计者要善于在故事讲述中增加社会触及面的丰富性和文化指向性，让这些内容成为理解故事的文化参考，其反过来又可以强化对特定事件含义的预先理解。

二是媒介学者需要前所未有地洞察观众。需要了解不同类型的粉丝动机，以及揭示这些数据的社会和文化背景。需要通过建立模型分析框架，从收集和分析数据到创建新内容，指导故事生产与粉丝群体之间建立更牢固的长期关系。

三是在产业链变得异常分散和庞大的时候，世界需要特别关注跨媒体讲故事背后的基本原则，即如何在无处不在的媒体背景下开始新的发展轨迹；又如何把不同分支、不同层级的故事统一到一个共同的故事世界。

四是媒体生态系统的变革是不可逆的，伴随受众品味的分裂，新屏幕将与电影和电视等“老屏幕”互为补充。了解每个平台的细微差别，并构建匹配的内容策略、协作策略和业务策略。

五是新媒介内容生产正在利用不同类型的屏幕和界面的提供，产生全新的互动模式和参与体验方式。所有这些新元素将进入未来的故事意义构成系统。

如今，媒体正在经历一个漫长而深刻的转型周期。所谓的数字革命并不意味着旧媒体的消亡，相反，我们看到的是一个更加复杂的媒体生态。媒体与受众、生产者、文本和技术之间的交互关系被扰乱和重新发展。对此，媒介研究的对象和方法在变，但媒介研究的终极目的不会改变，那就是在历史视角下考察社会结构秩序与人性的变化，思考科技跟叙事技术对人类意识发生了哪些改写。如何来破解媒介生存之中人类处境的种种困局，如何理解未来的人性……在今天的语境下，讲好中国故事，生成属于我们自己的文化想象，这是中国力图提供给世界的“另一种”认识世界的方式。

（作者系中国传媒大学教授）

经济全球化背景下建设离岸文化中心与提升文化强国影响力[①]

伍庆

新中国成立70年来，特别是改革开放以来，我们的经济、社会、文化等领域的发展都取得显著成就。尤其是中国积极参与全球经济分工，树立了"世界工厂"的美誉，作为世界第二大经济体，称中国为经济强国是恰如其分的。但与我国经济增长的成就相比，我们的文化发展仍然存在很大的提升空间。2011年10月，中国共产党十七届六中全会明确提出坚持中国特色社会主义文化发展道路，努力建设社会主义文化强国。[②] 2012年党的十八大关于"扎实推进社会主义文化强国建设"的方针，标志着我国正式确立了"文化强国"的国家战略。2017年党的十九大提出，社会主义建设进入了新时代，文化建设的目标，就是坚持中国特色社会主义文化发展道路，激发全民族文化创新创造活力，建设社会主义文化强国，这成为引导我国文化改革发展与创新发展的最高目标。在经

① 本文系国家社科基金项目：全球化背景下离岸文化中心与中国文化软实力研究(16BKS66)阶段性成果。

② 《中共中央关于深化文化体制改革推动社会主义文化大发展大繁荣若干重大问题的决定》，北京，人民出版社，2011。

济全球化背景下，面对文化传播和输出的不平衡，我们在文化产品领域还存在着明显的文化贸易逆差。随着国内消费者对文化产品的需求增长，其呈现扩大的趋势，因此，我们需要更加深入思考建设离岸文化中心，积极开发利用国际文化资源的新理论和新思路，为建设社会主义文化强国提供全方位支撑。

一、经济全球化与文化的去地域化

世界文化产业的市场巨大，增长迅速，文化资源的流动越来越便利，文化商品的全球传播也更加广泛，文化的消费、生产和传播的国际化程度也在不断提高。基于此，文化产品与其起源地之间的关系开始发生了变化，英格利斯认为文化发展的重要特征是本土不再是文化从属特定地方的主要决定因素，文化现象可以移植或生根于距其发源地千里之外的地方。① 汤姆林森则提出了“非领土扩张化”，他指出经济全球化增加了文化流动和碰撞的机会，从而瓦解了文化和地区之间的关联，同时产生了崭新而复杂的文化融合形式。②这种现象背后更加根本的原因就在于马克思和恩格斯所提出的精神产品作为公共财产，可以为世界范围内众多不同国家的民众所享用。

不同语言和文化背景之间的交流存在许多障碍，更集中地体现在不同文化背景的国家和地区之间文化产品和服务的贸易受到诸多限制。在经济全球化的推动下，交通条件的改善使得空间距离对贸易活动造成的影响正在减弱，促进了国际贸易规模不断扩大，与此同时，文化差异的影响更加突出。因此，我们说的跨文化贸易，其内容主要侧重于文化商品和服务，因为它们受到不同文化之间差异的影响更大，“跨文化”的意涵不是跨越地理上的障碍，而是要跨越

---

① [英]戴维·英格利斯：《文化与日常生活》，152页，北京，中央编译出版社，2010。

② [英]约翰·汤姆林森：《全球化与文化》，南京，南京大学出版社，2002。

文化差异的障碍。在经济全球化的推动下，跨文化消费需求增加，文化生产国际分工加强，文化产品跨境传播更加便捷而频繁，推动着跨文化贸易不断增长。

(一)文化消费的去地域化：各国民众对其他国家文化产品的消费需求不断增加

从社会需求来看，经济全球化推动着跨文化消费的迅速增加。由于文化背景的差异，普通观众理解和接受异国语言文字的文化商品会有一定障碍，因此文化产品在国际市场上对其他国家受众的吸引力会有所降低甚至难以接受，这被称为文化折扣，这也是文化产品区别于其他一般商品在国际贸易中的重要特征之一。因此，文化商品也比普通商品的跨国贸易受到更多的限制，跨文化消费往往需要受众具有一定文化知识基础，才能更好地理解和欣赏国外文化商品。

随着各级教育的普及与民众知识水平的不断提高，大众进行跨文化消费的经济能力和鉴赏能力也在不断提升。同时，在经济全球化的进程中，不同国家之间经济往来更加密切，交流与接触渠道也日益增多，尤其在媒体的推动下，地理上遥远的异国变成了心理上亲近的邻居。跨文化消费不再是局限于小范围知识阶层的需求，大量外国文学作品、电影电视、音乐舞蹈等越来越多地进入到群众的日常生活中，欣赏来自国外的文化产品成为许多民众丰富生活的重要内容。对外来文化商品的需求日益增加，刺激了跨文化贸易的迅速增长。甚至由于公开的贸易渠道可能无法满足庞大的需求，还形成了各种隐秘甚至走私的渠道，这也从一个侧面说明了对跨文化产品的消费需求，正成为推动跨文化贸易的重要推力。

(二)文化生产的去地域化：文化生产跨国分工与合作逐渐深化

在经济全球化的背景下，越来越多来自不同国家的文化厂商、投资方或艺术工作者共同参与到文化产品的生产中。这在电影大片中表现得尤其明显，许多取得票房佳绩的大片都是多国资本共同投资合拍，多国明星加盟，在全球多个地方取景拍摄，后期制作团队也是来源广泛，制作完成后在全球多国市场同步发行上映，形成国际化的分工生产营销获利模式。

文化生产者的跨国分工与合作成为推动跨文化贸易的强大动力，尤其是从20世纪90年代开始，世界范围内兴起了跨国公司并购的热潮，世界文化产业也形成了几个超大型传媒集团如时代华纳、新闻集团、迪士尼集团、维亚康姆、贝塔斯曼、索尼等，积极地推动文化产业的跨国合作与贸易，美国、西欧和日本的跨国公司涵盖了全球国际文化贸易量的三分之二。① 跨国分工合作模式生产的文化产品也有更多机会进入不同国家的市场，获得更大的商业效益，因此也成为推动跨文化贸易的强大经济动力。

(三)文化传播的去地域化：跨越国界的文化传播更为容易

从技术基础来看，技术的进步不断改变着文化传播的媒介，使得传播的速度越来越快，范围也越来越广。文化传播的介质不断更新，从纸张印刷、广播电视到互联网新媒体，凭借网络技术提供的传播方式，跨文化贸易的便利程度不断提升。尤其是新媒体的力量蓬勃兴起，信息化网络化的传播手段让多种文化产品都轻易超越国家和地区之间的地理界限，迅速传播到全球各个角落，甚至能以惊人的速度实现不同国家的同步欣赏，从而在大众中制造流行，在更广的人群范围内形成吸引力，反过来也促进了消费者对跨文化产品的需求。

二、经济全球化背景下建设文化强国的新挑战

(一)文化强国的内涵与标准

建设文化强国需要对其丰富的内涵和具体的衡量标准进行深入的研究。有学者认为，文化强国首先意味着其文化的魅力相对强大，

① 米宏伟：《文化贸易全球化现状与特点》，载《国际经济合作》，2012(12)。

表现为对内的文化自信和对外的文化吸引；其次应具备相对强大的文化创造、生产和传播能力及一个基础性指标。① 温宪元从文化内容、文化产业、文化人才、文化软实力等方面提出了衡量“文化强国”的四个因素：全社会的文化创新潜力充分激活；文化产业的规模大幅提升、竞争力显著提高；文化人才辈出、拥有宏大的文化人才队伍；国家文化软实力大幅提高。②还有学者进一步细化，增加了文化对外贸易的具体因素，文化贸易特别是版权贸易由净进口转变为净出口，能够在广泛传播中华文化和推动世界文化贸易发展中发挥重要作用。③

虽然这些标准的提法不尽相同，对具体内容的阐述存在差异，但基本认识还是比较一致的：文化事业和文化产业要共同发展，既要有深入人心的精品力作，又要有兴旺发达的文化产业。

值得注意的是，在经济全球化的背景下，不同文化的交流与合作日益频繁，文化的“强”也必须在比较中展现。文化强国的落脚点是“国”，那就必然要在与其他国家的比较中体现“强”，而不是关起门来自称的强。这就不可避免地要用广阔的视野对文化强国面临的新趋势和新挑战进行更加深入的分析。

(二)建设文化强国面临着开拓国际文化市场的挑战

在经济全球化的视野下，在各种宏大叙事中，马克思和恩格斯提出的“各民族的精神产品成了公共的财产”这一论断被广泛引用，他们早在《共产党宣言》中谈到资产阶级所开辟的世界市场和全球范围的经济交往时就已经揭示了，地方的和民族的自给自足和闭关自守状态，被各民族各方面的互相往来和各方面的互相依赖所代替了。物质的和精神的生产都是如此，各民族的精神产品成了公共的财产。④

---

① 赵峰：《什么是“文化强国”》，载《词刊》，2012(8)。

② 温宪元：《中国文化强国的使命与方略》，载《广东社会科学》，2012(6)。

③ 齐勇锋：《“文化强国”的几个标准》，载《人民论坛》，2011(20)。

④ 《马克思恩格斯选集》(第1卷)，北京，人民出版社，1995。

值得注意的是，马克思和恩格斯的论述的含义所指，首先是各民族的精神文化产品直接作为消费品为其他各国各民族所共同享有。现有研究都是主要在此基础上进行阐发，关注的是经济全球化推动文化交流交往的深化，即各民族都可以了解欣赏到其他民族的文化产品。而由此引发的一系列文化同质化、异质化、混合化的现象，都是从最终的消费品意义上来说的。

因此，在经济全球化的视野下考察文化强国，其重要的特征指标之一就是本国的文化产品受到其他国家民众的欢迎。尽管文化产品的传播和交易，还存在着比普通商品更多的障碍，但是实际上相互联系的全球市场正在形成，越来越多不同国家的文化产品在市场上流通。文化强国意味着在整体的市场中能够占据更大的份额，不仅仅要立足本国受众的市场，更要开拓国际受众的市场。

尽管近年来我国国际文化贸易有了较大幅度的增长，但是文化贸易在我国对外贸易中的比重仍然偏低，这是建设文化强国的一个薄弱环节，尤其是在核心文化内容领域仍然存在着巨大的逆差，并且有扩大的趋势。从文化产业国际市场情况来看，与发达国家相比，中国文化出口企业的国际竞争力较为薄弱，文化企业在国际文化市场所占的份额仍很小。例如，我国影视、音乐、图书、报纸、期刊等文化产品近几年来都面临较大贸易逆差，且有些进出口数量和金额比值呈现扩大趋势，需要引起高度重视。细分国别对象来看，我国与美国、欧洲等发达国家的文化贸易逆差更为明显。例如在图书版权贸易方面，尽管近年来我国对外输出版权有了较大增长，如对日本、韩国、新加坡等国也有明显增长，但仍低于引进数量，尤其是对美国、英国、德国、法国、加拿大等发达国家的输出远远低于引进数量。这表明我国在国际文化市场开拓上，主要集中在一些中华文化传播和影响的亚洲国家，对其他地区文化市场尤其是欧美发达国家文化市场的开拓还远远不够。

(三)建设文化强国面临着开发国际文化资源的挑战

马克思和恩格斯的“各民族的精神产品成了公共的财产”这个论

断其实还有第二层的含义。各种文化资源原本的在地性逐渐被削弱，而生产领域的国际文化分工日益拓展深化，其他民族的文化资源可以为我所用，开发成为文化产品，并销往世界各地。因此，这个论断的另一层含义凸显出来，即各民族的精神文化产品可以作为资源品为其他各国各民族进行加工利用再生产为新的文化产品，再为其他各国各民族共同享有。

在经济全球化的推动下，文化产品的跨国消费和流通日渐频繁，跨国文化生产分工日益深化，各民族的精神产品不仅在消费品的意义上成为公共财产，为其他国家的民众所欣赏，也在资源品的意义上成为公共财产，参与到国际文化分工中，可以被其他国家用来再生产为新的文化产品被世界各国的民众享用，甚至返回到原来的国家而受到热烈的欢迎。

因此，建设文化强国还需要思考经济全球化带来的另一层作用，即开发利用其他国家文化资源的能力。事实上，反过来可能出现自己国家的文化资源被别的国家开发利用，形成更具有吸引力的文化产品的现象，而这也对建设文化强国提出了更高的挑战。

加入 WTO 以来，我国的对外开放程度不断提升，在全球分工中的地位也不断攀升，统筹国际国内两个市场两种资源取得了巨大成就，对世界各地自然资源的利用和国际商品市场的拓展也取得了较大进展。但是，在文化产业领域，我国文化产业统筹两个市场、两种资源的能力相对薄弱，开发国际文化市场的能力还远远不够，利用国际文化资源更加不足，与我国的经济实力和大国地位不相匹配。文化领域单纯借鉴商品领域的经验是不够的，因为实物商品的使用价值不会因不同国家和民族的消费者而有所差别或损耗，而文化产品在跨文化传播中需要面对更多挑战。在国际文化贸易领域，我国进口国外的文化商品数额非常庞大，但是较少注意开发利用国外的文化内容资源，商业开发能力相对欠缺。主要还是因为我国的文化产业发展与发达国家相比存在一定差距，文化生产能力还不够高，尤其是没有将国际文化资源与国际文化市场相联通，以强大的文化生产能力加工利用国际文化资源来拓展国际市场。

三、离岸文化中心利用国际文化资源开拓国际文化市场

在经济全球化的推动下，离岸金融中心的迅速发展已经引起了广泛的关注。与此同时，开发利用国外的文化资源生产文化产品，再投向国际市场的离岸文化生产逐渐兴起，并在国际文化贸易和文化交流中发挥越来越重要的作用。

（一）离岸文化中心的兴起

围绕“文化产品作为公共财产”这一经济全球化的重要产物展开的研究还远远不够，尤其现有研究主要都是将文化产品作为消费品来研究，关注异国文化产品进入本国消费生活而引发的生活方式、思想观念的同质化或混合化。但我们认为，有必要从生产角度，将文化产品作为资源品探讨经济全球化带来的影响。

不同文化之间的交流与融合历史悠久，各个国家在吸收其他国家传播进来的文化的同时，利用自己的文化生产能力开发利用这种历史文化资源的现象其实一直存在。但是在经济全球化的过程中，随着跨文化贸易的增长，文化生产国际分工的深化，这种现象以产业化的方式更加普遍地存在。于是，开发利用国外的文化资源生产文化产品，再投向国际市场的离岸文化生产逐渐兴起，并在全球文化中发挥越来越重要的作用。

（二）离岸文化中心的典型

离岸文化中心的典型是美国的好莱坞。好莱坞的电影吸收了世界各国的元素，整合了来自不同国家的资源，同时也积极向全球市场扩张，形成了一套全球化的运作体系。电影《勇敢的心》就是一个很好的例子，其制作公司是美国派拉蒙影业公司，由澳洲著名电影人梅尔·吉布森担任该片的导演、主演和制片人，主要演员还有法国的苏菲·玛索，主要取景地是在爱尔兰米斯郡。可以说，这部电影的拍摄和现实的苏格兰几乎一点关系都没有，只是美国的电影公

司借用了苏格兰历史上的一段历史故事。从经济上来看，电影的海外票房 1.348 亿美元，达到总票房的 64%，可谓在世界各地赚足眼球和利润。对于中国以及其他国家的很多观众来说，对苏格兰的认识就来自于这部电影，或者说这部电影成为他们认识苏格兰的桥梁；而苏格兰的历史、文化和形象，也由此传播到全世界。更有甚者，在 2014 年苏格兰独立公投时，许多评论都提到这部在拍摄中和现代苏格兰没有任何关联的电影。由于美国自身的历史并不长，好莱坞在电影制作中，运用这种开发利用其他国家的文化资源生产文化产品的模式是炉火纯青的。

在好莱坞开发世界各国文化资源进行文化生产的过程中，表现最为突出的是动画片这种形式，由于不需要借助真人表演，更容易跨越文化沟通的障碍，从而销往不同国家和市场。著名动画制作公司迪士尼开发利用世界各国的传说、民间故事、童话等文化资源，创作了大量风靡全球的经典动画片，例如取自丹麦安徒生童话的《小美人鱼》、取自阿拉伯民间故事的《阿拉丁神灯》，等等。世界各国丰富的文化资源，在好莱坞电影公司的运作之下，加工成为现代的文化商品，并在这些基础之上创造出属于自己的卡通明星，他们甚至还总结出了一套典型的美国式的商业化叙事方法和镜头语言，推销到世界各地。[①] 对于中国观众来说，最为熟悉的就是 1998 年迪士尼根据中国南北朝民歌《木兰辞》制作的动画片《花木兰》，上映后在中国和全球其他地区都受到热烈欢迎和高度评价。

好莱坞在对世界各地文化资源的改造和利用上，往往能突破传统的局限，将局部的文化资源转变为接受程度更广泛的文化产品，在输入美国商业特色的同时，超越时代超越地域，表达出一些共通的情感，从而引起人们更广泛的共鸣。[②] 从文化资源的开发利用来看，离岸文化中心实际上推动了地方性文化资源的全球传播，离岸文化中心利用文化资源以及开发国际市场的能力比本土文化企业更

---

① 杨明：《美国动画片中对异域文化再现的探究》，载《文艺研究》，2012(4)。

② 张旭东：《试论美国动画片的题材创意与主题开掘》，载《当代电影》，2010(7)。

高，达到的效果也更具有国际性。

(三)离岸文化中心的特征

离岸文化中心开发利用国外的文化资源，整合利用世界各国的文化资源，创新创作文化产品，投向国际市场，具有以下三个典型特征。

一是双向连接国际文化资源和国际文化市场。离岸文化中心同时连接着国际文化资源和市场，可以看作是特殊的文化贸易。普通的文化对外贸易中，出口的文化产品一般都是基于国内文化情境，开发利用纯粹的本国文化资源生产文化产品销往国际市场，在产品开发和设计时往往首先针对的是国内市场需求，在国内销售之后再推向国外市场。很多仅仅是进行语言上的翻译，或者制作国内国外略有差异的版本，很少针对国外市场进行本地化的改编和再创作，更不用说主动根据国际市场需求进行主动策划设计。与普通的对外文化贸易相比，离岸文化中心利用的文化资源也来自国外，因此需要同时面向国际文化资源和国际文化市场，主动将两者连接起来，这对于文化生产者而言，利用国际资源的能力和开发国际市场的能力同样要求很高。在这个双向连接的过程中，离岸文化中心开发利用文化资源的形式多种多样，不同的国家和地区各有擅长的文化艺术形式以及各具特色的表现风格，可以结合自己的文化特点和优势进行开发和表现，由此从不同的角度赋予了文化资源更加丰富的内涵，在融合中推动创新。而对于国际市场的受众来说，不同国家的创作方式各异，可能带来既熟悉又陌生的感觉，尽管是熟悉的题材，但同时又是陌生的表现形式，比纯粹陌生的异国文化产品相对更容易接受。

二是跨越文化差异的障碍进行独特开发创作。离岸文化中心利用国际文化资源开发国际文化市场，可以说是一种“两头在外”。但是，离岸文化中心“两头在外”和一般的商品加工或离岸金融相比，其独特性在于“跨文化”，需要处理的是外来的国际文化资源，面向的是国际文化市场，而且有时也面向国内市场，但是海外市场所占比重更大。与一般实物商品的功能特征突出，尤其是货币的抽象价值符号属性相比，文化商品的生产和传播需要面对不同国家的文化差异，文化资源的多样性决定了离岸文化中心需要克服的困难包括了语言的理解障碍、沟通中受众文化心理的差异，等等。这些因素都会导致在利用国际文化资源和开发国际文化市场中出现文化折扣问题。如果能够克服文化沟通中的障碍因素，在开发国际文化资源时，结合自己的文化特点，形成各具特色的文化产品，将成为离岸文化中心的成功之道。事实上，很多文化生产者并不仅仅是简单地翻译国外文化资源，而是根据自己的文化特长进行改编和再创作，形成了多样化的表现形式，使丰富的文化遗产传播到更多的国家和地区，并在不同的时期保持生机和活力。因此，如何形成自己的特色和优势，面向国际市场主动策划发掘各类资源，有特色地开发利用国际文化资源进行文化生产，成为离岸文化中心最基本的特征。

三是主导文化生产价值链获得创造性的增值。离岸文化中心开展文化生产所需的文化资源与实物商品的原材料有着巨大的差异，文化商品的生产与普通实物商品的加工更是天壤之别。文化资源的"加工"环节的复杂程度要远远高于实物原料的加工，其增值部分的优势并不是简单的低成本生产制造，而是对国际文化资源的开发能力，对国际文化市场的拓展能力以及文化产品的创新能力。因此离岸文化中心的"加工"环节的增值远远高于对实物商品的加工贸易。与此相应地，其国际文化市场的开发难度更大，风险也更高。同时，离岸文化中心并不是简单接受国外发包商的订单，而是针对国际市场的需求主动策划创作文化产品，并根据实际需要吸收和利用外来文化资源，在开发利用国际文化资源和市场上具有更多主动性，能够掌握价值增值和利润分配的主动权。

一个国家的文化产业发展壮大起来之后，必然会更多地考察发掘世界各国的文化资源并开拓国际市场。这不仅仅是文化企业希望抢占更多的世界市场份额，那些文化影响力不断增强的国家，也会用自己的视角去观察和了解世界范围的不同文化。因为文化商品具有双重特性，从商业的角度，这是获取更大利润的一种方式，从文化的角度，这也是保存和传播多元文化的重要渠道。离岸文化中心的这些特征，正可以在建设文化强国中充分发挥独特优势，统筹国际国内两个市场两种资源，为加强国际文化交流与合作作出特殊的贡献。

四、建设中国特色离岸文化中心提升文化强国影响力

文化对一个国家的发展和对外交往正发挥着越来越重要的作用。对于那些文化强国而言，是保存和发展世界各国文化，更好促进文化交流与融合，还是单纯维护自己的国家的利益，甚至谋求国际霸权地位，有着巨大的差别。①

中国历史积淀下来的和平发展理念，以及中国人的价值观中凝结的天下大同的价值内涵，形成了完全不同于当今霸权主义的“人类命运共同体”的美好蓝图。建设中国特色的离岸文化中心，正是助力建设文化强国，进而实现人类命运共同体的有力支撑。

（一）承担文化交流使命，促进文化开放融合

在经济全球化的大背景下，不同国家和地方的文化都有着走向世界的机会。但在信息爆炸的时代，大量的优秀文化资源可能会被淹没在海量的信息中。任何文化资源所有者，无论是个人、城市还是国家，都面临着将优秀的文化信息资源转化为受众欢迎的文化产品并让更多人知晓的难题。如果不能进入全球主流媒介渠道，再优秀的文化资源也会无人问津，而对于大多数文化资源持有者来说，其本身并不具备足够的生产、制作和传播的能力，只有借助离岸文化生产才能使产品在更广泛范围得到传播。

建设中国特色离岸文化中心，能够以开放促进合作，加强中国与沿线国家之间的交流，通过互相学习、融合创新，共同开发具有

① 陈先达：《努力建设社会主义文化强国》，载《中国特色社会主义研究》，2011(6)。

鲜明特色的文化产品，使得不同文化尤其是原本少有人知的文化走向世界。世界上(包括“一带一路”沿线的)许多国家和地区由于人口少，文化产业相对不发达，尽管拥有非常丰富的文化资源，但却难以实现向世界更多受众传播其文化的目标。他们依托离岸文化中心开展文化生产的方式，借助更强大的文化产品生产者和更广泛流行的语言及媒介，就能够使本土的民族文化超越地域局限，传递到更广阔的范围。我国在这方面已经有一些成功的案例，例如在中柬两国文化主管部门共同支持下，云南文投集团与柬埔寨索玛集团有限公司合作打造的《吴哥的微笑》就是一台反映柬埔寨历史文化的大型歌舞剧，全剧选取吴哥最具代表性的文化意象和元素，利用现代手法加以创新演绎，自 2010 年公演以来受到广大游客和观众的好评。在笔者看来，在建设“一带一路”过程中，我们要着重加强和发展中国家的合作，充分发挥我国文化产业在理念、技术、人才等领域的优势，帮助广大发展中国家开发利用其丰富的文化资源，携手合作共同开发，生产特色文化产品，帮助其文化向国内和国际市场实现更广泛传播，这也是构建“人类命运共同体”，实现共同发展的重要内容。

(二)把握民族复兴机遇，推动文化走向世界

推动中华文化走出去，提高国家文化软实力，关系我国在世界文化格局中的定位，也关系我国的国际地位和国际影响力，关系“两个一百年”奋斗目标和中华民族伟大复兴中国梦的实现。推动中华文化走出去，是增强国家文化软实力、在综合国力竞争中赢得主动的迫切需要；是营造良好外部环境、塑造良好国家形象的战略选择；也是促进各国文化交流互鉴、维护人类文明多样性的必然要求。[①]但是，目前总体而言，中华文化的国际影响力还不强，与世界第二大经济体的国际地位还不相称。我国文化贸易尽管顺差巨大，但是对外输出的文化商品和服务中实物产品多，核心文化内容产品少，

① 刘奇葆：《大力推动中华文化走向世界》，载《光明日报》，2014-05-22。

展示传统文化的产品多，反映现实的产品少，很多产品都是基于国内市场和文化情境开发的，国际市场的针对性和适应能力不强。与世界文化产业大国相比，我国文化输出的创作和生产与国际市场衔接不够，对国外文化资源的掌握和文化要素的利用仍显不足，这也是我们在推动文化“走出去”过程中成效有限的重要原因之一。

建设中国特色离岸文化中心，可以将中国的文化特色与世界各国的文化资源相结合，生产出更多与国际受众相对接的文化产品，更有效地推动中华文化走向世界。面对世界各国民众学习了解中华文化的强烈需求，我们在推动中华文化与国际接轨的时候，一定要注意创新形式，更好地把握不同国家民众的文化背景和心理需求。建设离岸文化中心，培育一批具有国际竞争力的外向型文化企业，鼓励文化生产者更加深入地了解各国消费者的文化心理特点，把握世界不同国家文化市场的需求开展文化生产，有利于文化生产者全面发掘国内国外两种资源，将各国文化元素尤其是中国文化元素以各种不同的方式组合创新，创作既有中国特色又受国际市场欢迎的文化产品，推动中国文化以多种形式走向世界。同时为中国文化注入持久生命力。

(三)跨越不同文化障碍，加强国际文化合作

每个国家都拥有着丰富的文化资源，但是，大多数人都没有能力直接接触外国文化精品，而总要通过各种中介包括语言翻译、表现载体等的呈现和转化才能获得认知。不同文化中的神话传说、民间故事等文学资源是人类共同的财富，在时代发展和文化传播和交流的过程中，不断地被不同文化创作者以新的表现方式进行演绎、表达、再创作，并借此在不同文化中传播。如起源于希腊的神话传说随着历史的发展不断向世界传播，并在不同国家被无数次地改编创作为小说、戏剧、电影、电视、动漫等形式，超越希腊的国界而成为人类共有的财富。例如，中国版本的《美狄亚》。早在1989年，河北省河北梆子剧院就排演了河北梆子《美狄亚》的第一版(后来北京河北梆子剧团也排演过)，导演是中国古希腊戏剧专家罗锦鳞，该剧运用中国传统戏曲的演绎形式来表现古希腊悲剧，一度还赴欧洲巡演，受到热烈欢迎。可以说，历史上不同国家的文化生产者并不仅仅是简单的翻译原作，而是根据本国文化基础及自身文化特长进行改编和再创作，使得宝贵的人类文化遗产传播到更多的国家和地区，在不同的时期保持生机和活力。

建设中国特色离岸文化中心，有助于我们以开放的心态学习、借鉴和吸收各国文化的精华，更加主动引入高品质的优秀文化产品和资源，进一步加强与各国在文化领域的合作。将世界优秀文化资源与我们自身的文化生产优势相结合，创作出新的文化产品，也是实现文化融合与创新，提升与丰富自身文化的重要手段，还可以带动我国文化产品向国际化水平靠近，推动中华文化不断向前发展。文化总是在开放、交流与碰撞中融合创新，文化的创新不仅需要对自己传统文化继承与发扬，也需要对优秀外来文化学习和借鉴。由于历史等原因，我国文化领域吸收利用外来资源的能力相对较弱，还有更多的提升空间，这就更需要我们主动鉴别甄选，去其糟粕，取其精华。在全面开放的环境下，我国与沿线国家之间的文化开放与交流更加频繁，必然会有更多世界各地文化商品和文化资源竞相进入中国。在不侵犯知识产权的前提下，跨越国界利用国外文化资源进行离岸文化生产，可以让各国文化经典在不同国家间得到更广泛的传播。凭借不同国家独特的文化表现能力，离岸文化生产也能够促进文化资源与不同文化表现形式更加紧密地结合，促进文化融合发展、创新进步。

(四)开创全新未来格局，引领多元文化交流

不同语言之间的沟通问题是国际文化交流和贸易中需要解决的重要障碍之一。往往不同语言文化产品之间的交流都要通过直接翻译，耗费了大量的人力、物力、财力。但是，如果以一种更为通用的语言作为中介，就可以大大降低交易的成本，在未来多元文化的交流中，中文应该发挥更加积极的文化交流和贸易中介作用。随着中国经济崛起和文化影响的不断增强，世界各国民众都希望更直接地了解中国，因此世界范围内的学习汉语需求持续升温，“汉语热”在很多国家和地区都成为普遍现象，这也为建设离岸文化中心提供了有利条件。

综上所述，建设中国特色的离岸文化中心，有助于推动中文发挥不同文化之间交流中介的功能，提升中文在国际文化交流和传播中的地位，在多元文化交流中发挥引领作用。通过开展离岸文化生产，用中文作为工具加强与其他文化的交流，生产更多结合当地文化元素的产品，可以为学习中文的外国友人提供更丰富的文化产品选择，吸引和帮助更多人更加便利地学习中国语言与文化，并让不同国家和民族的中文使用者更广泛地了解与沟通。尤其在“一带一路”建设进程中，发展离岸文化生产有利于推动中文成为沿线国家之间跨文化交流与贸易的中介，使得更多沿线国家的文化产品能够借助中文为更多人所认识，这既是我们建设文化强国，促进国际文化交流的重要责任，也能为国际文化交流提供更多元的渠道。

（作者系广州市社会科学院国际问题研究所所长）

第三编

中国戏剧与影视的国际表达

《开国大典》：灿然呈现出史诗的庄严性及其崇高美

黄式宪

作为气势恢宏而博大的世纪经典，《开国大典》是一部向新中国 40 华诞献礼的史诗巨片，30 年后的今天，它经过高新技术的修复、精剪而再生，科技让镜像叙事插上新的翅膀，灿然呈现出这部影片史诗般的庄严性及其崇高美，成为向国庆 70 华诞再度献礼而令观众欢欣鼓舞的历史华章。以李前宽、肖桂云为代表的全体主创者，他们与时代共脉搏，揽历史风云于镜头的聚焦点上，或泼墨挥洒，大气若虹；或走笔细描，情酣意畅。在艺术形象里吞吐着一种气势磅礴的历史诗情，重构了新中国充盈着蓬勃生机的“当代历史镜像”。在电影美学的追求上，张扬出一种烈烈如炽的“共和国情结”，展现出主创者独有的中国神韵。

一

在现代文明的历史进程中，1987 年，中央重大革命历史题材电影创作领导小组成立，有力地推动了重大革命历史题材经典电影创作迈向新的文化高度。会当其时，我们的艺术家经历了解放思想(包括解放艺术思维)的时代洗礼，唤醒并重建了创作者的主体意识，促使主旋律创作在历史观与审美观上有了可喜的拓展，展现出一股向史诗领域攀登的锐气。《孙中山》《巍巍昆仑》《百色起义》，以及1989年创作的《开国大典》，它们在中国银幕上竖立起了一座座历史的丰碑。

在重大革命历史经典题材的创作实践中，艺术家作为参与史诗创造的主体，他的位置究竟应当在哪里？艺术的主体性又该如何渗透于史诗形象的创造之中？这既是一个创作的出发点，同时也是一种美学的高度。事实上，史诗叙事的核心是一个民族自立于世界的“英雄情结”，而史诗创造的庄严性则在于艺术家由洞察历史的睿智出发，努力拓宽历史叙事的宏大视阈，从而对历史真实给出巨大的艺术概括。一言以蔽之，艺术家的主体在历史面前只是一个“小我”，这个“小我”需要融入历史并升华为历史的“大我”，并且将艺术家的个性置于历史与现实的交汇点上来锤炼，进而弘扬出重大革命历史经典所独具的美学品格及现代风采。

诚如黑格尔所指出的：“史诗就是一个民族的‘传奇故事’”，“在这个意义上史诗这种纪念坊简直就是一个民族所特有的意识基础。”他又说：“尽管一个时代和一个民族的精神是史诗的有实体的起作用的根源，要使这种精神实现于艺术作品，毕竟要由一个诗人凭他的天才把它集中地掌握住，使这种精神的内容意蕴渗透到他的意识里，作为他自己的观感和作品而表现出来。因为史诗创作是一种精神生产，而精神只有作为个别人的实在的意识和自意识才能存在。”

这里需要指出的是，恰恰是我们的民族和时代，选择了具有这种独特信仰、情怀、理想和美学追求的艺术家，如以丁荫楠、李前宽和肖桂云等为代表的一代新人，他们建构了一种生机勃勃的当代重大革命历史经典镜像，体现出我们民族博大的襟怀，为史诗经典的创造奠立并开拓了一种新的范式。

《开国大典》，正是在这种特定的文化氛围里应运而生的。该片以史诗式的宏伟气势，再现了解放战争最后一年中的历史风云之巨变，揭示了新中国诞生前夜两种历史命运的最后决战，弘扬着一种人民创造新世纪的“天翻地覆慨而慷”的历史激情。全片重大历史事件之多、战争场面之大，前所未见。其所涉及的包括共产党、国民党两党核心（毛泽东与蒋介石）在内的以及有名有姓的重要历史人物约有138位。李前宽、肖桂云善于从三年解放战争悲壮的历史行进中汲取创作灵感，但又敢于大胆舍弃诸多无关紧要的历史细节，而将镜头的焦点紧紧地对准了毛泽东、蒋介石这两个主要历史角色。该片在辽沈、平津、淮海三大战役的宏阔背景上，将金戈铁马的军事较量与云谲波诡的政治角逐错综交织，侧重于展现对毛泽东与蒋介石不同的历史风度及其内在心态乃至家庭伦理的剖析，并由此揭示出由他们所代表的两种不同历史力量的大决战。两位导演俨然带着“以巡视内心世界和外在世界的自由眼光去临高俯视”的主体意识，实践了从“史实”到“史诗”的跨越，堪称是历史的大手笔，昭示出他们在熔铸经典上率先迈出了重要一步。

由李前宽、肖桂云执导的《开国大典》，在历史的完整意义上重塑了毛泽东和蒋介石这两个历史角色的形象和性格。他们不仅是两个个体的人，更在实质上代表着正负两“极”，作为国共两大政治集团的领导人物，他们代表着两种历史力量的决战。就史诗意蕴的把握来说，主创者想得最多的是：毛泽东和蒋介石这两个在中国现代史上举足轻重的历史角色，究竟是怎样形成自身个性与命运的。史诗的诞生，恰恰是透过艺术家主体的创造而展开史诗画卷的，既见胆略又见情采，不但历史意蕴坚实厚重，而且富于戏剧性和心理的张力，堪称是新中国经典巨制。

李、肖史诗经典作品的创造，标示了一种高度，在历史的和美学的双重坐标上达到的高度，为中国电影留下了熔铸史诗性经典作品的珍贵经验。当我们投入新的史诗经典创造时，该片无疑给我们带来了重要而可贵的启迪。

二

人类精神文明的大江大河源远流长，但历史不会自发地产生诗的形式和神韵。史家追踪历史的足迹而写春秋，诗人则透过历史的脉络来揭示历史的本质及其风姿，将史实提升到史诗的境界，并形成一种历史的穿透力。借用培根的一句名言：“艺术是人与自然相乘。”那么，是不是可以这样说，史诗则是艺术创造主体与历史精神相乘而达到的一种结晶。史诗创造的庄严性从来不是艺术家独自所能完成的，它是一个民族、一个时代完整精神世界的作品，而史诗叙事的核心便是这一个民族自立于世界之林的“英雄情结”。从这个意义上看，每一个民族、每一个时代无不渴望创造自己的史诗，这是人类精神文明演进的必然。艺术家的史诗创造，正是这个民族、这个时代在美学精神上的自觉体现。而艺术家的史诗创造，在当下大众文化与娱乐消费以及受众分流的市场空间里，更彰显出它非同寻常的超世俗的人文关怀和重构一个民族自立于世界之林的“英雄情结”的美学价值。

《开国大典》呈现出一种人民创造新时代的历史激情。这部作品在总体立意上高屋建瓴，气贯古今，挟时代风雷以谱写人民革命之凯歌。李前宽、肖桂云作为伴随新中国成长的第四代导演，在史诗巨制的创造上敢于率先开拓的锐气令人敬重。他们集中笔力所写的，恰恰是被历史所铭记的这一天：毛泽东登上天安门城楼，向全世界庄严宣告：“中国人民从此站起来了！”这已成为我们民族历史上不朽的一页；这一天，不但改变了中华民族几千年的历史命运，而且还对世界历史走向和全球新格局的形成产生重大而深远的影响。

综上，针对李、肖对史诗性经典电影美学品格的求索，笔者试就其荦荦大者而言，概括为如下三点。

其一，信仰、情怀、理想与史诗品格的熔铸。李、肖在《开国大典》里所揭示的主题，不是外在于历史形象的某种刻板的政治说教，

题隐射中国问题，在塑造女性形象的同时把一批优秀的女演员推上了明星的位置。

一、早期新女性的悲剧象征——阮玲玉

20 世纪 20 年代登上银幕的女演员格外艰辛，银幕上被观看，银幕下被品评。作为大胆走出家庭的新型妇女，她们既是电影角色的演出者，又是新生活的实践者，不只被人们茶余饭后消遣，更被媒体追逐评论。她们在片场内外小心翼翼地辗转腾挪，稍有不慎便给自己带来意外灾祸，阮玲玉的遭遇便是其中一例。

阮玲玉被誉为中国的葛丽泰·嘉宝和玛琳·黛德丽，说她既有嘉宝的悲情，又有黛德丽的妖媚，但阮玲玉只活了 25 岁，从影仅仅 10 年。她出演的 29 部影片涵盖了村姑、仆人、学生，作家、交际花、妓女、尼姑、乞丐等各个阶层的女性，这些人物大都带有悲剧色彩，是旧中国受压迫女性的凄惨缩影。影片《神女》是阮玲玉的代表作。

《神女》(1934 年)是中国默片电影的巅峰，导演吴永刚说，那些路灯下彷徨的妓女使他想起了圣母玛利亚，他要把妓女和圣母的形象融为一体，作为对黑暗社会的抗议。

《神女》中的阮玲玉呈现了细腻的演技和塑造角色的非凡能力，演活了一个为让儿子上学读书而出卖肉体的底层妇女：黑夜里是被欺凌的烟花女子，白天是辛劳尽责的慈爱母亲，尽管饱受各种屈辱但依然苦苦挣扎。

阮玲玉的妓女姿态准确到位，母亲形象真切感人，导演称赞她是“感光最快的胶片”，影界同仁认为这成功是因为她的人生经历和角色接近。而更为不幸的是她的命运结局也与角色相近，片里片外都受害于“人言可畏”。

阮玲玉从小跟随母亲做帮佣，尚未成年就被游手好闲的少爷霸占为妻，演电影成名后又遭风流商人玩弄，娱乐媒体反复渲染她的

绯闻，沸沸扬扬的八卦让她百口莫辩。1935 年 3 月 8 日国际妇女节前夕，阮玲玉服用过量安眠药自杀，死前在遗书中留言：“我现在一死，人们一定以为我是畏罪，其实我何罪之有，只是害怕人言可畏。”

阮玲玉的自尽激起了各界的愤怒，影坛前辈黎民伟为她鸣抱不平，说阮玲玉是用她的尸身向社会要求正义，要求女子的平等。文学家鲁迅先生撰文《论人言可畏》，痛斥不良媒体用流言杀人。死亡使阮玲玉从一个表演悲欢离合的女明星变身为反抗迫害的英雄，隆重的葬礼召集了各路人士轰动了整个上海。

美貌、演技、绯闻、坎坷人生、社会轰动效应，阮玲玉用她的“人生如戏”形塑了中国最早的明星，而她“戏如人生”的作品也书写了老中国的悲凉。

二、集体主义年代的理想化身——于蓝

1949 年后的历史变迁首先显现为银幕形象的变化。在改天换地的新中国，旧时明星开始向“工农兵”转型，学工农兵，演工农兵，他们纷纷洗尽铅华，退下旗袍西服，开始了脱胎换骨的彻底转变。

在 20 世纪 50 年代的大众媒体中，“明星”的字眼已很少使用。但作为国家政治的艺术表征，电影需要有与之匹配的身体符号，于蓝便是应运而生的新人。

于蓝 17 岁奔赴延安，在中国共产党领导的解放区开始表演生涯，通过成功扮演农村妇女和城市贫民迅速成为当红演员。比之积极寻求转型的老上海明星，来自革命队伍的于蓝更有一份到位的贴切与自信。

于蓝的代表作是 1960 年的《革命家庭》，这部影片通过一个家庭妇女由普通百姓成长为社会工作者的故事，说明革命是个大熔炉，它能够使人百炼成钢。于蓝层次分明地演绎了女主人公从一个情窦初开的农村姑娘到贤淑的妻子、慈爱的母亲、坚强的革命者的生命

历程，其朴素感人的表演风格受到热烈赞扬，在1961年的第二届莫斯科国际电影节荣获了最佳女演员奖。

1965年，于蓝饰演了《烈火中永生》中的江姐，影片改编自《红岩》，江姐是当年银幕上最为突出的红色女性。于蓝温婉地塑造了一个理想的化身：对敌人坚贞不屈，对战友饱含深情，对孩童充满爱怜。

于蓝的走红并不在于相貌漂亮，而是因为她的作品举足轻重，每一部都表现了新的信仰价值和新的生活理念。于蓝的路径也标示了那个时候的明星特征：银幕上履行宣传职责，银幕下为自己政治塑形，既是公众倾慕的人物，也是政府提点的对象，一旦所饰演的角色得到认同，社会地位便迅速提升。她40岁入选新中国22大电影明星，60岁出任首位儿童电影制片厂厂长，是当年成功女性的典范。

三、当代质询意识的表征——巩俐

巩俐的走红再次显示了社会语境对明星诞生的影响。如果把视角拉回到20世纪80年代的时代变革和电影开放，巩俐的成长过程就显得格外清晰。在文化反思的大背景下，中国电影从现代化思潮获得勇气和灵感，一批新人的作品崭露出新的历史意识和人生理想，并以对表导演摄录美各个技术门类的多重反叛颠覆了既定的伦理和审美。这些被命名为第五代的电影以悲愤的心情质询悠久的过往，试图从源头思考今天的问题，为观众提供思考的可能，而巩俐就是其中显在的一个符号。

巩俐的成名伴随着第五代导演的国际认同。当《红高粱》《菊豆》《大红灯笼高高挂》《秋菊打官司》《霸王别姬》《活着》在各大电影节引起阵阵喝彩，巩俐的明星形象开始在世界影坛冉冉升起。20世纪90年代确乎是巩俐恣意表演的舞台，她的电影广告闪见于各国影院，她演绎的中国故事让文化学者解读了又解读。

和巩俐长期合作的张艺谋说：“我觉得这些电影可以说是我的电

影，但也可以说是巩俐的电影。因为她在这些电影中表达了一种非常强烈的个性”。巩俐所饰演的角色大都悲壮，无论是卖嫁的乡村女儿、沦落的民国学生、被损害的舞厅歌女还是下岗的单亲妈妈，骨子里个个坚韧倔强，即使扮上青楼女子的妆容，也依旧不失飞蛾扑火式的决绝。用演员的二重性铸造角色，通过自己独特的神采和气质传递表演的“信念感”，巩俐以强烈的个人风格为不同的银幕形象赋予了义无反顾的精神魅力。

巩俐的代表作应该是《秋菊打官司》(1992 年)。影片讲述了一个农村少妇告状的故事。女主人公秋菊的丈夫因口角被村长踢伤了“下身”，村长不但不认错反而出言不逊，秋菊不满他的骄横决心为家人讨回公道，于是执拗地开始了由村而乡、由乡而县、由县而市的告状旅程。打官司涉及种种人情事理，于是秋菊的告状过程就成了中国基层社会运作机制的展示过程。这个过程既幽默又严肃、既轻松又沉重。巩俐演绎的农妇强悍而机敏，散发着独立自主的锋芒。

虽然创作生涯并不漫长，但巩俐依次打破行业、性别、族裔的壁垒，成为屈指可数的世界级文化代言人。在担当金马电影节评委会主席时，巩俐曾霸气的对着媒体的镜头说：有我在就有公平在。如同这铿锵有力的话语，她每一次的出场都展露着超然的笃定。这种混合着人生信仰和处世姿态的自信风格，让人们在她身上看到了特立独行的力量，也许你难以像她那样美丽，但却可以像她那样豁达坚定，她的行为方式就是一种榜样。

明星崇拜是 20 世纪兴起的文化现象，闪现于各种场域的演艺人员被赋予神奇光环，跃升为亿万人的崇拜对象，成为含义丰富的文化符号。而女明星与社会的关系绝不限于“3F”(即 Film、Female、Fashion)。她们不仅扰动了媒体，而且还影响了政治、外交和文化，以多重作为参与了中国历史的建构。

(作者系北京电影学院教授)

2019年国庆阅兵式的文化学解读

王甫　蔡旻俊

仪式活动古已有之，发展至今，伴随着媒体的参与和传播，仪式活动的传播力与影响力迅速扩大。2019年中华人民共和国成立70周年国庆阅兵式规模空前，是历届国庆阅兵中规模最大的一次。这次阅兵式也成为各大媒体创新报道理念、融合直播产品、彰显主流媒体的传播力、凝聚国人意志的一场盛会。

中华人民共和国成立70周年国庆阅兵不仅是一次重要的国家活动，更是一个重要的文化现象、文化仪式。在此次活动中，媒体发挥着极为重要的作用。我国主流媒体通过电视、互联网、移动客户端等大众媒介，以视频、图文、VR画面等形式，让海内外华人观看了这次盛大的阅兵式，通过阅兵式，凝聚了国人力量、感受了民族自豪、分享了共同信仰。

此次阅兵式的直播报道是媒体融合发展成果的一次集中呈现。2019年我国媒体融合发展进入深水区。习近平总书记在中共中央政治局十二次集体学习时指出："推动媒体融合发展，要坚持一体化发展方向，通过流程优化、平台再造，实现各种媒介资源、生产要素有效整合，实现信息内容、技术应用、平台终端、管理手段共融互通，催化融合质变，放大一体效能，打造一批具有强大影响力、竞争力的新型主流媒体”①。在中华人民共和国成立70周年国庆阅兵直播报道中，各大主流媒体采用多样态融合式直播报道，全方位、立体化展现国庆阅兵。各种先进设备、报道形式、报道手段、摄影技巧纷纷应用在直播报道中，打造成形态多样的直播产品，结合强大的平台矩阵，给观众身临其境的现场感和参与感。本文从文化角度，重点考察此次阅兵仪式在传播过程中如何运用融合式的直播手段传播仪式的精神和文化内涵，以及其产生的社会维系作用。

一、2019年国庆阅兵直播报道的宏观分析

在中华人民共和国成立70周年国庆阅兵直播报道中，各大主流媒体遵照习近平总书记重要指示精神，围绕“世界一流，历史最好”的目标，采用融合式直播报道，从内容、平台、技术、产品等层面打造精品，为全球观众呈现了一场视听盛宴。

(一)效果：各直播节目播出量、点击量刷新历史纪录

中华人民共和国成立70周年国庆阅兵直播报道，播放形式多样，点击量和播出量均刷新历史纪录。中央广播电视总台在广播电视、电脑、手机和电影院线等平台的直播反馈情况均表现喜人。总台各电视频道并机收视率为22.9%，总收视份额达86.58%；广播直播节目中，中国之声累计触达2100万核心人群；总台各新媒体平台微博相关话题总阅读量达221亿次。截至2019年10月4日上午8时，总台国际视频通讯社对外发布总台的直播信号及新闻素材被84个国家和地区的1177家电视台/频道采用9224次。国内70家影院同步播放总台4K直播电影，全部满座。在此次直播报道中，观看人数、播放次数、参与人数等多项数据刷新了历史纪录，实现了自阅

① 《习近平主持中共中央政治局第十二次集体学习并发表重要讲话》，http://www.gov.cn/xinwen/2019-01/25/content_5361197.htm，2020-10-09。

兵直播报道以来的“世界一流，历史最好”。

(二)平台：直播覆盖面创历史最广且形式多样

在此次国庆阅兵仪式的直播报道中，广播电视端、新媒体端等多个平台同步直播，成为历史上直播覆盖面最广且形式多样的直播报道。在传播平台中，中央广播电视总台的央视综合频道、新闻频道、财经频道等 15 个电视频道，中央广播电视总台的央广中国之声、经济之声等 9 个频率，运用普通话、粤语、英语，对阅兵仪式进行同步直播。在互联网平台，“央视新闻”客户端综合运用文字图片、视频等报道手段，推出《日出东方》70 小时不间断报道，并利用“虚拟演播室”推出特别报道，回顾中华人民共和国 70 年来的发展历程。截至 2019 年 10 月 2 日 12 时，央视新闻客户端的直播总观看量约为 10 亿人次，加之各合作平台，总观看量超过 17 亿人次。① 此外，全国广播电视卫视频道、网络平台也进行了实时转播。如北京卫视、湖南卫视、陕西卫视等省级卫视，以及优酷、爱奇艺、腾讯视频等视频平台，抖音、快手等短视频平台，也进行了阅兵仪式的实况转播。此次直播报道创造了新中国成立以来阅兵直播报道的覆盖面最大化。

(三)技术：新技术创新直播生产流程和提升观众视听体验

技术是直播报道实现飞跃发展的核心推手，技术革新推动直播产品的创新。从早期的广播电视直播到电脑、移动客户端等多平台、多形式的融合直播，技术的迅速发展丰富和提升了用户的视听体验，提高了直播报道的传播力。在此次阅兵仪式中，各大媒体将最新的直播技术、直播系统、拍摄手法、呈现方式等应用在报道中，并将最精彩的声画通过多种屏幕、多类产品呈现给全球观众。

在直播系统上，此次阅兵仪式直播报道采用了新中国电视史上规模最大、设备最先进、技术最复杂的直播系统。中央广播电视总

---

① 王思北等：《高站位·广视角·融媒态——数说中央主要媒体新中国成立 70 周年报道亮点》，http：//www.zgjx.cn/2019-10/12/c_138465469.htm，2020-10-09。

台配备了由1个总控系统、6个分系统，包含91个机位，34个微型摄像机所组成的直播系统。超强的直播系统保证了阅兵式在电视端、新媒体端的4K超高清直播(包括全国多家影院“4K直播电影”)，刷新了多项直播纪录。其中，央视新闻新媒体平台推出的《日出东方》70小时不间断直播中，通过“1(主窗口)+7(多视角窗口)”的形式，利用总台丰富的信号资源，多视角呈现阅兵式。其中主窗口持续推出70小时直播报道，多视角窗口在总台超过70个的转播机位中，选择1路“5G+4K”信号和6路高清独家视角信号，让用户从不同视角个性化选择观看。

在呈现方式上，首次使用虚拟现实技术(VR)+5G的直播技术进行现场直播报道，并首次采用人工智能(AI)剪辑。中央广播电视总台在长安街两侧设置VR全景拍摄机位，对阅兵式进行全景直播，观看量达到1000万次。新华社移动客户端构建了VR直播矩阵，集齐VR+5G+8K，采用Pro2、Insta360 Titan以及ONE X等设备，在现场搭建12个机位，将这场阅兵式用VR即时传输，并提供导播切换视角与选择不同机位的自由，这种多机位全景VR直播的形式，为上千万在线观看的观众营造了身临其境的现场感。同时，此次直播报道，首次将AI技术运用到短视频剪辑当中。央视新闻推出《走过天安门》系列短视频，用AI技术对直播过程中的重要场景精简剪辑并进行二次传播。

在转播技术上，优酷、爱奇艺、腾讯等视频平台也进行了转播技术的创新。例如，优酷采用了超高帧率算法，使用户能看清阅兵队伍中人物的微表情，且画面更加流畅，给予用户极佳的视听感受。咪咕视频运用了“4K+50帧”的超高清画质，为用户提供7路特殊视角镜头观看阅兵仪式。

在拍摄手法上，此次直播采用多样创新的拍摄手法。在阅兵直播中，首次设置了近距离贴地机位，首次使用升降塔拍摄实时画面，首次在阅兵线路外侧使用移动拍摄车跟随拍摄，首次在领导人阅兵移动拍摄车上增加陀螺仪，首次实现离中心区更近的索道摄像机架设。全新的拍摄手法为观众带来了不一样的视觉体验。

(四)产品：融媒体互动式产品提升直播热度

在新中国成立 70 周年国庆阅兵仪式中，各大媒体纷纷推出了不同类型的直播产品，创造互动话题，提供交流平台，提升直播热度。央视新闻新媒体设计制作了原创 H5 产品《预约专属席位全景观盛典》，发放网络虚拟观礼券，邀请网友广泛参与直播互动，32 小时内迅速取得超过 1900 万次的观看量，截至 10 月 1 日 12 时，总观看量超过 10 亿次；在两微一端首发图文特稿《刘 sir 来了!》《“大国重器”来了！很多都是首次亮相!》《超震撼！59 张动图带你看阅兵》《找老乡啦～ 打卡我家乡的彩车!》等，单篇阅读量均短时间突破 10 万次；创新推出多样态互动版块《晨光里的中国》《华灯璀璨》《盛典朋友圈》《光华路下午茶》《总台拉片会》等，与网友持续互动，营造持续热烈的氛围。此外，以人民日报、新华社、中央广播电视总台为代表的主流媒体推出了多款融入日常化、互动性用户场景的 H5 融媒体产品。人民日报与腾讯微视推出互动 H5《56 个民族服装任你选！快秀出你的爱国 Style》，人民日报客户端和快手推出了《复兴大道 70 号》；新华社客户端和网易新闻联合推出了一支 H5 的阅兵主题的小游戏；央视频和腾讯新闻联手制作了《和平的力量：VR 带你看人民军队强盛阵容》，央视频和腾讯新闻还推出小游戏《武器解锁大挑战》。形式多样的融媒体产品让用户在观看直播的同时，参与话题互动，用不同的方式参与阅兵式，强化用户的参与感、体验感。

二、阅兵式直播报道的文化意义

国庆阅兵对于国人而言，是一次全民性的重要活动仪式。关于活动仪式，有学者在研究中提出，“人们为举行各种运动(如宗教祭祀)所制定的种种法规、规范和仪制，它是人类文化的重要组成部分。”[①]古代的祭祀活动是一种仪式，并且形成一定的仪制和规范。随着社会的发展，仪式的文化价值逐渐提升，对群体和社会的影响也逐渐加强。在现代社会中，“仪式是一种象征或表达其他事物的惯例行为，由此与个体意识和社会组织分别相连。即在所有的已知社会中都会展现并能够观察到的特殊行为，通常建立在已有的或者传统的行为准则之上。”[②]我国国庆阅兵是一种重要的仪式、象征、惯例，有着历史的演进脉络。

(一)直播报道仪式化的文化价值

随着社会发展、科技进步，大众媒体越来越广泛地参与到仪式活动中并成为重要的传播载体。从早期广播电视直播到移动互联网直播，媒体运用各类媒介手段不断扩大仪式的传播力和影响力。如今，VR 技术也首次在阅兵式上应用，并不断创新拍摄手法，给用户全新的视听体验。事实上，由于国庆阅兵现场的空间限制，绝大部分群众是通过网络、电视等直播媒介看到国庆阅兵式，通过获取媒体传播的信息参与到这场仪式活动中的。可以说，媒体的传播是现代社会仪式活动不可或缺的重要组成部分，而直播报道是最有效的手段。

其一，对于直播报道而言，仪式化的直播报道具有形成互动仪式链、产生社会维系的重要作用。通过媒体的直播报道，人们身处不同的空间却能够处于相同的仪式场域内，感受共同的仪式文化，并形成互动仪式链。兰德尔·柯林斯的《互动仪式链》中提出互动仪式链的四要素，“两个或两个以上的身体共同在场；对局外人设定了界限；人们将注意力集中在共同的对象或活动上；分享共同的情绪或情感。”[③]就上述要素之一“共同在场”而言。这次参阅部队 1.5 万人，参加游行的人几十万，通过各大媒体平台观看此次阅兵仪式的观众达十几亿人次，全世界更有几十亿人次观看。对于要素之二的

---

① 吴晓群：《古代希腊仪式文化研究》，上海，上海社会科学院出版社，2000。

② 《不列颠百科全书》，北京，中国大百科全书出版社，2007。

③ [美]兰德尔·柯林斯：《互动仪式链》，北京，商务印书馆，2009。

“设定界限”，在这场阅兵仪式中，对局外人的设定就是国籍，即中国人或外国人。中国人都能在这个共同的文化场域中感受到自豪与精神鼓励，得到中华历史文化的熏陶和美的享受。要素之三的“共同的活动”则是人们将注意力集中在共同的对象和活动上。所有线下或线上的观众都将注意力集中在通过天安门城楼正前方的队伍、武器装备、发展历程、地域特色的呈现等。这些武器装备、队伍和表演者集中展现了中国军队的力量，展现了中国的国力。没有军威就没有国威，没有军力就没有国力。通过阅兵仪式中国人都感到自豪，分享共同的情绪和情感。当现场礼兵列队声音响起、坦克开过的时候，我们都在共同分享这种情绪和情感。在共同的情绪中，中国人形成了互动仪式链，并形成了强有力的身份认同与社会维系。

其二，对于仪式活动而言，直播报道是强化仪式活动传播力与影响力的重要手段。在现代社会，仪式活动的现场画面通过先进的媒体传播技术，几乎同时抵达世界不同角落。而这一切在大众媒体出现前的古老仪式活动中是无法想象的。在中华人民共和国成立 70 周年阅兵式中，观众可以通过同步观看电视直播感受阅兵式的盛况。据统计，新媒体的直播产品总观看量超过 17 亿次。这使得身处不同空间的华人处于相同的仪式场域内，共同分享信息，分享信仰。有学者曾指出，“传播的仪式观并非直播信息在空中的扩散，而是在时间上对一个社会的维系；不是指分享信息的行为，而是分享信仰的表征。”[①]在此次阅兵式的直播中，对观众而言获取信息和分享信息并不是最重要的，重要的是在观看阅兵式的同时，观众共同参与，获得身份认同，感受民族自豪，是仪式化的氛围和共同的民族信仰将社会紧紧维系。此次阅兵式在跨空间的媒体传播中，其影响力被无限放大，其维系社会的效能也被无限延展。

(二)直播报道场景化的文化价值

科技的进步带来直播的场景化发展。5G、4K、VR、AR 等技术

---

① [美]詹姆斯·W. 凯瑞：《作为文化的传播》，丁未译，北京，华夏出版社，2005。

逐渐进入直播报道领域，尤其在仪式活动中给用户身临其境的感受，将仪式场景全方位呈现给观众。罗伯特·斯考伯与谢尔·伊斯雷尔所著的《即将到来的场景时代》指出“未来的时代是场景的时代”，未来的传播也将成为场景化的传播。在技术驱动下，直报报道将逐渐走进多种场景化的模式中，也将进一步影响人们对于直播报道、自身角色与社会关系的认知。

其一，场景的建构：沉浸叙事下的场景化建构。

目前，场景的构建已经开始向沉浸式体验迈进，尤其是在 VR、5G、4K 等技术逐渐成熟之后，场景的构建从个性化、精准服务走向了景观式场景的建构。在此次国庆阅兵式直播报道中，“央视频”推出 4K 超高清直播电影《此时此刻——共庆新中国 70 华诞》，首次将国庆盛典的 4K 超高清信号接入全国 70 家影院，全新传播方式引发观众强烈反响。观众共同在影院的场景感受 4K 高清信号的同步直播画面，在沉浸化视听场景中感受阅兵式。这是电视、电影、互联网等全媒体首次同步直播的盛况。此外，中央广播电视总台、新华社等主流媒体在此次国庆阅兵直播报道中构建了 VR 直播矩阵，用户可以用手机、VR 一体机等设备观看阅兵 VR 全景直播，全方位体验现场的视觉效果。

在技术的推动下，仪式活动直播通过场景的构建给观众提供了沉浸式的体验，这种场景的构建逐渐趋向于真实环境的高度统一，使用户在虚拟现实中获得真实的体验，并进一步“走入”场景获得互动。“场景直接改进和提高了传播的有效性，除一如既往重视语境对信息效果的作用外，场景传播还是用户实时状态、生活惯性、社交氛围等因素综合影响的结果。”①这个场景建构的逐渐完善，用户不仅在场景中作为观众，甚至成为参与者获得内容的互动体验，实现不同区域同一直播场景的分享与沟通。

---

① 喻国明等：《5G 时代虚拟现实技术对传播与社会场景的全新构建——从场景效应、场景升维到场景的三维扩容》，载《媒体融合新观察》，2019(5)。

其二，角色的建构：用户成为场景中的主导者。

在新的传播场景中，用户不仅仅观看直播，而且成为直播场景中的主导者，自由切换直播的画面、角度、平台等。用户可以自由选择建构他们所需要的内容。用户在其中的身份也在新的场景中实现重构。在传统媒体时代，用户在场景中只能充当被动的观看者，接受直播信息。而在新的直播场景中，用户在自我主导的场景中选择他感兴趣的部分，甚至可以直接参与其中。这种场景的重新建构也带来用户角色的重新建构。

新华社客户端在此次阅兵仪式中，现场选用 12 个 VR 机位，为用户提供了导播切换的视角和用户自由选择的机会，采用全景 VR 直播，让用户从不同视角个性化选择观看。用户在这个场景中重新建构自己的角色，从旁观者到主导者，从单一视角到多维视角，从被动接受到主动选择，甚至一定程度上摆脱了媒体议程设置的局限，用户的认知边界被极大的拓宽，并获得了全新的体验感。在仪式直播场景下的用户，通过自我对场景的选择不断强化代入感与参与感，通过自我对场景的把控更加深刻的感知仪式中的共同文化与情绪氛围。

其三，传播的建构：传播边界的极大拓展与丰富。

“媒介是人体的延伸。”万物皆媒、万物互联的时代，大数据算法、沉浸式的传播媒介使得媒介的渠道与边界逐渐模糊，直播报道的过程、形态、时间、空间以及用户之间的关系、用户与传播之间的关系逐渐变革，并给予传播无限的空间。在此次中华人民共和国成立 70 周年国庆阅兵仪式中，主流媒体综合运用多种传播手法，将电视、电影、电脑、手机移动端、VR 设备等共同布局，AI 剪辑技术也首次在直播报道中大规模应用，共同形成全方位的传播矩阵，也形成新样态的传播场景。用户对于阅兵仪式的信息可谓触手可及且形式多样。在巨大的传播场景中，用户之间不再拘泥于地缘、行业或熟人关系。拥有共同情感体验、共同文化信仰的用户在这个场景中都可以相互交流。在新的传播模式中，人们的交流方式、社会文化沟通的方式，也可以在场景化的直播中完成。在大型的直播场景中，传播的边界无限扩展、内容无限丰富。

(三)直播报道中情感传播的文化价值

学者 Wahl-Jorgensen 曾通过分析普利策新闻奖获奖作品提出“情感性的策略仪式”(the strategic ritual of emotionality)的概念，并指出情感叙事在新闻实践中已系统化和制度化，报道的客观性和新闻故事的情感化二者并不冲突。[①] 另外，有研究者分析人民日报新媒体中心的产品，提出“情感传播”模式，认为在新的传播时代，主流媒体以“情感”为突破口，突出主流媒体的权威性与家国民生情怀，运用情感传播模式能够在传播中获得主动权，并在舆论中“重获麦克风”。[②] 在仪式活动的直播报道中，情感的传播是重要的内容，对观众形成文化认同、情感共鸣及信仰分享氛围有重要意义。

其一，互动参与感的强化，形成同源文化认同。在国庆 70 周年阅兵式直播中，用户通过平台的评论、转发、点赞以及在直播中的场景镜头切换，都是用户参与直播的方式。此外，各大媒体推出互动 H5 产品，选取具有高黏度、强共鸣、日常化、互动性的用户场景。人民日报与腾讯微视推出互动 H5《56 个民族服装任你选！快秀出你的爱国 Style》，与网易新闻推出互动 H5《一笔画出 70 年》；新华社、快手、北京服装学院联合推出的《我的最美“打卡照”》；央视频和腾讯新闻推出《全新版本阅兵手册》，央视频和腾讯新闻联手制作了《和平的力量：VR 带你看人民军队强盛阵容》等。在直播报道的同时，用户参与其中并在微信朋友圈等社交媒体分享，形成关于国庆话题全民互动的现象。用户在全民互动氛围中，不断强化国家进步、民族团结等共同感受，民族身份和同源文化的认同增强。

其二，传播方式的人文化，促进情感交流。在新闻实践中，人文化的内容与表达方式更能促进媒体与用户的情感交流，进而提升

---

① Wahl-Jorgensen，K.（2013）. The Strategic Ritual of Emotionality：A Case Study of Pulitzer Prize-winning Articles. Journalism. 14（1），pp. 129-145.

② 张志安、黄剑超：《融合环境下的党媒情感传播模式：策略、动因和影响》，载《新闻与写作》，2019(3)。

传播力。在阅兵仪式后的群众游行中，快递小哥、广场舞等接地气、人文化的元素也融入仪式中，反映出新时代人们丰富多彩的生活，是展现百姓新生活的重要部分，这也成为直播报道中的鲜活亮点。当骑着电动车的快递小哥、跳着广场舞的阿姨从天安门城楼前经过，百姓的火热生活和对美好生活的向往也通过这样的画面同步呈现在全国观众和海内外华人面前。此外，央视新闻新媒体推出图文特稿《刘 sir 来了！》《找老乡啦～打卡我家乡的彩车！》《盛典朋友圈》《光华路下午茶》《总台拉片会》等新媒体产品，将人文关怀、百姓情感注入产品中，强化了用户的情感交流。

其三，集体记忆的唤醒，强化共同信仰。法国社会学家埃米尔·涂尔干曾指出，集体记忆是在一个群体里或社会中人们所共享、传承以及建构的事或物，其本身是一个传播的过程，通过“分享、讨论、协商，甚至争论”来共同形成。① 在一个集体或社会中生活的人们形成集体记忆，在与集体中的他人沟通交流、参与活动的过程中分享集体记忆并获得集体记忆的认同。国庆阅兵仪式是人们长期形成的共同记忆，同时也是一个不断强化集体记忆的过程。集体记忆的形成是一个包含过去、现在和未来的过程。媒体通过不同的表现形式和现代化的技术手段，使用户可以参与到过去或将来的集体记忆中。例如，阅兵仪式后群众游行中的单车队伍、改革开放之初的朝气蓬勃场景，唤醒了人们关于那个年代的共同记忆。人民日报与网易新闻推出互动 H5《一笔画出 70 年》等产品，用新媒体的形式带领用户回顾共和国发展历程，将国人的集体记忆一一呈现。每个用户在国庆阅兵仪式中既有着公共的集体记忆，又有着属于自己的时代记忆，人们在相互交流和分享中不断强化集体记忆，也不断强化集体记忆所包裹着的共同信仰，进而提升全民凝聚力。

---

① 李黎丹：《共建脉络温暖的集体记忆——国庆 70 周年阅兵报道的新媒体传播》，载《新闻战线》，2019(20)。

三、技术变革带来新的直播报道文化现象

技术的革新带来了传播手段、传播模式的革新。大型活动和仪式的现场直播报道从广播电视发展到手机移动端、电影、VR设备等不同的传播终端。直播报道，尤其是大型活动现场直播，涉及观众范围广，其技术革新将会带来传媒行业和社会文化的变革。此次阅兵仪式直播报道首次使用VR全景直播、AI剪辑以及自主性的传播平台，引发广大用户和业内人士的关注，带来了新的文化现象。

(一)大众审美的立体化、体验化

媒介技术的发展将带给用户全新的体验，并逐步改变用户的感知能力与审美需求。近年来，国家对VR技术发展的大力支持使VR技术在各类行业逐步应用推广。2018年12月，工信部正式出台了《关于加快推进虚拟现实产业发展的指导意见》，提出加快我国虚拟现实(VR)产业发展，推动虚拟现实应用创新，培育信息产业新增长点和新动能。VR技术的发展为媒体行业带来了新的突破。在此次阅兵直播报道中，VR技术的新应用也成为媒体直播的亮点。

2019年国庆阅兵中，中央广播电视总台、新华社等媒体使用“VR+5G+8K”技术组合，打造VR直播矩阵。这也是历次国庆阅兵仪式中首次使用VR全景直播。中央广播电视总台在长安街两侧设置VR机位，并分别在新华社新闻直播大厦、人民大会堂、西观礼台等共12个点位对阅兵仪式全程进行全景直播。北京联通在国庆期间与央视频、华为公司联合推出“5G+国庆VR直播”，用户可以自行决定观看的机位，通过VR设备、手机等设备实时观赏。新华社客户端采用Insta360 Titan、Pro2以及ONE X等设备，提供导播切换视角与自由选择不同的12个机位，为观众营造身临其境的现场感。此外，由新华社客户端联合技术公司、网络公司共同推出的5G 360°球幕直播活动在深圳市宝安区海滨广场举行，首次尝试采用

5G 360°球幕的形式直播阅兵仪式。在 VR 直播矩阵中，用户能突破现场空间限制，画面的真实感给观看者更加逼真的体验。真实的体验将会强化直播的现场感，进而提升用户的审美需求。

在广播时期，听到现场传来的声音就能带给听众强烈的现场氛围；在电视时期，同期的现场画面和同期声让观众感到具象而真实；在新的传播时代，仅仅依靠现场画面与声音已无法满足用户对现场信息和审美的需求，而是需要 5G＋VR 这样的直播模式带来的立体化的视听感。媒介技术的持续发展势必会激发用户追求立体化和体验感的审美新需求。

(二)直播流程的数据化、智能化

目前，媒介技术逐渐向智能化发展。在国家的政策支持与当前产业发展的实际需求下，基于大数据、智能算法的人工智能技术逐步完善。2017 年 7 月，国务院印发的《新一代人工智能发展规划》就明确指出，人工智能(AI)将成为国际竞争的新焦点、经济发展的新引擎、社会建设的新机遇，将带来新的挑战。[①] 同时，国家部署了智能制造等国家重点研发计划，制定了“互联网＋”人工智能三年行动实施方案，在科技研发、应用推广和产业发展等方面提出了一系列措施。[②] 在国家的大力支持下，人工智能技术也逐渐在新闻传播领域应用，并在直播报道中展现出明显的优势。

中央广播电视总台在这次国庆阅兵直播报道中，运用 AI 剪辑推出《走过天安门》系列短视频。相比于人工剪辑，AI 技术基于大数据在剪辑速度上有极大的优势。一位资深剪辑师大约 1 小时才能完成几分钟的精彩视频。而 AI 剪辑技术可实现一键出片，1～3 分钟就能完成一条短片，极大提高了剪辑效率。此外，在直播过程中，AI 可以准确识别多路信号内容并进行组合，经过数据和智能的分析，AI 剪辑技术能够充分利用每一路信号画面进行完整组接，从而展现

---

① 《国务院关于印发新一代人工智能发展规划的通知》，http：//www.gov.cn/zhengce/content/2017-07/20/content_5211996，2020-10-09。

② 同上。

每个方队经过天安门的全部过程，提高了剪辑的质量。然而，AI也不能完全代替人工的策划、操控和审核的功能。因此，人机合作能更好地发挥AI效能。

随着AI技术的逐步成熟与广泛应用，直播的传统流程将走向数据化、智能化。中央广播电视总台正在筹备的“人工智能编辑部”，人民日报社的“智慧媒体研究院”，新华社的“媒体大脑”等智能化的媒体运作系统将会逐步完善，直播报道的流程也将走向数据化与智能化。

(三)角色的自主性与人际关系的虚拟化

中央广播电视总台正积极打造自主可控、具有强大影响力的新媒体平台。在这个自主性的超强传播平台中，用户可以自主选择现场直播的内容、视角、画面，用户在直播报道中的角色将会彻底改变，人们的社会交往形式与人际关系也将逐渐走向虚拟化。此前，在2019年全国“两会”报道中，首次使用5G通信技术，并采用4K高清以及VR等技术的加持，全景式呈现了“两会”现场，给用户提供了更加新颖、更具选择的观看角度。这些新的媒体实践表明，媒体的用户场景具有无限的空间。5G的到来将会使直播报道中自主性的场景空间无处不在。在一个万物互联、万物皆媒的时代，人们的交流沟通逐步突破地域空间的限制、突破地缘与行业的限制，在虚拟现实的场景化空间组建新的人际关系。

综上所述，新中国成立70周年国庆阅兵仪式的直播报道实现了从理念、技术、内容到传播形态多重突破。更为重要的是，此次直播报道将仪式化、场景化的直播报道推向了新的高度，并通过多样态、全方位、人文化的传播将阅兵式承载的文化传递给每一位华人，实现了对社会的强大维系作用。全球华人同时观看阅兵仪式，通过不同的媒介感受现场气氛并参与其中。在这个借助媒介而构筑形成的强大的文化氛围中，身处各地的华人共筑信仰、凝聚力量、感受自豪。同时，随着观念的转变和新技术的应用，在这场盛大的仪式直播中，我们已经成功地将传播样态和直播流程进行了迭代升级，推动大众审美、资讯传播和文化价值认同进入到新的阶段。

（作者王甫系中央广播电视总台高级编辑，中国传媒大学博士生导师；作者蔡旻俊系中国传媒大学电视学院博士生）

创意纪录与中国电影学派的生成

庚钟银

围绕创意纪录片这个课题，这些年中国电影学派、北京电影学院的老师们在不断进行思考，同时他们对中国电影的国际传播影响力也在进行深入研究。

关于中国电影学派，并不是一个新鲜的话题，而是从中国电影诞生开始就涉及的问题，但开始进行自觉的、规模性的思考，还是近年来的新发展。黄会林教授多年前也提到影视语言现代化的问题，并组织了北师大很多老师、同学研究这样一个命题，关于影视艺术的现代化、民族化，强调影视艺术中国气派、中国风格。

那么，我们向哪里去寻求资源呢？一个是西方，再一个是中国本土，尤其是美学资源。从古至今我们有很多非常好的美学思想，很多人一提到影视民族化就说到意境。从审美角度来看，无论中国的哪代导演，都有一些特别的“感觉”，这都是中国电影可以向世界展示的具有自己风格与气派的东西，对于世界电影元素提供了丰富的表达。

中国电影学派的形成，有好多角度值得探讨：理论层面、创作层面以及纪录片的“创意纪录”，都值得我们思考。过去我们讨论横屏竖屏是否可以调换的问题，就像中国山水画有横幅和条幅。现在手机的发展使得观众增强了对“竖拍”的接受度，在技术和创意的共同发展下，是不是可以考虑用一种新的框架承载我们的故事？在影视语言传播过程中需要我们做出自己的思考，创意纪录生成的对象是纪录片，纪录片的类型主要取决于创作模式，但一讲创作模式大概就是那几种。现在很多纪录片研究者津津乐道的还是西方这几种模式，尤其是直接电影、真理电影的模式，觉得纪录片的本性更需要这两种模式去支持。难道我们本土不可以生成纪录片创作模式吗？

纪录片包括纪实和创意，内容层面上可以有创意，尤其是模式和形式直接关联的地方，需要创意的表达。这些年我们在教学上进行了一些创新性实验，比方说央视之前街访的问题“你幸福吗”。之前我们也做了大量街访，产生了很多的故事，我觉得这和真理电影有相同的地方，也有不同的地方，就是这种随机性扫描式的，看似没有深度，但是对整个社会风貌进行了全景式的展示，这样的展示有它特别的价值。有时候一些展映活动的作品需要设计问题、设计话题。比如随机询问你的理想是什么，你后悔的事是什么，你记忆最深刻的事是什么，和妈妈说过“妈妈，我爱你吗”？有人愿意回答、有人不愿意回答，这种拍摄的现象感特别强，它像社会调查一样，把简单的问题罗列起来，可能就形成一个厚重的内容表达、思想观念的呈现。这是一种创意的表达，这种创意的表达可不可以作为一种类型推出呢？丰富我们中国影视语言乃至世界影视语言呢？

创意纪录可以和其他艺术形式嫁接在一起，比如和美术、当代艺术、装置艺术、行为艺术。我们自己也可以成为行为艺术或者其他艺术形式创造的主体，两者结合起来也是一种创造，更容易表达我们想要表达的东西。实际上创意也是一种创新，创意比创新的意义更宽泛，创意的实现似乎更简单一些。创意可以把两种或以上事物关联在一起，使之产生一件新的东西，一个新的思想、一种新的样态，这些都是在实验当中产生的。

影视艺术的语言语法有很多，例如常见的隐喻与象征，但是从语言学溯源来看，汉语有二十多种修辞方法，如果把它拿来进行实验，是否能够丰富影视语言的表达呢？苏联蒙太奇学派做了很多实验，在今天这样一个新媒体新技术不断发生的时代，我们的语言语境都在时刻发生变化，我们需要做出本土化的思考。当今中国的新媒体新技术，例如5G互联网，在国际范围内产生了较大影响力，技术支撑着世界影视语言走在发展变化的前端，对于当代中国的创意纪录以及中国电影学派的生成将产生更大的意义。

（作者系辽宁大学广播影视学院院长、教授）

近年来中国电影中的跨国型题材和跨国性文本

陈犀禾　赵彬

近年来，中国电影中的跨国型题材影片的创作数量显著增多，类型也更为多样，在国内市场上大多取得了不错的票房，本文即是对这一重要的电影创作现象的梳理和一些思考。

这里所论及的跨国型题材中的“跨国”主要是指影片故事叙事元素的“跨国性”，而不是指影片作为一种文化产品在传播过程中的跨国流动性。它们大多不限于将故事的叙事空间置于国内，也常常将故事的叙事空间置于境外，或人物处于一种跨国流动的状态，或讲述一个中国人前往别国的故事。此类题材的影视剧创作自改革开放以来就有出现，《北京人在纽约》《不见不散》《推手》《刮痧》等便是其中具有代表性的作品。21世纪之后，由于更为深入的跨国联合制片、境外拍片的优惠政策、开拓海外商业市场的考量等因素，中国的商业电影开始重视和热衷于创作跨国题材的故事，并在2012年的《泰囧》打破当年国产影片票房纪录之后形成了一股创作热潮。

我们可以将此类影片大致分为以下几类：一是讲述境外的冒险、探案故事的动作片和喜剧片，如《泰囧》《十二生肖》《老男孩之猛龙过江》《唐人街探案 1、2》《横冲直撞好莱坞》《绝地逃亡》《大闹天竺》《功夫瑜伽》等。这些类型化的商业片中，异域他乡的外景更多的是作为冒险游戏的外部环境而非影片所关注和要讲述的对象。二是讲述恋人之旅的浪漫爱情片，如《非诚勿扰》《一生一世》《北京遇上西雅图》《等风来》《有一个地方只有我们知道》《将爱情进行到底》《命中注定》等。在这类影片中，异域的风情大多为主人公们的爱情提供着罗曼蒂克的背景，它们也多具有“疗伤”的功效，恋人们于此相识、重逢、冰释前嫌、温暖相拥。三是体现国家政治经济或文化战略精神的影片，如《天将雄狮》《大唐玄奘》《共同命运》等，多以文化交流为目的。四是讲述国际救援故事的军事动作片，如《战狼 2》《湄公河行动》《空天猎》《红海行动》等，这些影片皆讲述的是一次境外的国家行动，迎合和体现着新的时代环境下国家和观众对于建构一个新的大国形象的心理诉求。

跨国题材影片的兴起表明了当前中国电影创作中对国际元素的重视和强化，但是这或许更多是迎合国内文化趣味、基于国内市场和商业上的考量。事实上，我们不能将这些跨国型题材的影片和跨国性文本简单地画上等号，跨国性文本应该是更强调在跨国、跨文化的语境中被传播、读解和接受的文本，其(理想的)目的是推动不同文化间的交流，使一方观众能够对他国文化认知、理解和认同，以达到“文化走出去”的目的。而上文所列举的影片在很大程度上尚不能被当作跨国性文本来看待。

其原因首先在于这些影片中的境外空间更多是一种为故事服务的想象性异域空间——这也是许多国家的跨国题材的商业片所具有的通病。它们大多无意在跨国的叙事中讲述或呈现一个文化交流、对话和冲突的故事，也常常未能真实、客观和深入地展现他国的文化。它们常常停留于游客式的观光浏览，与故事的内在逻辑关联甚少，如像《泰囧》中的泰国空间可以置换为任何一地而不影响情节的发展，以其为模板可以使得“囧”类故事批量生产。《唐人街探案》系列亦是如此，它可以讲述任何一个国家的华人社区中发生的通俗侦探故事而与当地的社会和文化环境保持着距离。而在那些跨国爱情故事中，异域被则被简化为自然和人文的奇观，一处境外的香格里拉，是恋人们上演浪漫之约的绝美场景。又或者，它们体现和强化着我们对他国的刻板印象，如《战狼2》《红海行动》中的非洲和中东，不是疾病肆虐就是战乱四起，它们将成为英雄登场时的乱世舞台。这些都说明了当前跨国题材影片中的"跨国"更多仅是一种空间上的位移，而缺乏对这一位移所产生的后果进行跨文化比较的视野。当然，当前此类题材的影片中也有较为优秀的，如《中国合伙人》就较为真实地反映了出国热潮中到美国留学的中国人在生活、心理和观念上所经历的不同体验。

这些跨国型材影片不等于跨国性文本也被它们有限的海外影响力所进一步证明，它们未能在一个跨国和跨文化的语境中被广泛传播和接受。此类影片不但在海外商业市场上表现的不尽人意，在国际电影节的领奖台上更是难觅踪影，它们所具有的"跨国"叙事在文化传播上未能实现"跨国"。其中，《长城》由于是中美合拍，在北美市场尚且能收入4500多万美元的票房，但它更多是被观众视为一部普通的好莱坞A类怪物片。在2017年的奥斯卡颁奖典礼上，主持人更是调侃《长城》中的主演之一马特·达蒙，说他(拍这部影片)是来教中国人说英语的。而像《唐人街探案2》《战狼2》《红海行动》在海外也更多被视为一般的冒险、动作类商业片，其票房收入根本没有办法和国内收获的高额票房相比，且它们在海外的票房多是依靠居外华裔的支持。而泰国官方对《泰囧》的赞赏和欢迎并不是因为该片推广了泰国文化，而是因为它有效地带动了当地的旅游业。这些尚能在海外市场收获一些票房的影片的情况如此，就更不用说其他的小成本商业片了。这些影片往往很难"走出去"，也很少能够在跨文化的层面上来讨论它们。至于像由官方主导的《大唐玄奘》《共同命运》等展现"丝绸之路"历史、体现"一带一路"精神的影片对外的传播也不如人意。

因此，我们很难将这些有着跨国叙事的影片视作是跨国性文本而讨论它们在跨文化传播和交流中的意义。文本之内的"跨国"姿态并不意味着它们可以在传播上达到和实现文化上的"跨国"(这不仅仅是近年来这类电影所面临的问题），同样的，跨文化文本的生成也并非就需要“跨国”的叙事，这一点中国电影自身有着丰富的历史经验。李小龙、成龙的动作片以及新世纪后由《卧虎藏龙》所开启的武侠片浪潮是海外观众最为熟悉的中国电影类型，而第五代导演展现的“乡土中国”“民俗中国”的影片以及第六代的一些“都市电影”在海外获奖颇多，也是西方电影学界有关中国电影谈论最多的话题。由于这些表现中国文化以及现代性经验的影片作为中国电影“走出去”的代表，在不同的文化视角中被讨论和读解，因此皆可视为中国电影中重要的跨文化文本。其中，李安导演的“父亲三部曲”中的《推手》《喜宴》(它们皆讲述和处理着东西方文化差异的问题，且在东西方都有着相当高的评价)更可视为跨文化文本的成功案例。

当前中国电影对外输出的多是展现当下中国面貌的影片，除少数几部带有艺术电影特质的影片能够在西方的电影节上获得一定关注外，大部分影片在海外的商业和艺术上的成绩并不理想。如何在一个跨文化的语境中讲好当代中国的故事是中国电影“走出去”所面临的重要问题。而近年来在世界影坛中表现颇为亮眼的一些亚洲邻国的影片或可给予我们一些参照。如韩国的商业类型片在亚洲地区颇受欢迎，表现韩国社会贫富差距的《燃烧》《寄生虫》在戛纳电影节上都收获不俗成绩，后者顺利捧得金棕榈并在世界范围内受到瞩目；日本的《入殓师》《小偷家族》等对其文化(有关死亡的或者家庭的)以及现实的社会问题有着细腻、真实和生动的呈现，在国际影坛中也获得了相当高的认可；印度近年来的商业片海外市场表现优秀，反映印度社会问题的影片如《三傻大闹宝莱坞》《摔跤吧！爸爸》也能在多国引发热议。

这些关注本国本民族的文化和社会现实的亚洲影片大多能在一个跨国跨文化的语境中被传播和接受(当然，这些影片在不同文化中的接受和读解也存在着误读或紧张的对抗，如在西方电影节上获得赞誉的伊朗电影导演在本国可能就被官方下达禁令，一些亚洲国家的导演也可能在本国招致后殖民主义的批评），其中的文化折扣并未成为他国观众理解的阻碍，这些或许是当前中国电影在生产跨国性文本(而非仅是跨国题材影片)时所需学习和借鉴的。它们启发我们不是表面地，而是更深刻地思考中国电影的“跨国性”问题和“共同体”美学。

（作者陈犀禾系上海大学上海电影学院教授、博士生导师；作者赵彬系上海大学上海电影学院博士生）

中印电影的深度合作可以改变未来世界的电影版图

谭政

电影诞生百余年来，全球最强大的电影是以好莱坞为代表的美国电影，但如果说最有特色或者最稳定的民族电影应该是印度电影，而眼下发展势头最大的是中国电影。我认为，未来能够有机会跟美国电影抗衡的，全球只有中国电影和印度电影。

中国电影经过十余年的高速发展，已经改变了世界电影的版图，这种改变主要是基于本土市场的蓬勃发展，改变了世界电影市场的构成比例。至于其海外市场占有率，还是没法与美国电影一统天下的局面相抗衡。中印两国都是亚洲大国，而且是领土接壤的近邻，都处于世界东方，有比较相近的东方价值观。两国在许多方面有深入的交流，在国际政治文化方面，同隶属于很多国际组织，持比较一致的立场展开合作。同时两国又都是电影大国，中国现在拥有 6 万多块银幕，拥有 600 多亿元（人民币）规模的电影市场。中国银幕数世界第一、市场规模世界第二，其实产量也是世界第二了。我们有一个庞大的电影观众群，观影人次逐年提升。印度是世界电影产量最大的国家，20 世纪 70 年代就已经是世界第一，并一直维持至今。2018 年印度电影年产量超过 2000 部，是中美两国年产量之和。它的银幕数有 9000 多块，观影人次在 20 亿次左右。

中印两个电影大国存在加深合作和往前拓展的基础。其共同点是本土市场规模不小，同时本土电影发展强劲，尤其是印度，国产片占其市场 90%左右。两国电影也都面临相同的命题，即都在努力向海外拓展市场，努力想走出去，同时承受着好莱坞电影的强烈竞争。此外，两国关系的进一步提升也需要中印两国在这方面共同努力，而文化交流是很好的途径，电影交流更是文化交流的轻骑兵，应该强化，有利于两国关系更深入的发展。目前两国有很多合拍电影已经公映或者正在拍摄。

未来，放眼全球能跟好莱坞抗衡的民族电影可能只剩下中国电影和印度电影。因为要与好莱坞电影抗衡，本土首先要守住。眼下在开放的电影市场中能守住本土市场的只有日本、韩国、印度、中国、土耳其。而守住本土是起点，还必须要有其他条件，比如稳定增长的观影人次。在当下全球前 10 名的电影市场排行中，日本、英国、韩国、法国、德国的人口基数都无法跟中印相比，更大的不足是它们的人口增长缓慢，有的几乎处于停滞甚至负增长状态。日本电影市场规模尽管现在排行第三，在中国之后，但是它的社会已经老龄化，而且人口是负增长，它的电影高票房很大程度是因为货币比值高，人均占比和观影人次没有优势。韩国人口仅五千多万，银幕数更少，两千多块。至于法国、德国，乃至整个欧洲，则已经被好莱坞电影所占领。

只有中国和印度两国的电影拥有未来和好莱坞电影竞争的一些条件。比如观众基数，在这方面中国、印度具有天然优势，中国有 14 亿人口，印度有 13 亿多人口，未来几年印度人口总数很有可能会超过中国。这种人口红利，即便人口增长放缓，在全球也是无可比拟的。

再就是文化消费增长的优势，中国人均 GDP 已 10000 多美元，印度人均 GDP 为 2000 美元左右，文化消费有很好的增长前景。目前全球经济增长率达到6%左右的只剩下中国、印度，再过十几年中国可能会成为全球最大的经济体。经济的持续增长带动文化消费的持续增长，这自然包括电影的消费。回看这十余年中国电影市场的增长因素，很难说不是国民经济增长的红利使然。而作为目前较为活跃的经济体，中印两国未来的电影市场必然会得到很大的增长。

基于这些因素，中印应加强电影深度合作，因为双方有很多潜力可以挖掘，有相互合作的天然优势。只有相互合作才能够得到一加一大于二的效果，未来也才更有可能和好莱坞电影竞争。

目前中印电影交流比较失衡，印度电影可以顺利进入中国并被中国观众接受。2017年的《摔跤吧！爸爸》进入票房前10，以至于有评论说中国电影市场是非常开放的，一个非好莱坞电影能够进入年度前10，这在其他国家是不可能的事情。从这个角度来讲，中国市场的文化包容度属世界前列。印度电影近些年在中国掀起热潮，不是印度电影在中国市场热销的开始，而是一个恢复。早在20世纪50年代、80年代，印度电影在中国就已经非常受欢迎了，比如《流浪者》等。而中国电影到印度去却比较困难，此前的合拍电影如《功夫瑜伽》《大唐玄奘》《大闹天竺》，只有《功夫瑜伽》在印度发行了，但票房只有两百多万元人民币。可见中国电影在印度发行还存在一定的障碍，当然美国电影在印度的市场占有率也只有10%左右，毕竟印度观众天然喜欢本土电影。中国电影在印度为什么不好卖，印度电影人认为是没有人在做这件事，否则也不会是零的存在，因而我们要努力把失衡往好的方面调整。如果互相以对方市场为目的，那么两国电影都有很大的增长空间。在北美市场，一些好莱坞公司会直接发行印度电影，当然一些印度本土公司也在美国发行印度电影，而我们只有华狮专门发行中国电影，如果比较一些影片在美国获得的票房成绩，中国电影是不如印度电影的。

至于“走出去”，西方许多国家在意识形态方面跟我们的对立非常明显，美国2019年通过了很多针对中国的法案，为了制约中国的发展。意识形态的对峙必然会影响西方观众对中国电影的接受。这方面，如果中印两国合作，互通有无合拍电影，这些作品的海外输

自律、无利害性以及精英化的趣味等观念，这是写意电影要面向传统的第一层。

但是，面向传统并非简单复兴传统，而是重新发现传统。经过现代性的洗礼，传统在经济全球化和跨文化的语境里已经有了中西方文化碰撞后的痕迹，这是我们在找回传统时应重视的。借用绘画举例，与摄影机相比，今天画家坚持写生可能并不是为了将对象画得更像，而是通过写生获得某种感受和表达这种感受，因而写生并不意味着写实，而是转向了写意。余上沅在20世纪20年代中期发动“国剧运动”时借鉴了中国绘画“写意”与“写实”的概念，他在《表演的艺术》中将写意翻译为“presentational”，我们也可理解为表现或呈现，而将写实翻译为“representational”，同样可以理解为再现，换句话说，在他看来“写意既包含模仿也包含创造，而写实是纯粹模仿和照搬。”①顺着这个逻辑，我们是否可以这样理解，某些看似无目的地展现外在真实和琐碎细节的写实影像可能也转向了写意，比如某些通过纪实影像表达个人感受，或秉承自然主义的影片已经如同画家的写生一般，不是为写实或者状形，而是表现某种内在的生机和气氛了，这种面向无疑扩大了写意电影的外延。

二、面向西方

哲学家张世英先生在他的著作《天人之际：中西哲学的困惑与选择》中说：“未来中国哲学的发展也许是一种既有西方近现代的主客二分和主体性的进取精神，又有天人合一、人物交融的诗意境界的哲学，是个体性、差异性和流变性从传统的整体性和凝滞性中获得解放的哲学。”②而彭锋在阐述写意美学观时则提到：“中国画家和批评家对于写意的认识和实践，无疑体现的是中国文化的精华。事实上，这种文化精华早就不胫而走，对欧洲的现代艺术运动产生了重

---

① 彭锋：《重思余上沅写意戏剧论》，北京大学艺术学院，国家社科基金重点项目“20世纪中国美学主潮研究”(项目编号12AZD068)阶段性成果。

② 张世英：《天人之际：中西哲学的困惑与选择》，4页，北京，人民出版社，1995。

要影响”[1]，包华石(Martin Powers)的看法与彭锋互为印证，他说：“唐宋理论家的‘形似’与‘写意’的对比是通过宾庸和弗莱直接影响到欧洲的现代主义理论而在现代形式主义理论的建构中起着关键作用。”[2]我们从几位中西哲学家的论述中不难看出，中西哲学(中国现代美学是中国现代哲学的一部分)的现代性进程恰好走到对方反面，即西方现代美学由他律转向自律，从主客二分走向天人合一，尤其在19、20世纪之交的欧洲艺术理论界，受东方写意观念的启发，由再现美学逐渐转向表现美学。就这个角度而言，写意美学向西方看，其实是透过西方的镜子面向东方传统，而且是经过西方改造的传统。

黄佐临于20世纪60年代以“写意”一词来命名他所追求的目标“写意戏剧观”，他用“Essentialism”“Intrinsicalim”两个词汇来阐释“写意”，“这两个词的意思是‘本质主义’，也就是说，他觉得‘写意’指的是与写实风格的演剧方法相区别的另一种演剧方法……为了反映现实的本质，‘离形得似’可以更加艺术和深刻地实现‘更高的真实’”。[3] 在《漫谈“戏剧观”》中，黄佐临论述中国戏曲内在特征时提出了四点“写意性”：“生活写意性、动作写意性、语言写意性和舞美写意性”。其中，动作写意性指的是“一种达到更高意境的动作”，舞美写意性指的是“不是实际的环境，而是达到高度艺术水平的设计”，他认为写意并不抛弃形象真实，而是超越真实，“以虚中有实，真假结合的精美形式来体现或揭示生活或情感的本质。”[4]赵太侔则敏锐地看到西方艺术界中的写意风潮，“现在艺术界，是反写实运动弥漫的时候。西方的艺术家正在那里拼命解脱自然的桎梏，四面八方求救兵。中国的绘画却供给了他们一支生力军。在戏剧方面他们也在

① 彭锋：《写意美学的三个面向》，载《美术》，2019(6)。

② 包华石：《中国体为西方用：罗杰·弗莱与现代主义的文化政治》，载《文艺研究》，2007(4)。

③ 顾春芳：《意象生成：戏剧和电影的意象世界》，295页，北京，中国文联出版社，2016。

④ 同上。

眼巴巴地向东方望着。"[1]余上沅正是因为看到了这一点，发动了国剧运动，他指出："假使旧戏的唱（音乐）是抽象的，做（动作，舞）是象征的，布景等又是非写实的，彼此调和，没有破绽，那么我们说它'有做到纯粹艺术的趋向'，也并非过誉吧。"[2]结合余上沅所处的历史背景和彼时他所经历的艺术风潮，彭锋在《重思余上沅写意戏剧》中一针见血地指出："正是通过现代形式主义美学视角，余上沅发现了中国旧戏与西方新戏之间的关系，它们都是非"写实"的，或者说都是"写意"的，进一步说，"写意"帮助西方艺术走出"写实"的窠臼"。[3]

事实上，经过宾庸（Laurence Binyon）、弗莱（Roger Fry）、高居翰（James Cahill）、本雅明（Walter Benjamin）等西方学者的翻译、阐释和推广，写意和表现之间的关系更为密切，从而也解释出为何写意戏剧、写意电影的创作实践反而很多是由西方人率先完成的。

三、面向未来

写意美学的重要意义不仅在于它可以对接传统，对话西方，更在于它在"艺术已死"论甚嚣尘上的当今给身处困境的艺术指明了未来方向。如上所述，写意启发艺术脱实向虚，由再现转向表现，即重新诠释了艺术存在的意义。本雅明认为这种意义在于"通过书写性、流动性，写意……在一系列的二元对立之间打开了一个新的空间，让对立的两端在其中交织，从而生成新的意义"，彭锋则提出了更为精彩的阐述，他认为写意赋予艺术一种带领人类进入中间地带的能力，"将不可见之意带入可见之域，将可见之物融入不可见之中"，这将艺术从技术的发展、机器的应用和宗教的神秘中区分开来，成为人类的拯救者。进一步，写意赋予电影这个艺术门类更大的意义，正如电影理论家克拉考尔（Sigfried Kracauer）在《电影的本

---

① 赵太侔：《国剧》，见余上沅编：《国剧运动》，10页，上海，新月书店，1927。

② 余上沅：《中国戏剧的途径》，见《余上沅戏剧论文集》，202页，武汉，长江文艺出版社，1986。

③ 彭锋：《重思余上沅写意戏剧论》。

性——物质现实的复原》中所述，电影诞生之初其使命是摄取事实的表层，再现外部的现实，而随着数字媒体技术的极大发展，电影穷尽了复刻写实、造梦写虚等种种可能和极端，反而受困于技术和媒介的进步，失去了意义涌现的中间地带，成为迷惘的富有者，但写意给予危机中的电影一个具有活力、灵动和流变的空间，一个意义生成的所在。

从生成历史来看，电影作为一种晚近的艺术门类，始终无法摆脱西方语境下“模仿”与“再现真实”的形质论。西方同样很早意识到电影的这一表现限度，于是不断革新拍摄、表演、剪辑等各种手段，希望通过技术上的操作来突破这一限度。比如法国“新浪潮”、以“戛纳电影”为主的艺术电影、科幻片等都是为增强电影表现能力而做出的努力实验。然而，这些尝试大多离不开西方文化自身的桎梏，朝着这个方向前行能够到达怎样的高度便有了很大的疑问。由于中国与西方的哲学及文化传统有着巨大差别，电影在传入中国后吸收了大量传统的美学资源，逐渐形成了具有内生性的“写意”审美机制。这种机制可以看作是中国美学的收编，也可以理解成电影艺术的重要探索。“写意”使电影制作不再局限于物质世界与人的精神世界间的简单反映，破除了由此而来的二元对立的思维模式。相反，“写意”将人、物与世界紧密勾连起来，期望生成一个“无我”或“万物皆我”的意境，这或许在某种程度上能够弥补现代人的心灵缺失。在这个意义上，中国电影及中国美学，都需要在“写意”的三个面向继续发掘下去，这不仅关乎艺术的重新定位，更关乎艺术的未来和人类的未来。

（作者为北京师范大学中国文化国际传播研究院博士后）

由本土到世界：中国魔幻电影的文化价值

孙子荀

电影所创造的价值是巨大的——这不仅指票房利润、衍生产品销售等经济价值，更指电影在创作和传播过程中所产生的难以估量的文化价值。在视觉文化的浪潮下，电影已然成为影响最大的文化形态之一。通过生动的影像和通俗的叙事，电影积极地创造、传递着它的文化价值，包括精神价值、审美价值、社会价值等，潜移默化地影响着人们的生活方式和思维方式。

现今中国影坛上的诸多类型片中，魔幻电影是十分特殊的一员。一方面，魔幻电影高度依赖视觉特效，制作成本高昂，往往具有“高投入、高产出”的大片特质，其商业属性比一般类型电影更为突出。另一方面，魔幻电影又有着重要的文化属性，片中充满了丰富的传统文化元素和鲜明的民族文化基因，并在国际传播领域发挥着独特的作用。

一、增进中华民族文化向心力

魔幻电影的文化价值首先与本土有着密不可

分的联结。在某种程度上，魔幻电影是现代社会传承古老文化的重要载体。魔幻之所以为“魔”为“幻”，是因为其想象方式脱胎于原始信仰、巫术和宗教文化等前逻辑思维，故事和人物原型则发源于神话传说、志怪小说等超现实叙事，在大众文化的表象之下，有着极为深远的文化渊源。从内容来看，自诞生以来，中国魔幻电影一直以本土文化为根基和起点，从民族神话、民俗宗教、文化历史中广泛吸取养分，其文本具有十分鲜明的互文性，能够与民族文化中的其他叙事范式互为引证。此外，与西方魔幻电影相比，中国魔幻电影大多展现个人叙事而非宏大历史，题材更具有平民色彩和底层关怀，更易引发观众的共情。从形式来看，中国魔幻电影大多为古装片，如某些学者所指出的，“古装是对文化的暗示，选择古装，也就是选择了一种文化”①。许多魔幻电影能够自觉运用民族化、地域化的艺术表达风格，构建出富有古典意蕴的美学空间，制造出一系列富有民族文化意味的视觉符码。总而言之，中国魔幻电影通过其叙事和影像的呈现，折射出隐藏于民族心理的文化观念和审美情趣。

在更深层的意义上，拥有强大感染力和广泛渗透力的魔幻电影，无疑成为维系“想象的共同体”的重要媒介之一。如学者凯尔纳(D. Kellnel)所言：“电视、广播、电影和媒体文化的其他产品都提供了诸种材料，由此，个体铸就了自身的认同感、自我感、那种成为男性或成为女性研究意味着什么的概念、阶级意识、族群意识、种族意识、民族意识、性意识、以及人们所出的社会与世界如何被划分成‘我们’和‘他们’或‘好’和‘坏’等的方式……媒体故事提供了象征、神话以及个体借以建构一种共享文化的资源，而通过对这种资源的占有，人们就使自己嵌入到文化之中了”②。通过观看魔幻电影，接收电影中的文化观念和审美情趣，观众将在潜移默化中加深

① 高小健：《华美的历史记忆——古装片中的民族文化和审美》，见丁亚平、吴江编：《跨文化语境的中国电影》，23页，北京，中国电影出版社，2009。

② ［美］道格拉斯、凯尔纳：《媒体文化——介于现代与后现代只见的文化研究、认同性与政治》，丁宁译，6页，北京，商务印书馆，2001。

对本民族身份的认同，因此，在某种程度上，中国魔幻电影对增进中华民族的文化向心力具有重要意义。

二、提升中国文化国际影响力

魔幻电影的文化价值当然不仅限于对本国文化的传承和发扬，其在对外传播方面亦具有独特的优势。我们不难发现，魔幻电影与当下世界和现代人的心理有着某种内在的联结。在高速运行的现代社会，对理性和科技的笃信终将在一定程度上导致人的物化，而魔幻电影正是对这一趋势的反抗——通过对虚拟的、超越性的审美幻象的构建，魔幻电影帮助人们排遣内心的压抑和焦虑，展现被“理性”和“道德”压抑的本我欲望，为现代人提供了一条摆脱世俗生活，回归自然性灵的通途，成为反抗工具理性的重要手段。而与此同时，魔幻电影又不完全与现实脱节，事实上，它以自身独特的方式反映现实，虽然以超自然、超现实的事物情节为表现对象，但仍体现了某种“主题现实主义”。大多数魔幻电影均体现了通俗而具有普泛性的价值观念，在善恶对立的二元叙事中，传达出平等、博爱、宽恕、包容、生态和谐等积极的、现代的人文理念，相比于带有血腥、暴力、恐怖元素的动作片、战争片、悬疑片等，魔幻电影对不同受众的包容性更强，价值导向更正向。

此外，所谓“越是民族的，就越是世界的”。魔幻电影植根于民族文化，带有鲜明的民族特质和较高的辨识度，这虽然在一定程度上造成了文化折扣和接受障碍，但同时也造就了其独特的国际传播价值。如有学者所指出的，“影像产品的民族性为其代码之一，同时也是彰显其个性的标识。在竞争激烈的经济全球化浪潮中，各国影像产品的这种民族性标识便于本民族文化的传播，既满足本国观众的欣赏口味，又满足了其他国家观众的好奇心理”①。就中国魔幻电

① 黎风：《图像文化时代的影像诗学》，353～354页，北京，清华大学出版社，2017。

影而言，其影像世界还带有独特的异域色彩和古典风情，由于与现实保有一定的距离，更具有别样的吸引力，片中鲜明的奇观想象、浓烈的人物情感，往往给人留下深刻印象，满足了一部分海外受众的文化猎奇心理。

纵观21世纪以来的世界影坛，魔幻电影不断取得超越国界的巨大成功。《哈利·波特》《指环王》《加勒比海盗》等欧美系列电影风靡全球，《画皮》《捉妖记》等中国魔幻电影亦接连成为本土票房冠军，《西游降魔篇》《美人鱼》《长城》等则成为当年中国电影在海外市场的票房冠军，这些都印证了魔幻电影在传播方面的独特优势。在未来，借助类型化、通俗化、民族化的文化表达，推动中国魔幻电影的健康发展，将有助于拓宽中国电影的海外传播之路，提升中国文化在世界的影响力。

三、保护魔幻电影的本土文化价值

当今社会，经济全球化已成为媒介文化生产的最大语境。在资本力量的渗透下，世界已然被网织成一个巨大的、联通的市场，对文化的生产和传播产生重要影响。如英国学者约翰·汤姆林森(John Tomlinson)指出的，“经济全球化处于现代文化的中心地位；文化实践处于经济全球化的中心地位”①。在这样的环境之中，人们的精神空间不再封闭、隔离，而是持续不断地受到外来文化产品的吸引，文化竞争在“扩散原理”的导向下，呈现出强势文化覆盖、侵占弱势文化的趋势。对此，只有认真应对经济全球化的机遇和挑战，增强本国文化产品的国际影响力，才能在现代文化生产的全球竞争中掌握话语权。

立足于民族，深耕于本土，看似是一个顺理成章的目标，但在

① ［英］约翰·汤姆林森：《全球化与文化》，郭英剑译，11页，南京，南京大学出版社，2002。

目前的文化环境中，却面临着一些阻碍。当今世界正处于经济全球化浪潮的席卷之下，各种文化思想相互激荡，既形成了不同文化相容相济，共同发展的多元格局，也呈现出霸权文化不断扩张、取代弱势文化的危险势头。西方文化大量涌入，极大地改变了中国的文化生态，一部分人对外来文化盲信盲从，全盘接受，以至于培养起一种演绎的思维定式，将霸权文化的价值观奉为圭臬，却忽略了对本土文化的传承发扬。

魔幻电影由于自身带有的鲜明文化印记，尤其需要注重的是“在地”表达，加强对民族文化的吸收和承袭。但目前看来，中国魔幻电影在这方面的努力尚不充分，一部分影片自觉或不自觉地以西方魔幻电影为参照，盲目推崇外来的审美风格、叙事模式，甚至于自我异化、他者化，丧失了中国本土文化的主体精神；一部分影片或由于外国片商的投资，或出于对海外市场的期待，刻意削弱影片的本土特质，加入异质文化元素，使影片呈现出一种“去地域性”或“跨地域性”想象，这都体现了一种不对等的文化渗透态势，折射出当前环境下抵抗文化霸权的迫切性。正如黄会林教授所指出的：“发展中国家的民族文化，日益受到来自西方影视文化的包围与侵蚀，一场以文化为武器，以影视为媒介的新的殖民运动正在悄悄展开……因此，在影视文化领域研究出民族文化的对应策略，已是一项刻不容缓的任务。如何在未来的信息竞争和文化传播领域里确立中华民族的文化形象，应当成为我们特别关注的命题。”①

文化为电影提供了内容资源和美学启示，而电影作为文化的重要载体，在传承、传播文化方面具有不可替代的价值。国内电影人更应该坚守民族身份、民族表达，促进民族文化资源的吸收和转化。在保有本土文化价值的基础上发挥海外传播优势，才是中国魔幻电影发展的题中之义。

（作者系北京师范大学艺术与传媒学院博士后）

---

① 黄会林：《中国影视美学建设刍议》，见黄会林、周星编：《民风化境——中国影视与民族文化》，6页，北京，北京师范大学出版社，1999。

第四编

国际视野下的中国观察

用世界通用的艺术语言讲好中国故事传播中国文化

——以音乐剧为例

曾庆瑞

本论坛 2019 年度的总主题“中国与世界：当代中国文化国际影响力生成”里，有一个参考分论题是“中外文化交流的路径与效果”，思考这个分论题，我想起了一件往事。

20 世纪 90 年代，学校派我到新加坡讲学，学员除了新加坡《联合早报》系统、广播电台和电视台系统的媒体人、有关学校的师生，还有邻国马来西亚的媒体人和师生。马来西亚的学员告诉我，当时电视剧《三国演义》不仅在他们电视台播得盛况空前，盗版的大 1/2 录像带也卖得热火朝天。据我所知，这部超长的 84 集电视剧，美国电视台买版权的时候重剪了一个 28 集的播出版。除此之外，美国购买了 46 集版的《太平天国》，也进行了重剪，就像《泰坦尼克号》那样，故事开始是在南京的太平天国博物馆发现了天王洪秀全留存下来的一件珍宝。我之所以会想到二十多年前的这段往事，就是因为我们今天要面对的是跨文化交流怎样达到最佳效果的问题。

《求是》杂志的 2020 年第 9 期上，习近平同志在他的文章《文明交流互鉴是推动人类文明进步和世界和平发展的重要动力》里，全面深刻阐述了对文明交流互鉴的看法和主张，强调应该推动不同文明相互尊重、和谐共处，让文明交流互鉴成为增进各国人民友谊的桥梁、推动人类社会进步的动力、维护世界和平的纽带。文明因交流而多彩，文明因互鉴而丰富。这样，在不同文明交流互鉴、和谐共生的历史大潮流里，我们就一定要追求交流互鉴效果的最大化，或者说最优化。当年，马来西亚的华人看《三国演义》，没有故事内容的障碍，也没有艺术语言的障碍，但美国人看，就有障碍了。他们重剪一个版本，可能就是要尽量减少这样的障碍。

大家知道，任何一种文化，在当今的跨文化交流中对外传播，可以有很多载体，译成不同的语言，文学艺术的载体形式令人眼花缭乱，文学、戏剧、影视、音乐、舞蹈、美术、杂技等，各有所长。决定传播效果不同的，除了因为价值观等因素影响的内容外，还有表达内容的艺术语言。以文学为例，小说、诗歌、散文、戏剧等不同题材，均有汉语言文字翻译成英文、俄文、法文、德文、意大利文、日文等其他语言的困难，传播效果受到影响。其他如影视作品——电影、电视剧、电视纪录片等，跨文化传播中语言翻译对传播效果的折损程度相对较少。另外的一些造型语言——音乐、舞蹈、美术、杂技等，属于世界各种文明中比较通用的艺术语言，传播效果会更好一些。也正因如此，这些形态的艺术拿出去后，得奖较多。

以音乐的艺术形式为例，2017 年 7 月 4 日、5 日的两个晚上，湖北省歌舞剧院在柏林海军大剧院演出两场新版大型音乐舞蹈史诗《编钟乐舞》，盛况空前。编钟，即曾侯乙编钟，是战国早期著名的青铜乐器，国家一级文物，中国首批禁止出国(境)展览的文物。这种中国古代的大型打击乐器，以它高超的铸造技术和良好的音乐性能，改写了世界音乐史，是目前已知的全世界最大、最重、音乐性能最完好的青铜礼乐器。它是中国先秦时期音乐文化的集大成者，同时也是中国先秦青铜铸造工艺的巅峰，不但被海内外科技史专家誉为“反映中国先秦时期科技发展水平的百科全书”，也被中外专家、学者称之为“稀世珍宝”。旅居德国的华人歌唱家龚琳娜和她的德国丈夫老锣创作的歌曲《上下求索》，就是用编钟和乐舞伴奏演绎屈原作品《离骚》里“上下求索”的精神，他们除了巡回演出，还参加了央视的节目《经典咏流传》。

维也纳“金色大厅”，全称是“维也纳音乐协会金色大厅”，又叫黄金厅、维也纳爱乐厅。这是维也纳最古老也最现代化的音乐厅，是维也纳乃至世界上著名的音乐厅之一，与柏林爱乐厅、莱比锡布商大厦音乐厅、阿姆斯特丹大会堂，以及波士顿交响乐大厅一起，被誉为“世界五大音乐厅”。从1939年开始，每年1月1日这里都举行“维也纳新年音乐会”。金色大厅共有1744个座位，300个站位。需要指出的是，金色大厅的音乐会，只要不是由维也纳音乐之友协会主办的，就不是金厅官方邀请的，属于“租厅”性质。新中国的艺术团体第一次进入“金色大厅”的时间是1952年5月28日，是中国青年文工团，演出内容有京剧、杂技、大合唱、舞蹈等。据记载，那以后，受金厅官方邀请的中国演出只有两场：第一场是钢琴家郎朗在2005年6月15日与维也纳爱乐乐团合作，指挥是祖宾梅塔；第二场是钢琴家李云迪在2006年10月18日与维也纳交响乐团合作，指挥为法比奥·路易斯。其余的中国演出都是“租厅”性质的演出。这种“租厅”性质的“商业演出”，每一场的基本场租是两三万欧元。从1998年1月27日的中央民族乐团开始，到那里租厅演出的先后有宋祖英、孔祥东、谭晶、广州交响乐团等，虽然如现在国内外舆论所诟病的，这些演出有“镀金”用以交换国内的名利地位之嫌，却也用音乐这种通用的艺术语言传播了我国的文化。

我第一次观赏音乐剧，是20世纪90年代中期在纽约百老汇看1982年诞生的《猫》。十几年前，我在香港看了1989年问世的《西贡小姐》。几年前我在国家大剧院看了1980年问世的《悲惨世界》。仅差一部《剧院魅影》，我就看完了人们公认的“20世纪80年代以来欧洲最具影响力”的四部音乐剧了。音乐剧流行范围之广，被人们喜爱之深令我叹为观止。例如《猫》，1981年开始风靡世界，共以十几种语言在二十几个国家演出无数次，仅仅在伦敦的演出就达9000多次。

音乐剧早期译称为歌舞剧，是一种结合了歌唱、对白、表演、舞蹈的舞台艺术形态。它通过歌曲、台词、音乐、肢体动作等的紧密结合，把故事情节以及其中所蕴含的情感表现出来。虽然音乐剧和歌剧、舞剧、话剧等舞台表演形式有相似之处，但它的独特之处在于它对歌曲、对白、肢体动作、表演等因素给予同样的重视。音乐剧在世界各地都有上演，但演出最频繁的地方是美国纽约市的百老汇和英国的伦敦西区。音乐剧的故乡在伦敦西区、在百老汇，但是它不是只属于百老汇，也不是只属于伦敦西区，它属于世界。世界上值得关注的还有后起之秀法语音乐剧、德奥音乐剧和中国音乐剧。

在中国，音乐剧有潜在的庞大的受众群体和市场。有一个例子可以说明这一点。2019 年 11 月 22 日晚，李宗盛的音乐剧《当爱已成往事》在上海站正式拉开帷幕。有文章介绍说，这部由李宗盛定名的华语原创音乐剧《当爱已成往事》，选取他近 30 首经典音乐作品串联全剧，以全新的故事来演绎经典。经典音乐与全新故事的碰撞，加之强大的演员阵容，让观众对演出十分期待。上海站在开票首日 18 分钟票房就破百万，当晚李宗盛在观看演出后表达了自己的感受。他说："音乐剧是即时的、复杂的、高难度的艺术形式。戏剧，舞蹈，音乐揉在一起，谁都不能矮谁一截，同时，谁都不可以不包容谁，不衬托谁。"他鼓励参与音乐剧的所有人，一定要精益求精为华语原创音乐剧写下浓墨重彩的新篇章。观看当晚演出的观众也对该剧给予了极高评价，称整场音乐剧有泪点有笑点，给人以极大的感动，这次演出的火爆足以说明音乐剧的超高人气。

这些年，中国的音乐剧除了引进的外国作品，原创的剧目也不少。有人把这些原创的作品大致分为三类：第一类是融合中国人的现实生活素材，讲述革命化、现代化或城市化进程中中国人的故事，代表作有革命爱情音乐剧《火花》、城市文化音乐剧《情动哈尔滨》等；第二类是在民族特有的传统歌舞叙事语言的基础上，充分进行的"音乐剧化"改造，代表作有土家乡村音乐剧《黄四姐》，非遗文化漫瀚调音乐剧《牵魂线》，苏绣人物传记音乐剧《桃花笺》等；第三类是和世界语言相结合，对外国名作进行中式解读的作品，如音乐剧《麦琪的礼物》等。另外，比较有名的原创音乐剧作品还有《犹太人在上海》《楼兰》等。同时，我们也有了比较成熟的创作团队，例如现在的原创音乐剧团队“三宝剧组”，他们创作的《金沙》，根据四川成都的“金沙遗址”构思成一段金与沙的爱情故事。还有人称“音乐剧疯子”“中国音乐剧教父”的音乐剧制作人李盾和他的团队，他们的代表作有《白蛇传》《爱上邓丽君》《蝶》等。此外，一些大专院校的音乐剧系，也陆续开始创作自己的作品，例如上海音乐学院早在 2002 年就首次开办了音乐剧系。他们 2016 年创作的《汤显祖》根据汤显祖人生中若干段重要经历，融合其“临川四梦”的创作历程，揭示了其“因情成梦、因梦成戏”的一生。北京大学创作的《元培校长》与《曹雪芹》也体现了历史长河中人物的悲欢离合。山西农业大学的太谷信息学院也比较重视音乐剧大学生的培养，推出了自己的原创作品，他们每年举办一个演出季，演出的节目里就有潮流音乐剧。

总体而言，音乐剧在中国的普及度还不高，演出场次还比较少。中国的音乐剧市场还处于起步发展阶段，消费需要主要集中在经济发达、文化氛围较好的北京、上海、广东三个地方，全国范围内的音乐剧市场还没有真正形成。据统计，2011 年全国共演出音乐剧 880 场，其中北京、上海、广东三省市演出 564 场，占全国总演出场次的 64.09％。除北京、上海、广东以外，成都、杭州、武汉等城市是我国音乐剧市场发展的第二梯队城市。2011 年成都演出音乐剧 125 场，其中《金沙》演出 112 场；除北京、上海、广东以外，引进巡演音乐剧项目最多的省份是浙江、江苏、重庆，湖北、山东等地的音乐剧市场也有起色，2011 年演出场次在 20 场以上。

现在又过了七八年，外部环境正在好转。上海文化广场举办原创华语音乐剧展演季已经有好几年了。这几年参与的作品，从最初的一年两场发展到 2015 年的一年 27 场。2018 年由文化和旅游部、哈尔滨市人民政府主办的第十三届全国声乐展演暨全国优秀音乐剧展演中，6 部风格各异的作品从全国 36 部剧中脱颖而出，一定程度上代表了当前国有院团原创音乐剧的整体水平。另外，由文化和旅游部举办的“文华奖”也开始评选音乐剧了，比如获奖作品就有跟音乐剧有关的《钢的琴》和《看见自己》。

其实，早在1987年，曹禺先生就在《中国歌剧通讯》第二期上说“音乐剧不是话剧，不是歌剧，不是芭蕾舞剧。它综合了音乐、舞蹈、道白、戏剧文学、舞台美术等多种艺术因素。我以为可以称它为美国戏曲。”也就是说，20世纪80年代，曹禺先生就把美国音乐剧和中国戏曲相提并论了。而沈承宙先生也早就提出了“戏曲音乐剧”的构想。现在，人们又围绕着一个话题有了热烈的探讨，这个话题就是：“创作原创音乐剧，我们还缺什么？”在艺术和技术层面上，人们讲到了音乐剧中的音乐应该如何讲故事，原创音乐剧的整体戏剧节奏和结构如何把握，人物如何塑造，等等。另外，人们还在思考中国原创音乐剧走出国门的问题。

现在谈论这个问题的时机比较成熟了。据统计，2017年全国演出的音乐剧剧目呈现井喷的趋势，仅仅上半年，就有20部大大小小的音乐剧活跃在市场上。2019年5月，北京启动了“中国原创音乐剧及中国音乐剧演员库”制造计划(简称“CM计划”)，重点在音乐剧人才培育和内容品质等方面展开。

现在我们不得不思考并且认真解决的一个问题是，怎样讲好中国故事，促进讲好中国故事的音乐剧在满足国内市场需要的同时，走出国门去传播中国文化。

天津海瑄艺术文化的穆晋远2015年创作的《三多堂·春芽》，讲述在明末清初，为了生存，曹家第十四代传人曹三喜走出家门，经由内蒙古到达三座塔村，经营酒、皮货、豆腐，创立了“三泰号”，成为商业资产最为雄厚的一家，积淀了十几代人的辉煌，同时还扶植了乔家大院里的乔致庸起家的故事。这部音乐剧演出了20场，在2017年获得金刺猬戏剧节最佳剧目奖。除此之外，穆晋远的音乐剧《大唐贵妃》通过讲述杨贵妃和唐明皇的感情故事，表现了中国封建社会的鼎盛时代，在2004年加拿大温哥华获DORA音乐剧“最佳舞美”“最佳舞台表现”两个单项奖。

2008年7月，韩国第二届大邱国际音乐剧节组委会将讲述梁山伯和祝英台爱情悲剧的中国大型原创音乐剧《蝶》选为音乐剧节的闭幕作品。闭幕式上，组委会将最高奖项——特别奖授予《蝶》。这是中国音乐剧在国际上获得的一次重要肯定，《蝶》的制作人兼艺术总监李盾在获奖后说，作为首次登上韩国舞台的中国原创音乐剧，《蝶》能够在音乐剧市场比较成熟的韩国被当地观众所欣赏和认可，在国际舞台上华丽放光，这是中国原创音乐剧走向国际的一个良好开端。

现在，我们或许可以迎来中国原创音乐剧的又一个良好的开端——这就是讲好中国的红色故事。

天津海瑄艺术文化正在创作一部红色音乐剧《微山湖》，讲述的故事是：微山湖的游击队接到八路军总部的指示，要突破敌人的强大封锁，开创一条秘密交通线，继续保持和延安的联络，保证党的消息安全传达，保障安全输送物资，特别是保障山东和华东地区的高级党政军领导顺利安全到延安去参加党的七大。其间，由于叛徒出卖，秘密交通线受阻，最后，微山湖大队队长卧底完成了任务。在创作《微山湖》的同时，他们还在酝酿创作另一部音乐剧《黎明的启程》，讲述周恩来青少年时代"为中华崛起而读书"的故事。其中包括周恩来考进南开，寻找救国道路，组织觉悟社，宣讲马克思主义，演出话剧，而后被捕，踏上旅法之路，找寻共产主义，在巴黎成立旅欧支部等。

毫无疑问，这是又一个重要的开端。从今往后，中国本土原创的音乐剧，可以用世界通用的艺术语言，讲述中国的红色故事，为当代中国文化国际影响力的生成作出新的贡献了。由衷地祝愿这样的艺术创新获得成功！

（作者系中国传媒大学教授）

跨文化纪录影像传播中时间叙事的价值意义探讨

——以“看中国”之《长城脚下》《翰墨人生》为例

俞虹

纪录影像是跨文化传播中最具魅力，最有亲近感、也是可能获得高到达率的影像节目样态。伴随着纪录片的发展，纪录片的形态也有了多元化的表现，当下在强化讲故事、情景再现、语言评论等多种方式时，有时或许会忽略、淡化、消解纪录片的本质创作手法与规律。然而，在《看中国》的影像作品中，并没有出现这种走向，而是坚守、彰显了时间叙事的力量，为真实呈现改革开放后发展变化的中国现实，让世界了解中国当下的人文面貌、文化景观，产生了积极的传播影响。跨文化传播中差异甚至冲突是必然存在的，更何况是外国青年看中国，创作过程又一直是中外双搭档完成的。因此，如何看待纪录片创作中的时间与叙事的关系与特质，发现时间叙事在跨文化传播中的重要价值，认识分析研究这其中的规律性的东西，对当代中国文化的国际传播有着积极的现实意义。

一、本质与特点：时间叙事长度是真实的基础

首先，时间是真实性的基础。它在逝者如斯夫中真实地记录历史，而真实也是纪录片的本质，纪录片以音视频介质在时间叙事中记录历史。

时间与人类从来就是紧密关联的概念。人类生命的存在及其价值与意义，与时间捆绑为一体。如果没有时间，就无所谓有与无，事物可能就没有存在可言了，意义也无从谈起了。同样，我们谈文化，任何文化都是在一定的积淀过程中，在大浪淘沙中扬弃与建构，完成意义生产的过程。这过程本身就是一个时间的概念。如果没有时间，这些过程与文化的生成，也是空的。

人类与时间的关系，有着多种多样的表达方式，如科学、人文及各种艺术表达方式，纪录片是其中很独特的以时间为其本质特征进行艺术呈现的影像形式。纪录片本质上是时间的艺术。

其次，时间叙事是以非虚构为基本特征的。长镜头作为纪录片非虚构叙事的基本镜头语言，恰恰是因为时间长度的呈现方式，决定了其基本的真实性叙事。也因为时间长度的记录，完成了纪录片对深刻意义的呈现。有时间的长度做支撑，才可能完成纪录片用影像告知未来。如果没有这样基本的时间概念，没有长镜头的支撑，纪录片无从实现对事物真实的发展变化的过程呈现；如果没有过程呈现，人们也无法通过纪录片去认识人物、事件。所以，时间叙事是纪录片进行非虚构记录的核心要素，既是观念也是方法、手段。

我们很高兴地看到，在《看中国》中，充满了对时间的尊重，对长镜头的重视、对同期声的慷慨。于是，在那些时间叙事中，你看到当代中国变化的过程，人物与现实的真切关系。以《长城脚下》为例。导演莉迪亚·安妮·豪(Lydia Anne Howe)来自英国的曼彻斯特大学，片子通过讲述在北京慕田峪长城脚下生活的三个普通人的故事，呈现出近几十年中国所发生的巨大变化，尤其是近年来旅游

业发展之后的变迁与影响。这三个人做着不同的事，用自己的方式讲述着属于各自的经历与感悟。但是共同的是，他们都是在中国改革开放的大背景下顺时叙述。带一个养蜂人，从1974年开始了自己的养蜂业，从被人鄙视到获得真正的独立与尊重，时间的推演不仅改变着他、他们这些长城脚下人们的生活，更改变着人们的价值观念和生活态度。第二个商店经营者，一个从服装厂女工转为老板娘的中年妇女。通过她的叙述，你可以看到时间流逝所带来的变化，自己家里不仅有了闲置的房子，还有了经营它们的可能。尤其是旅游业兴起，让生活在长城脚下的她有了一个全新自主的生活，所经营的小店便人又利己。第三个人物是小旅店的老板，镜头中的他朴实而善于思考，不仅努力地为客人尽心服务，而且给人留下了深刻印象。因为他言语中总流淌着人生的哲理和对中华五千年文明的关注与骄傲。片子结构简洁、镜头语言清晰，大量运用同期声、长镜头，没有情景再现，完全以记录三个人自己讲述的个体故事为内容，真实记录了时代变迁中长城脚下人们的生活景况——一个英国年轻人眼中的《看中国》。

二、力量与价值：时间叙事在跨文化影像传播中的价值意义

时间叙事的真实性属性与非虚构表达特质，是跨文化影像传播力量与价值的保证。时间的不可逆转性也使得价值和意义得以依托。

时间的不可逆性是宇宙的一种建设性因素，也保证了生命发展与时间前行的一致性。在跨文化传播时空两个维度中，主要差异来自空间。空间不同是形成各个国家、地区、民族存在方方面面差异的主要因素，而时间不是本质问题。人们是在不同地域空间里形成各自的语言、政治、文化、经济、宗教信仰、风俗习惯等，其与时间的冲突不是根本性的。

因此，在时间维度中寻求契合点，在时间的流淌中呈现事实，是跨文化传播与研究中的一个切入、表现、表达，进而引发关注、

共鸣的重要方法。比如，在戏剧研究与传播的中，莎士比亚与汤显祖都生活在16世纪。因此在时间叙事中就应凸显时间表现的力量、叙事扎实的价值和主题表现的意义。

时间叙事的多种可能使价值和意义得以最大化的表达与实现。就时间叙事而言，镜头叙事为我们提供了丰富的可能：有单一时间叙事，既有平行时间叙事也可以是交叉时间叙事，还可以是逆向的时间叙事，也可以像立体主义艺术那样，把同一时间平面上的瞬间展开在一个纵向的时间轴上。

镜头中的时间叙事，时间可以停止、可以展开、可以快进、可以回放，时间叙事的可能是多种多样的。纪录叙事是时间高度接近本真的叙事。纪录叙事的时间叙事甚至可以走一条与生命本真完全相似的时间轨迹。但多种叙事呈现方法却意味着对时间叙事的否定或者是淘汰，也就是说，我们现在要非常警惕有人以所谓的创新、所谓的多样化去泯灭时间叙事，弱化它最本质的特征。

现在各种节目都在讲故事，新闻在讲故事、电视剧在讲故事、电影也在讲故事，但电影的讲故事和纪录片的讲故事一样吗？同在哪里，异在哪里？好莱坞电影作为意识故事的产生，它是一个艺术创作的概念，而纪录片故事的产生是在时间的推演当中让它自然呈现一种故事的状态。时间叙事所呈现的故事在纪录片的表达中和好莱坞的故事叙事不是一个概念。都在讲故事，故事是不一样的。所谓的叙事学是依托在剧本、戏剧，戏剧理论的基础上产生的。纪录片的故事呈现可以借鉴甚至可以从叙事学中寻找理论依据，但前提是要以事实的时间推演为线索、依据。

现在有一些纪录片是为了表现而表现，频繁过度的使用情景再现几乎让我们感觉是在看电视剧，这是很可怕的事情。如果一个片子全都需要用情景再现来完成的时候，你是否需要用纪录片的形式做这样一个选题呢？当一个选题需要由纪录片来进行创作、呈现的时候，它一定和纪录片这个形式有紧密的关联度，纪录片的形式能最好地、最大化、最有价值地去呈现这个命题，否则你可以选择另外一种方式。

外国青年影像计划《看中国》2019“内蒙行”的《翰墨人生》，讲述的是家住内蒙古自治区鄂尔多斯市的包金山老师与蒙古文书法的故事。来自巴西圣保罗大学的拉贝洛·桑托斯·路易斯·阿琳(Rabelo Santos Luiz Aline)担任导演，这个在生活中从未见过草原，第一次出国的海滨城市姑娘，在两位制片人王晶和张旭的配合下，把这个看似简单枯燥的故事拍出了自己的价值。片子执着地运用着质朴的时间线索叙述，主人公从书法给他的最初家族记忆与父亲对自己的书法启蒙开始娓娓道来，从自己学、教儿子学到教众人学；从书写到书法，从实用到审美；从用笔墨写蒙文到研究适合书写蒙文的文房四宝；从以蒙文为基础的书写与研究到建立博物馆……贯穿始终的蒙文书法如同主旋律一样回荡在整个叙述记录的全过程，时间成为不可剥离的基础土壤，将一个人与一个民族文字书法的关联清晰地显现出来。

所以，纪录叙事是什么？纪录叙事不是“1+1=2”，纪录叙事不是化学反应方程式。它是以接近和还原生命本真的形式，为我们的生命叙事提供了可能，这就是纪录片的力量与价值。在跨文化影像传播中，只有彰显时间叙事，才能获得传播到达与传播影响的最大化。

（作者系北京大学教授）

东西方文明交流的三个节点与历史启示

——意大利与中国文化的相遇相见

向云驹

2019 年 3 月 23 日，中国和意大利签署政府间“一带一路”合作谅解备忘录。中国国家主席习近平曾经指出，中意关系植根于双方千年交往的历史积淀中，拥有深厚民意基础。中国和意大利分处古丝绸之路两端，开展“一带一路”合作天经地义。这是一个值得中国人民和意大利人民共同铭记的重要时刻。回望历史，我们可以发现，正是中国与意大利的三次重要的相遇相见，记录和见证了东西方的几次历史性遇见。这些遇见深刻地影响了历史进程，改变了历史面貌，也彰显出东西方文明交往的伟大价值和意义。

一、恺撒：丝绸开启东西方古代文明的标志性艺术审美和造型

丝绸是中华文明最古老、最伟大、最杰出的发明。由于恺撒大帝的喜好与推崇，古代希腊及其之后的罗马成为了丝绸之路的最西端。丝绸在

罗马大行其道。妇女们穿着薄如蝉纱的丝绸招摇过市，成为一种时尚，这既显示风流又显示财富，是当时一种美丽与华贵的完美结合。罗马帝国成为中国丝绸最大的主顾，丝绸热在罗马一直持续数百年，到6世纪时仍未衰退。

对人物所穿丝绸服饰的刻画，是希腊雕塑中精湛技法、美学范式、雕塑风格的最集中表现。希腊、罗马衣饰雕刻的成就，一是对女神薄如蝉翼般的透明丝绸的刻画和表现，二是对挺括的绸缎衣饰的表现。比较著名的作品有巴特农神庙的“运命女神”、埃里契西翁的加里亚狄像、雅可波利斯的科莱(Kore)女神大理石像等。从中国马王堆出土的丝极细、衣极薄、质极透的丝衣来看，希腊、罗马的这些雕刻是有生活依据的。

直接受到希腊、罗马神像雕塑刻画丝绸的影响而在中国美术史彪炳千秋的是曹仲达和吴道子。他们两人留下了“曹衣出水、吴带当风”的中国绘画样式和范式。曹仲达是南北朝时北齐人，是当时和后世都极为推崇的美术大家。“曹衣出水”就是说曹仲达的绘画特别擅长人体和衣服的关系，他绘画中穿着丝绸衣服的人就像刚从水里出来一样，既透明又贴身，具有流畅的线条纹理。这说明他特别会表现丝绸的韵味和精妙。这可算得上是东西方的异曲同工、殊途同归了。“吴带当风”的吴，指的是吴道子(约680—759)。他是盛唐时代最负盛名的画家，后人尊为画圣。所谓吴带当风，就是他所绘人物衣带呈迎风飘曳之状，仿佛“天衣飞扬，满壁风动”。

曹仲达曹衣出水、吴道子吴带当风的衣饰线条法与希腊罗马丝绸造像相映生辉，分别是东西方表现衣饰的巅峰艺术技法，为世界艺术史留下了标志性的绘画风格。

二、马可·波罗：游记开启西方对东方的文学想象与浪漫精神

将地球另一端作为目的地进行探险、不惜身家性命也要到达的故事，在古希腊罗马千余年之后，又得以轰轰烈烈地上演。只不过这一次不是帝王的推动而是一介平民，目的地也不是丝绸之路终点的西方而是遥远的东方。起点成为终点，终点成为起点。这就是伟大的马可·波罗和他不朽的传奇。

从民俗学的角度看，风俗的被描写程度和其中的深广度，是亲历与否的一个重要试金石。马可·波罗在风俗方面是很用心用功的，“专事访询”做得就是民俗调查了。其游记中突出的民俗事象有关于纸币、关于丝绸、关于陶瓷、关于中国的桥、关于若干生活习俗，等等。马可·波罗在游记中记录的习俗，大多都可归为后世人类学范畴的民族志现象。真正的民族志和人类学是大航海之后才逐渐兴起的，马可·波罗是启发启动这个学科的先驱者之一。他的很多记录我们必须从人类学的角度才能真正理解其意义、价值。

以游记文学、传奇体式展现中国，开启西方的东方想象，打开西方思想的空间想象力。文学的浪漫主义为资本主义初期的创业雄心和探险精神添加了动力和想象力，它设立了一个瑰丽的远方和诱惑的目的地。以东方为目的地和终点的大航海，最终导致新大陆的发现，进而实现了环球航行，世界历史从此进入一个全新的时代。

三、利玛窦：学术开启东西方文化双向互动的深知与碰撞

东西方文化的相遇、看见、了解，也遵循着人类认知的一般规

律，即对他文化的认识有两个路径：一是由浅入深、由外及内、由形象到抽象、由物质到精神的过程；二是由传播的单向性向双向性深化，从一来一去向你来我往和双向同步发展。

16世纪以来，东方和西方文化的交流由于意大利人利玛窦的出现，标志着这种交流进入到一个互为目的地、互为出发点的新模式和由浅入深的深层次的历史阶段。利玛窦采取的是入乡随俗的策略。利玛窦的具体做法包括以下方面：学习并掌握汉语，甚至达到可以用汉语做五言、七言古诗；学习中国礼节习俗；改装易服，像中国士人和忠厚长者一样留发蓄须(先模仿佛教僧侣并着僧服，继而改着更为世人尊重的儒服，模仿儒雅之士)；融进士人群体和文官之中；攻读中国经典，特别是四书五经；在自己的住所举办西方“科普展”，展示、讲解、宣传从西方带来的地图、圣像、圣经、图画、乐器、天文仪、玻璃器皿、地球仪、图书、三棱镜、自鸣钟等；从地方官、外放官、京官、重臣，直到皇帝本人，一层层、一级级深入中国主要阶层和核心权力。

利玛窦的实践、追求、理想是东西方交流互为目的地双向互动和中西合一。他对中国历史、哲学、文化、风俗的深描，使东西方文化首次实现了双向的深度交流和比较，引发了文艺复兴的启蒙运动，引发了欧洲思想家们对西方的批判，引发了中国近代科技启蒙，引发了西学东渐、中学西传的大潮。他让我们思考，文化交流的差异性会导致互鉴和启发，也会导致冲突和对立，掌握一个度和临界点，需要一个循序渐进的过程。

(作者系北京师范大学中国文化国际传播研究院京师特聘教授，中国文学艺术基金会副理事长兼秘书长、中国文艺评论家协会副主席)

从戏剧创作看中外文化影响力的交互表现

田卉群

戏剧是什么？这是一个常见的问题。从当下看，戏剧更像是一种城市的治疗，用来挽救城市生活碎片化，在我们生活中重新建立一种仪式感。正如彼得·布鲁克所说的："我们越来越需要去细细品味生命中的任何瞬间。我觉得这是剧场可以做到的。在剧场中我唯一的目标是让大家在一两个小时的体验之后，以某种方式获得比走进剧场前更多的对于生活的信心。"在这种仪式感的建立中，特别需要通过特定场域完成中外观众的互通，因此它也成为文化交流的重要方式之一。

戏剧《酗酒者莫非》，改编自史铁生的小说《关于一部电影做舞台背景的戏剧之设想》，由波兰导演陆帕携手中外戏剧团队演绎。这出戏按照原著的要求，将电影和舞台相结合，舞台背景是一个巨大的电影荧幕，话剧中酗酒者则是一个在舞台上白日梦游的醉鬼，故事和人间真相都由这个喝醉酒的抑或真正意义上比我们更清醒的醉鬼说出。全剧长达五个小时，剧情进展非常缓慢，就是这样的缓慢，使得这部杰出的当代戏剧更接近于安东尼奥尼时代的电影。导演陆帕曾表示："我对时间的感受和理解就是这样。我很讨厌一个故事被讲得太快，故事应该讲得深刻，如果只关注时长和速度，好像看动作片一样，让我很讨厌。”陆帕不仅对讲故事的戏剧很失望，甚至认为单纯讲故事的戏剧根本没有资格走进剧场演出，那是电影媒介应当去做的事情。他指出：“电影可能是一个讲故事的媒介，戏剧更像一个仪式。它比心理专家更能帮助我们自我了解，也更可能改变人生，我们在看戏的过程中，会有一些新的思考问题的角度。”

有的观众认为这部剧又长又无聊，有的观众则觉得一个星期都没有办法走出这五个小时，这是一个非常奇特的存在。就舞台置景来说，台上有一块大银幕，有时这个银幕会非常大，有时又像16毫米电影胶片一样，成为现场一个很小的背景。在中国文化中有南柯一梦、黄粱一梦、庄周一梦。这块银幕就像一堵墙，随时呈现主人公与梦中人、现实与梦境的对话关系。当主人公向银幕后面缓缓走去，另外一个他就在银幕上出现。例如当酗酒者莫非与他的妻子对话的时候，他的妻子就在银幕当中出现，然后从银幕后面出画，这是人在画中，与梦境对话的关系。

《酗酒者莫非》截图一

《酗酒者莫非》截图二

《酗酒者莫非》截图三

此外，莫非吸引了一个外国女记者跟他探讨中国当下存在的各方面关系。当莫非没有办法再跟她交流的时候，他跟着三个女子走向后面，银幕之门被打开，他们直接进入画中。这部戏剧还采取了现场同步影像拍摄，当莫非跟他的妻子痛苦地对话，讨论要不要生一个孩子，要不要把孩子带到痛苦中的时候，巨大的即时影像把他俩的痛苦挣扎投射到银幕之上，影像与现实再次形成了强烈的对话关系。

《酗酒者莫非》截图四

除了莫非与妻子以及莫非与其他的人对话以外，每一幕都由一位女演员把手机影像投影到银幕上，这是一个国外陌生人的梦。投影越来越深邃，模仿着某种无限的镜像，母亲的影像无限投射在其上。莫非在跟童年时的他讲话，你不要长大，不要成为我。与此同时，莫非也跟他梦境当中三个女子讲话，梦中的三个裸体女子是他的噩梦，这三个女子越来越逼近，直到跟他成为一体。这是莫非死去七天才被人发现的一个鬼魂，他跟他妹妹的对话，走出去的身影直接呈现在停尸房，这其实就是他妹妹闭锁的生活。

《酗酒者莫非》截图五

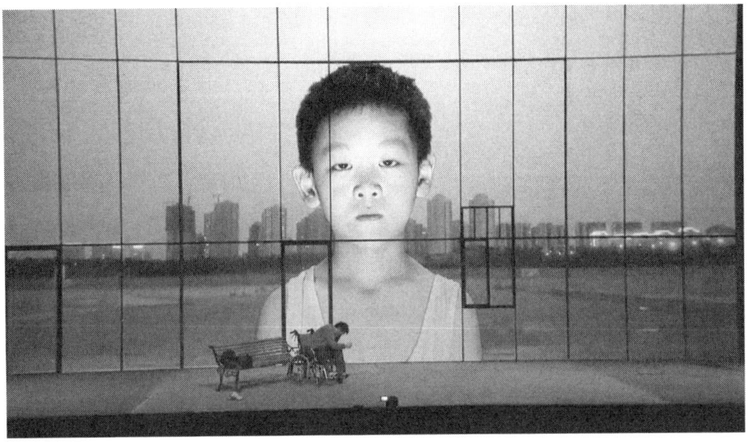

《酗酒者莫非》截图六

庄周梦蝶开启了关于存在的深思，“不知是周之梦为蝴蝶欤，蝴蝶之梦为周欤”。此后，南柯一梦、黄粱一梦、红楼梦开启了一个个带有哲学思想的梦境。《酗酒者莫非》跟他们有一脉相承之处，又有不同之处。世人皆醉我独醒，莫非跟很多人对话，跟他们讨论存在与生存，他是世人皆醉我独醒的矛盾的宿醉者，却始终试图唤醒梦中人。陆帕团队用极其精妙的舞台影像和现场表演的切换，把握了缥缈的“梦”与“醉”。

关于中外戏剧创作中的交互影响，质朴戏剧也是一个很好的例子。所谓“质朴”，即是剥去戏剧非本质的一切东西，消除本身有生命力的可塑性成分，引导演员走向最基本和最有目的的创造——生命本能与博爱。正如格洛托夫斯基所说的，戏剧是发生在演员和观众之间的东西，其核心是对峙，而演员是一个行者(doer)，展现真实行动的同时触发观众深层情感，抛弃非本质，直达下意识，忘我，最终返回内在核心。在托马斯·理查兹导演的《客厅》中，舞台上呈现出一个客厅，我们作为观众就坐在客厅当中，像是闯进了质朴戏剧的客人一样。导演、演员坐在观众中间一同分享蛋糕，一切被毫无障碍、毫无保留的传达给观众，即便演员所说的台词是未经翻译也没有字幕的。在这里，东西方文化进行了仪式、献祭层面的直接沟通与冲撞。因此，我认为戏剧最容易达到不同文化间的沟通和交流。他们把剧场变成了戏剧奉献的一场仪式，使我们能够共同感受他们所要传达的神秘的一切。

《客厅》截图一

《客厅》截图二

导演托马斯还提出，他在训练当中可以激发一种能量，在有机体内占据一定的位置。他察觉他的能量中心围绕腹部这片区域，跟生命活力相联系。在某一时刻，就好像身体当中的冲突之源接受了这种能量。这样的描绘非常奇特，我觉得他就是描绘中国道家武功修炼的丹田之气。在他进行这种传统仪式和形体训练的时候，感受到所谓丹田之气的存在和能量的释放，以及某种东西被击破以后能量寻找到的出路，从而使演员到达一个终极神秘状态的过程。很像中国的修行。

《客厅》通过表演，莫非通过戏剧的构造，各自在潜移默化中完成了中外文化的交流。下面我想谈一下场域与不同国家的戏剧交流。希腊戏剧导演特佐普洛斯一直致力于在古希腊废墟中带领剧团进行古希腊戏剧的演绎。他的演员通过各种各样的形体让自己进入近乎迷狂的酒神状态。2019 年，他们在乌镇的水剧场演绎了《特洛伊女人》。水剧场是乌镇一个露天剧场，本身是乌镇传统建筑的废墟，因此它与古希腊的废墟有某种共同之处。

乌镇水剧场

水剧场的《特洛伊女人》截图

在中国，戏剧不仅仅在专业的舞台和戏剧节展活跃，在大学、中小学校园中，戏剧创作同样体现出旺盛的活力。北京师范大学艺术与传媒学院的硕士研究生创作了舞台剧《兰若寺》作为毕业作品，它改编自中国古典文学《聊斋志异》。创作历时 3 年，剧本策划与创作、舞美设计、视觉设计和主要演员绝大多数为北师大毕业生和在校学生。他们努力探索新颖立体的舞台语言，将永恒的主题“情与爱”“美与善”表述得如歌如画，配以戏曲身段、轻歌曼舞、诗吟箫笛，以及多媒体的神奇变化和灵空声效，使整个舞台美轮美奂。

《兰若寺》截图

我们把《兰若寺》带到蒙古国戏剧节交流的时候，一个蒙古国的戏剧女教授说看了这个戏的片段，觉得是对“空的空间”的一种阐释，为什么这位教授看到这出戏联想到“空的空间”？因为这出戏的舞台上一无所有，只有几万米白色细绳子在后面搭建成类似银幕一样的东西，演员可以从它中间出入场，再有就是巨大的投影画面在其上。而“空的空间”是指选择任何一个空间都可以称它为空空荡荡的舞台，一个人在别人注视之下走过这个空间就构成了一幕戏剧。正如彼得·布鲁克所指出的，摒弃其他的杂质，摒弃僵化粗俗的戏剧，直面知觉神圣的戏剧，让戏剧变成永恒的革命。莎士比亚剧作的演员用健身房的方式进行演出，而并不在意舞台舞美等豪华背景。空空荡荡的舞台有错吗？为什么要在舞台上摆上各种各样的道具？戏剧是“永远的革命”，“在这里，人们可能在绳子上、在地上、在空中，他们可以跳跃、摇荡、悬挂、飞行、蹦跶和奔跑。这就是空间。”我觉得这特别适合校园戏剧，我们不想束缚学生们的思维，也不想制约他们于烦琐奢靡的舞美，只要他们在空间中让创造力得到全然自由的释放。这也是我们校园戏剧受西方戏剧理念影响之后的一种产物。

（作者系北京师范大学艺术与传媒学院影视系教授）

“第三极文化”的结构及其建构价值观

梁玖

尽管才刚进入 21 世纪 20 年代，可迎面而来的几件事情却让人不得不深思——这个世界怎么了？事实上，由各族群彼此构成的人类世界不仅需要安宁，更需要能够生成安宁的智慧、思想、制度和调控方法。而这一切的最关键因素取决于文化。一句话，人类需要确保包括学术、社会、国际关系、生命安全、族群发展的有价值的思想文化。作为已逾 14 亿人、有持续自在性经典文化传统的中国来说，应当是能持续产生和贡献大思想、大价值的国家，一如老子与孔子等先贤创建伟大的思想文化那样。中国在 21 世纪初萌生的“第三极文化”理论，就是一个“重建专门理论及个人观点”①的、具有引领当代中国文化建构与促进人类社会发展的新理论。

---

① ［法］勒内·格鲁塞：《东方的文明(下册)》，447 页，常任侠、袁音译，北京，商务印书馆，2017。

一、"第三极文化"是当代中国文化与学术的原创理论

在实现中华民族伟大复兴的征程中，不仅要深刻认识不断生成中国新时代新理论的重要性，而且要能够实在地创生出与时俱进的有时代特征与价值的新知识、新理论和新学说。"第三极文化"的提出及其"第三极文化理论"的确立，是对"认知到不断生成中国新时代新理论"命题的回答与实在方案。

学术的使命与职责就是要往前一步。我们只有持续地"往前一步"创生出新的思想、新的理论、新的知识，全人类才会不断获得新的文化、新的文明、新的生活方式。

从历史大视野看，中国自身的文化是成体系的。多的不讲，只要读一读被中外学者誉为中国先秦军事理论集大成之作和"军事百科全书"，同时也是字数最多的中国古代军事思想理论著作《六韬》，就知道和明白中国传统文化的自成体系特质及其不可替代的价值所在。我们而今的任务是要好好地研究中国传统文化的新形态、新价值、新功能，使之具有更完善的一套形态与价值观，便于对当下和未来的国人、对人类有更大的引领价值。"第三极文化"理论的萌生，不仅是生得其时，而且是一个关于当代中国文化与学术认知与建构的原创理论。更准切地说，由北京师范大学资深教授黄会林与先生绍武于2009年提出的"第三极文化"理论，是当代中国知识分子履行中国当代学术职责的成果。正因如此，当下更有必要对其进行持续性、深入和提升性的研究与建构。恰如北京师范大学校长董奇教授所说："'第三级文化'是黄会林教授和绍武教授顺应时代发展需要，与时俱进提出的一个在不断研讨、丰富、变化和发展的概念。实际上，这一概念也是整个人类社会发展规律的体现，综合了社会、政治、经济发展规律的大势所趋。如何适应中国社会发展，顺应世界文化发展的基本规律来进行研究，做好'第三极文化'理论建设工作是一个

重要课题。”[①]本文正是基于“再认识”这样的逻辑起点，尝试对“第三极文化理论”的自在知识系统及其建构价值观予之进一步探析，以求最大化实现“第三极文化理论”的认识引领与建构价值。

(一)“第三极文化”有不可替代的意义与作用

无论是“第三极文化”的提出，还是“第三极文化”理论确立所发挥的引领和建构等实践作用，都在学理建构与实践指导上具有不可替代的价值与意义。

第一，“第三极文化”具有“提出即创造”的认识论学理意义。“第三极文化”的提出与建构发展本身，体现了独立创建学理的价值与意义。“第三级文化”提出之始，具有“理论”性思考的特性与系统性内涵。“第三极文化”的提出和阐释，避免了“口号”式、“金句”式的术语形态，是基于一定认识逻辑、自我定义、自在阐释和价值定位、功能设定与目标预设的理论建构行为。从当今的视角看，“第三极文化”是当代中国知识分子“针对当代世界文化格局”，在反思与探路过程中对人类族群文化自信、理论自信、思想自信与族群社会责任的自觉反映和建构结论。这在黄会林教授的谈话、演讲、论文、著作等专题学理建构与阐释中可以获得系统的认知。包括《关于“第三极文化”的思考》(2009 年发表论文)、《坚守民族文化本性 创造不可替代的第三极级文化》(2019 年演讲)[②]、《学术知行》(2020 年出版专著)。因此，在当下深入认知“第三极文化理论”时，除了要认知“第三极文化”的独创意义与不可替代的引导作用之外，首先需要认知和理解的是“第三极文化”与“第三极文化理论”的区别。“第三极文化”，是一个专项性指代术语；“第三极文化理论”，是一套本土性原创的文化认识论与文化建构论。而且是中国当代主体性认识的“理论”、文化的“理论”、方法的“理论”。“第三极文化”与“第三极文化理论”是互为关联与支撑的关系。

---

① 董奇：《中国文化的责任与第三极文化理论的价值》，见黄会林主编：《中华文明的现代演进——第三极文化论坛(第一辑)》，北京，北京师范大学出版社，2011。

② 这是黄会林教授先后应邀在中组部组织的特殊讲堂上的演讲主题。

一是“第三极文化”的专指性学理。基于人类文化而言的“第三极文化”，是特指“中华文化”这“一种类型文化”。即“第三极文化”是指“中华民族几千年生息繁衍过程中逐步创造、积累并传承下来的文化复合体。”[①]并揭示和强调“第三极文化”具有的确证性、族群性与复数性特质。一句话，第三极文化＝中华文化。在1840年之前，中华文化一直是族群自信、自足、自恃的经典文化。之后，中华文化直到1949年才获得了再次重振。“第三极文化”的确证性，是指中华文化是不用再反复证明的、早已被公认的人类文化时空中一个独立的、有价值的思维系统、知识系统、话语系统、思想系统、符号系统和行为模式系统。如果了解英国著名生物化学家和中国传统科学文化史家李约瑟“对四千年来中国科学技术和科学思想的发展”所做的全面与系统的研究及其巨著《中国的科学与文明》(*Science and Civilisation in China*)，就能直接明白这个定律。“先在承认”，是指居于主体思考地位并左右自己选择或忽视的思维认知。比如：日常口语中“不过脑子就答应了”所反映出的本质内容，便是一种先在的思维反映状态与行为结果。其实，人们平素所谓的自卑或自信，是典型的先在承认的外化表征。即个人自己的先行意识固化了自己“能”或者“不能”的价值判断与认识结论。“第三极文化”的族群性，是指中华文化自身是由中华各民族在历史演变中创生与吐纳内外文化而融合成的经典文化。“第三极文化”提出的参照系或坐标，是把“欧洲文化”定义为“第一极”的先在形态，以及把“美国文化”定位为“第二极”所致。这个认知与定义的最原始依据有两个：一是从电影艺术的萌生与演进中获得的明确认知。黄会林教授在《学术知行》中讲道：“电影诞生于欧洲，并在欧美形成主流发展模式。欧洲电影和美国电影在电影形态和影响力方面各有特色，互有交织，共同构成了世界电影的主流模式，在电影文化格局中形成了两个既相互关联又彼此区

---

① 黄会林：《关于“第三极文化”的思考》，见黄会林：《中华文明的现代演进——第三极文化论坛(第一辑)》，北京，北京师范大学出版社，2011。

别的‘极’。”[①]二是从人类文化演进的历史整体性与影响力中分析、揭示。《关于“第三极文化”的思考》中讲：“‘第三极文化’的第二层含义，是指在梳理、总结、继承和发扬中国文化中最为突出、最具特色、最有代表性的内容基础上，把中国文化放在世界文化的背景下加以观照。具有数千年传统的中国文化在其独特性、影响力和对世界文明的贡献上，亦可成为欧洲文化、美国文化之外的‘第三极文化’，它与欧洲文化、美国文化及所有其他文化或相互影响，或相互借鉴，共同构成丰富多彩的人类文化图景。”[②]“第三极文化”的复数性，是指中华民族文化是自身丰富的对他者有不可替代的多样性价值的标识性经典文化。对此，黄会林教授从“人文精神”“伦理观念”“社会职责”与“和合存在观”四个方面做了系统地论析与结论。总之，“第三级文化的第一层含义，是指首先要在中国文化自身系统内部进一步梳理、总结、继承和发扬其最为突出、最具特色、最有代表性的内容，这些内容成为中国文化自身范畴内的‘极’。”[③]这也是“第三极文化理论”生成的重要事实依据。

二是“第三极文化”的建构性学理。建构性，是指确立持续创生新文化的发展论。基于谋求中华文化发展而成型的“第三极文化理论”，是特指一种新兴理论及其思想性学说。也就是说，“第三极文化”的建构性，是体现在由阐释“第三极文化”自身而衍生成型的一种理论形态。黄会林教授曾从“学术研究”“艺术创作”“文化传播”“资源整合”四个范畴界定了“第三极文化”的内在学理。如果历时地看，第一阶段及其第一层面的内涵，是对“第三极文化”术语、概念的提出。第二阶段则是由阐释和论析“第三极文化”而形成的一套理论学说及其系统——“第三极文化理论”，或称为“第三极文化论”。本文就是针对“第三极文化理论”这个研究对象而展开系统思考的。

---

① 黄会林：《学术知行》，401页，北京，北京师范大学出版社，2020。

② 黄会林：《关于“第三极文化”的思考》，见黄会林：《中华文明的现代演进——第三极文化论坛(第一辑)》，3～4页，北京，北京师范大学出版社，2011。

③ 同上书，8页。

第二，"第三极文化"具有理论"引领"的实践价值。"第三极文化"的提出和定位，不是"书斋"式或"纸上谈兵"式的，而是基于明确定位、目标清晰的一系列的文化建构活动。也正是在不断阐释与实践"第三极文化"的过程中，渐次进入到"理论"领域和升华到"文化学说"的高度，自觉、自为、自然地形成了"第三极文化理论"，这是"第三极文化"的一个质变性发展。

一是开辟了新的学术研究领域与主题。自从提出"第三极文化"之后，围绕着"第三极文化"的主旨、内涵、意义和实践，展开了包括专题讨论会、论文撰写、课题申报、著作出版、学术会议等多种形式的学术研究活动。而且"已经引起学界的高度重视，其研究正在稳步开展并逐渐深入。"[①]诚如专家所言："'第三极文化'既是一种象牙塔式的学院的高精尖的思想理论，也是一种广场式的大众的普及的实践理论。它诠释了'大学者，大师之谓也'的定位，为后学开辟了广阔的理论道路和学术空间，树立了学术范式，也为社会提供了深刻的学术思想和理论启迪。……它所取得的理论与实践的丰硕成果，是近10年来文化艺术发展中罕有能与之匹敌的'第三极文化'现象。"[②]从中显然可以看到学界已经把"第三极文化"认定为是一种理论。同时，也揭示出"第三极文化理论"业已成为中国当代学术中一个自在研究领域。

二是开启了新的实践时空与途径。自"第三极文化"观念确立以来，以黄会林教授为核心的学术团队创设性开展了多形态的实践活动，取得了开创性的好成绩。多形态的实践活动包括内在建设与外在作用发挥的实践活动——"创建工作团队与组织""举办学术主题会""请进来""走出去""创造作品"等系列主题活动。其一是北京师范大学与美国国际数据集团合作成立了"中国文化国际传播研究院"（2010年），并以此为载体开展了促进文化之间深度认知和理解的多

---

① 黄会林：《学术知行》，437页，北京，北京师范大学出版社，2020。

② 向云驹：《回应时代问题的文化战略理论——我看"第三极文化"》，载《文艺报》，2018-04-11。

种双向交流活动。其二是连续多年举办“第三极文化”学术研讨会。如 2010 年和 2011 年在北京举行了包括美国前总统卡特都来出席的国际研讨会。其三是请进来。从 2011 年开始创设和持续开展了名为“看北京 · 外国青年暑期 DV 计划”与“看中国”(已经办了 8 届)的活动。期间，邀请了 55 个国家的 508 名外国青年来中国拍摄今日之中国，取得了被习近平总书记肯定的重大效果。正如黄会林教授所说：“这个项目在外国青年和中国青年之间架起了一座‘彩虹桥’。更重要的是，我们以开放的姿态欢迎外国青年用他们的镜头记录中国，用他们的足迹丈量中国，用他们的心灵体味着中国与中国文化。可以说我们一直走在理解传播和践行中国优秀文化的道路上。”[①]其四是走出去。自 2012 年开始持续开展了与美国、法国、俄罗斯、英国、希腊等国的大学和研究机构的名为“走出去”的国际论坛等交流活动。其五是探索创作出了一批新的文化作品。自 2011 年以来，除了学术论文发表和出版学术著作外，还创作了多种艺术形式的多部作品。包括一部 80 多万字的长篇小说《红军家族(前传)》(目前正作为电视连续剧在拍摄中)、一部名为《九天——1979 年邓小平访美》的电视纪录片、一部名为《司徒雷登》的电影剧本、一部名叫《“一带一路”文化巡礼》的大型人物传记类纪录片，等等。总之，这些紧扣“第三极文化”观念开展的实践活动，不仅验证了“第三极文化”观念及其价值，还为“第三极文化理论”起到了推进与落地检验的作用。换言之，诸多旨在外化实践“第三极文化”观念的活动，如今已经成为“第三极文化理论”自身学理构成的系统内涵。

总之，“第三极文化”的提出，的确具有“高居而远望，深视而审听”[②]的学术站位与思想高度。因为“第三极文化”建构的逻辑、主旨和时空结构，在创始人提出时就确立为：“经过努力建设，使之逐渐成熟，成为中国文化的标志。从学术层面看，它试图建立一套话语

---

① 黄会林：《学术知行》，440 页，北京，北京师范大学出版社，2020。

② 《六韬》，陈曦译注，61 页，北京，中华书局，2017。

表达体系，努力寻求独立的声音、独立的认知方式和表达方式。”①一句话，“第三极文化”是走向“第三极文化理论”的基础阶段和不可替代的观念。

(二)“第三极文化理论”的内涵结构维度与系统

随着对“第三极文化”认知的深入，如果仅仅把“第三极文化”确立在对中国文化的先在确证与承传守候上是不够的。笔者主张从“族群社会”与“认知结构”两个基本维度切入，更深入、更系统、更完善地探究与阐释“第三极文化”理论形态的内涵与价值。

第一，定义“第三极文化理论”。由“第三极文化”发展成型的“第三极文化理论”，是有自身的边界和内在系统的。那么，如何让其呈现得更清晰、更易于被认知和运用，是一个值得做的实务性课题。

一是尝试寻求研究的学理新视点与方法。要让“第三极文化”的学理思想更明确、价值意义更显明，需有清晰的解析方法。

人类的所有文化都是在特定族群及构成其的具体社会时空中生成的。族群社会，是指由有稳定渊源与共同文化特征的人群构筑起来的关系生态空间。简言之，族群社会，是由族群自生围合形成的自适秩序组织。如果一个族群不能生成自适的组织共同体，是很难积聚起来维护自身权益的。族群存在本身就是一个社会形态的表征。每一个族群社会都有它自在的主体性格与生活方式。正因如此，每一个族群社会的文化才更显其原生性、主体性、鲜活性、变生性和丰富性。任何一个族群社会的文化都不是封闭的，其吐纳变生性始终随其生活而变迁。变生，是指善于在变化中产生新的内容。所以，在探究和深入建构“第三极文化理论”的过程中，不能忽视“族群社会”这个“透视镜”式的时空范畴。立足于具体族群及其社会来认识、理解、建构和运用“第三极文化理论”是必由之路。著名历史学家许倬云在谈到中国文化与希腊文化的产生原因和结论时曾说：“希腊是由‘城’一步步扩大成一种文化势力的，中国则是‘国’，两种观念不

---

① 黄会林：《学术知行》，440页，北京，北京师范大学出版社，2020。

一样。文化起跑的时候，中国是以‘国’为起跑点，欧洲则以‘城’为起跑点，所以我们是‘天下之国’，他们是‘上帝之城’。”①这表明了四个意涵：其一，文化都是在人类各族群及其构成的具体社会里产生的。其二，各族群社会的文化起始点是有不同根源性差别的。其三，有助于理解在“第三极文化理论”中称谓的“第一极文化”(欧洲文化)与“第三极文化”(中华文化)的本质性区别。其四，理解“第三极文化理论”实质上是一种“质本圈层文化论”。质本圈层文化论，是指主张一种文化存在总是以自身特质为半径分界构成自在文化系统的观念。无论是欧洲文化、美国文化还是中华文化，都是属于有自身特定圈层性质的存在形态。因此，这揭示出“第三极文化理论”应当是一种从族群、社会、属性、气质、价值、影响力等方面予之区分性识别和变生建构的理论学说。许倬云在论及“美好的世界”这个议题的时候，针对经济全球化趋势说过：“世界本应同中有异，方能留下抉择余地，一切同质，也未必是好事。”②这再次证明了“第三极文化理论”生成的可贵价值。

事物生成和存在往往是结构套叠事实化复数形态。结构套叠事实化复数形态，是指一个存在“整体与系统”式自行组成的因素和分类、分层的系统。“第三极文化理论”即具有结构套叠事实化复数形态特征。运用“认知结构”方法，便于更深入和系统地认识、研究、建构和运用“第三极文化理论”。认知结构，是指个体解析性应答对象是应诉求形成明白性合理框架的组成关系。解析性应答对象＝认知；明白性合理框架组成关系＝结构。认知，是指个体感知和解析对象形成明白性结论的反映过程。明白性结论包括：有主体内化后清晰的意识、承认、直觉、概念、原理、观念、思想、规格、定理、公理、模式、定律、原则、想象、是非等成型内容。比如法国著名历史学家，被誉为“亚洲史研究界泰斗”的勒内·格鲁塞(René Grous-

---

① 许倬云：《从中国历史看世界未来》，见陆挺、徐宏主编：《人文通识讲演录·历史卷》，北京，文化艺术出版社，2007。

② 许倬云：《历史大脉络》，394页，桂林，广西师范大学出版社，2009。

set)，在论及中国古代的“饕餮”“龙”等中国特性神物后，反对用类比西方而否定中国自适创造的做法。他说道：“我们认为这种探讨是虚妄的。有什么必要去假设中国文明先天上就如此贫瘠困乏，产生不出自发的原始形式呢？为什么单单这一文明要限于只作改编和同化的角色呢？……反而就在他们本身特质中看到中国天才的标记。中国心灵在古代……的特殊贡献。”①结构，是指一个“有”的组成关系。有＝实有＋虚有。组成＝分类连接。组成关系＝形式＋意义。不过，本文所说的“认知结构”与教育学中所论美国心理学家、教育学家杰罗姆·布鲁纳(Jerome Seymour Bruner)关于学生学习获得“知识结构”的“认知结构”观念不同。布鲁纳所讲的是“获得”既有的编码知识。本文所论的“认知结构”，是指一种谋求“以结构的方式解析”特定存在是“怎样一个本质性存在”状态的方法论及其方法。简言之，于此所论的“认知结构”，是诉求行为“在前”的研究应答生成知识的认识论与方法论。布鲁纳所讲的“认知结构”，是诉求行为“在后”的学习获得知识结果的认识论与方法论。总之，通过“认知结构论”能够以先在意识解析“第三极文化理论”的结构套叠及其价值。

二是“第三极文化理论”的结构与意义。基于介入“族群社会”和“认知结构”的学理与方法，在此，我将通过以界定本质与明晰结构的方式，探析何谓“第三极文化理论”这个命题。

“第三极文化理论”是基于“第三极文化”观念的深入探寻而升格为一种思想性系统学说的。由“第三极文化”观念升华出的“第三极文化理论”有四个基本指标。(1)族群主体性。“第三极”之称，是强调独立“主体性”文化存在这个实质。(2)守候族群文化资生性。资生，是指作为支持帮助族群生存和生活的资源性资本。“第三极文化”强调要基于族群文化主体性，要学习和谋求族群文化给予自己的有效滋养。比如作为中国人，拥有中国传统文化的根基与教养，于自己的人生不会是坏事。儒家文化强调个人应当修身养性成为具有仁爱

① ［法］勒内·格鲁塞：《东方的文明(下册)》，常任侠、袁音译，462～263页，北京，商务印书馆，2017。

品质与“天下为公”思想的君子。那么，如果自己成为一个有浩然之气、堂堂正正、彬彬有礼的君子，难道不是幸事吗？(3)倡导族群文化的变生性。“第三极文化”是强调在传承基础上要与时俱进地融合创造新的族群文化。(4)族群文化的互生性。互生，是指主体文化之间互为促进与发展。“第三极文化”强调要充分发挥族群文化对人类的贡献价值。所以，认知和运用“第三极文化理论”，应当深刻理解“第三极文化”观念具有的主体性、资生性、变生性和互生性特质。

本文主张从三个维度去定义“第三极文化理论”。其一是基于“第三极文化理论”的四大本质指标，其二是自适和理想两个观念，其三是从存在与关系、关系与价值、价值与意义等范畴因素来导出对“第三极文化理论”的定义。

所谓“第三极文化理论”，是指类别性确认基于族群文化主体价值的创生发展互利建构学说。“类别性确认基于族群文化主体价值”，是特指“第三极”。“第三极”的“第三”，是存在“分类”的符号或称谓。“第三”之“三”的核心意义有两个：有序＋有生。有序即观照。也就是眼中有人。即明白“自我”与“他者”文化存在的价值与力量。有生，即生发力，也就是诉求彰显族群各自不同的独自创生力量。“第三极”的“极”，从原理上讲，极是指一种分类识别后的具有不可替代的经典性象征。从族群视点看，极是指族群自己最突出的、为其他族群文化那一“极”所不具备的特点与亮点。与他者文化的关系相映成趣，一起成为丰富多样的人类文化的组成部分。从整体视点和结构性分析“第三极文化理论”中的“第三极”，包含着两个指向意涵。一是原初的特指意涵，即“中华文化”；二是变生的学理意涵，即融合性更新建构出新之论。也就是举一反三之创造理论。“第三极”，不是极端化、不是民粹主义、不是唯一化的自恋意识与自闭诉求之旨。恰恰是主张人类文化乃“多元格局之分义”式的求同存异关系。从性质上看，“第三极文化理论”已经不是单一性地只等于“中华文化”。“第三极文化理论”的“第三极文化”含义，已经转为一个象征人类族群文化的概念。作为学说的“第三极文化理论”，则是专指一种揭示族群之人如何更好地创造性推进“族群文化”能够获得新生化、利己益他性发展的专门理论。简言之，“第三极文化理论”的主旨是力主“创生发展互利建构”的族群新文化。作为一种新理论，“第三极文化理论”是主张“创生发展互利建构”族群新文化的一种思想学说。“创生发展互利建构”，是指族群文化主体不断诉求在守候自身文化传统基础上的变生性创造出的族群文化新形态和新价值。这种“变生性创造出”的“族群文化新形态和新价值”，既是族群文化的新生长之代表与标识，又是对他者有慧助性获益之价值存在。这都是源于“第三极文化理论”是肇基于作者对自身族群文化的深度认知与现代创造责任，其以独立的学术勇气，既揭示了认知与处理族群自身内部文化的新与旧及其继承与发展的方法论。也揭示了认知与处理世界族群文化间彼此关系的方法论。既力求避免和解决族群文化的自卑性问题，又力求避免和解决族群文化存在的彼此不相容、高下之争、中心与边缘之论的弊端。所以，“第三极文化理论”既是提供引导族群文化发展的理论、又提供了“文明冲突论”的解决方案，也是对人类文化未来学的应答与建构。进一步讲，当今为何流行工具理性主义？追逐物质利益为何成为个人信仰？为何普遍出现了族群精致文化失宠问题？为何程度不同地出现族群传统文化式微问题？又为何说当今中国在艺术创作上存在“有‘高原’缺‘高峰’的现象”？究其根本原因，是在于欠缺有现代思想的有力度的本土性价值引导理论所致。“第三极文化理论”的兴起与成型，不仅正好在一定程度上弥补此类学理的缺失，还真正为如何增强自信、为如何主动抉择、为如何达成彼此“和合共赢”的文化生态关系，提供了现实的认知支持学理与行为思想依据。总之，基于谋求中华文化发展而成型的“第三极文化理论”，是中国当代新兴标识性思想学说。

“以结构的方式解析”第三极文化理论，可以揭示出理解“第三极文化理论”的五个结构及其功能系统与意义。这五个最基本的结构形态式是——先在确证论、承传守候论、更新建构论、见证滋养论、尊重调控论。由此五论，共同整合与分类地揭示和构成了“第三极文化理论”的——“有・自信”“存・捍卫”“生・创造”“本・资生”“惠・和合”这五个因素组成的互为关联的整体性结构系统。其作为“第三极文化理论”的本体性、稳定性、价值性有限编码知识，有自身一系列的基本概念、术语、学理、规格、功能、价值与意义等体系性内容。

先在确证论，是“第三极文化理论”的自信结构系统，也是属于根性逻辑起点的一个学理构成指标。所谓先在确证论，是指引导人们基于先在承认族群主体性地位而肯定族群文化独立价值的观念。“承认”，是万源之首。确立“先在确证论”，意味着无论认知主体是“自家人”还是“他者”，从“第三极文化理论”的立场上，都需要先明确自己持有“承认和肯定”族群文化的观念。从内在“自家人”的角度讲，这要求首先“确立文化自信”的意识与观念。从外在“他者”的角度讲，是首先“确立尊重非己族群文化”的意识与观念。由此，决定了“第三极文化理论”是具有文化认识论的学理价值。这也就进一步明确了“第三极文化理论”的学理与引导功能，是提供给个体或群体需要明确认识到关于自己独立和敢于肯定各个族群文化的主体性、独立性和价值性之品质与地位。“第三极文化理论”的先在确证论，也可称为“知论”，核心是“有”，包含两大系统。一是知道“第三极文化理论”的起首学理指标是“族群文化先在确证论”；二是知道族群文化的价值。比如，作为一个当代中国人，应当在“第三极文化理论”的引导下，更加有主动性地去深度认知和理解中华文化的独特性与价值内涵，超越性的去促进未来文化的生成形态与价值特征。

“第三极文化理论”的“有·自信结构”学理系统的先在确证论，揭示了“第三极文化理论”具有引领生成族群心灵归属感的价值与意义。在意和守候族群自己的文化，并惠施于人是一种文明伦理的体现。道德与文明是紧密相连的，失落了道德，事实上也是文明的失落。而文明失落，也是精神的失落。如果精神失落了，道德的堕落就开始了。因为，人类所有这一切都仰赖于文化的坚厚与昌明。所以，族群文化不是一个还要不要的问题，而是涉及自己能不能活的问题。丧失自己的文化，就会命运多舛。可见，“第三极文化理论”是引领族群从自信走向自强的理论。中国的现实，已经验证了“第三极文化理论”的学理价值和理论生命力。

承传守候论，是“第三极文化理论”的捍卫结构系统，也是使命规格的一个学理构成指标。所谓承传守候论，是指引导人们基于先在确证族群文化价值而捍卫族群文化存在的观念。捍卫族群文化存在，就是要求能确保族群文化的火种与生命力不熄灭。族群本身就是以文化为根的。“第三极文化理论”的承传守候论，也可称为“守论”，核心是“存”，包含两大系统，一是捍卫自己置身的“族群文化”。这是作为每一个族群成员必须履行的人生职责。二是捍卫他者的文化。这是衡量人权平等、尊重他人文化价值的核心指标因素。族群经典文化，永远是有实在魅力和影响力的存在。

“第三极文化理论”的“存·捍卫”结构学理系统的承传守候论，一方面揭示了“第三极文化理论”具有引领认识和消除“文化歧视”与“文化唯一中心论”的价值与意义。另一方面，证明了“第三极文化理论”具有宽容的文化认识论的学理价值。

更新建构论，是“第三极文化理论”的创造结构系统，也是智慧变生的一个学理构成指标。所谓更新建构论，是指引导人们基于承传守候族群文化而变生族群新文化的观念。如果说“先在确证论”与“承传守候论”是“第三极文化理论”的基础学理指标。那么，更新建构论则是“第三极文化理论”的生长力学理指标。如果一个族群的文化始终是静如止水般地没有变生创造性生长与发展，最终的结局自然是会走入“非物质文化遗产保护”的状态。所以，“第三极文化理论”的更新建构论，也可称为“创论”，核心是“生”，包含两大系统，一是力图持续创生个体或群体置身的族群新文化。这是强调族群文化的内在建构力实现。二是融合性生成增益人类文化，这是揭示族群文化间外在建构力的实现。

“第三极文化理论”的“生·创造”结构学理系统的更新建构论，揭示了“第三极文化理论”具有发掘自省使命与自适创造的价值与意义。发掘自省使命，是个体或群体基于不断挖潜而完成创造新文化的职责。其中，一是要诉求开启自己的智慧。二是着力建构性创造。建构，是指持续创生新文化。三是诉求新价值生成，价值生成，是指诉求族群创立贡献的新价值。

证明滋养论，是“第三极文化理论”的资生结构系统，也是效用取向的一个学理构成指标。所谓证明滋养论，是指引导人们基于族群文化事实来资生族群主体精神的观念。“第三极文化”强调在基于族群文化主体性确证之后，要学习和谋求获得族群文化的有效滋养。恰如黄会林教授所讲，中国“传统文化中‘仁者爱人’‘知行合一’‘道法自然’等价值观构建了中国文化之魂，以强烈的文化色彩、底板、主调、展现出民族的心理、个性、品格特色，在当今社会中闪烁着灿烂的智慧之光。”①换句话说，作为中国人而言，能够熟知《易经》《诗经》《论语》《老子》《孟子》《庄子》《墨子》《韩非子》《史记》《淮南子》等文化至少有两方面的基本价值：一是能够实在地证明自己是中国人。二是从自己的族群传统文化中可以获得天然性支撑生活的知识与精神。比如，中华文化始终有高于人道之论的“仁道主义”思想。仁道，是一种基于人性、人权和人道之上的，以爱、以美好、以守候生命之根的内在思想，和着外在的人文礼仪之高级文明形态，并用以武装和匹配人的精神世界。仁道的核心是“既博施及于众人，又不将自己的意志强加于他人。”②如果每一个中国人都拥有自己的“仁道主义思想”。那么，中国将是一个善美的“清净恬愉”的文明社会和现代强国。“第三极文化理论”的证明滋养论，也可称为“用论”，核心是“本”。包含两大系统，一是如何实践运用让“第三极文化理论”价值最大化。比如如何在深刻理解“第三极文化理论”的思想价值基础上，主动自觉地创造出经典性中国新文化就是一个现实之任务目标。二是如何用好自己族群的文化来成长自己。这是衡量能否善于运用自己族群文化来支撑自己生活与发展的核心指标因素。从北京大学原校长吴树青在 1997 年提出和阐述“为什么我们没有培养出文科大师”的命题中，是可以明白个体置身的族群文化对自我的深刻与深远的影响价值意义之所在。在所谓要有“博古通今”的规格素养中，是不能缺失自我族群文化这个根基性资本的。吴树青说：“我一直在

---

① 黄会林：《学术知行》，桂林，广西师范大学出版社，2020。

② 许倬云：《历史大脉络》，桂林，广西师范大学出版社，2009。

想一个问题，是一个什么问题呢？就是从中华人民共和国成立以后，文科特别是文史哲这些基础学科我们没有培养出大师级的学者(话可能武断了一些. 反正是非常少)。也就是说，在文史哲的基础学科中间，博古通今、学贯中西的大师级的人物我们自己培养得太少。"①

"第三极文化理论"的"本 · 资生"结构学理系统的证明滋养论，一方面揭示了"第三极文化理论"具有引领认识和积极运用自身族群文化的价值与意义。当今中国人的自信心和自豪感，如果除却了中华传统文化，至少会减去一半的力量。另一方面证明了"第三极文化理论"是具有确立感恩文化认识论的学理价值。个体或群体被置身其中的文化所证明和滋养，是应当心怀敬畏和感恩思想的。

尊重调控论。世界、社会、族群都是由关系秩序组成的。不同的族群文化之间也是有秩序的，彼此处理不好，轻者会引发族群文化主体的心理失衡，重者将会爆发不可估量的族群文化间的重大矛盾与冲突。"第三极文化理论"是一种给予正确认识和调控族群文化之间彼此关系的调控理论学说。尊重调控论，是"第三极文化理论"的和合结构系统，也是互惠功能的一个学理构成指标。互惠，即互生。所谓尊重调控论，是指引导人们基于彼此欣赏所在族群文化价值而构建调适可以互助发展的观念。无论在当下还是在未来，努力建构有助于促进人类文化之间的尊重、交流、互惠、发展的现代文化理论学说及其新调控机制是十分必要的。"第三极文化理论"的尊重调控论，也可称为"和论"，核心是"惠"，包含两大系统：一是族群内在的和合调控。这是内观的职责。二是族群外在彼此间的和合调控。这是各族群之间彼此发力构建"人类命运共同体"的职责与价值。

"第三极文化理论"的"惠 · 和合"结构学理系统的尊重调控论，一方面揭示了"第三极文化理论"双心性的价值与意义。"双心性的价值与意义"之体现，一是基于尊重文化多样性而诉求加强建构族群文化自身的话语权。二是基于族群文化价值诉求为构建"人类命运共同

① 吴树青：《为什么我们没有培养出文科大师》，载《教学与教材研究》，1997(1)。

体”做出族群对世界的贡献。另一方面，证明了“第三极文化理论”是具有世界大同文化认识论的学理价值。中华文化始终是有心怀天下与未来的思想。生成于中华文化视野的“第三极文化理论”，也是诉求既有自己，也有他人，既有当下，也有未来的思想价值学说。

综上所述，一方面，“第三极文化理论”既是一种如何对待自身族群文化的族群文化价值先在承认认识论，也是一种基于族群文化自信与主体责任的族群文化可持续丰厚创生方法论，更是一种理解和处理各族群文化关系的调控方法论。另一方面，“第三极文化理论”体系的内涵可以概括为“五论二维结构”体系。即“先在确证论、承传守候论、更新建构论、证明滋养论、尊重调控论”五项及其每一项的两个展开维度，共同构成了“第三极文化理论”结构套叠体系。这个实在的学理结构体系，既是具体认识和理解“第三极文化理论”的切入点和具体指标性内容，也是“第三极文化理论”落地实践的具体技术路线。

第二，“第三极文化理论”成型的建构价值观。所谓“建构价值观”，是指主张把诉求创造的规格作为知行高级性意义尺度。即把“建构”作为校准个体或群体知行的一种价值观。值得特别肯定的是——“第三极文化理论”不仅仅是有自在完整的学理内涵，还在发展中生成了一种规格性价值观——建构价值观。随着对“第三极文化理论”内涵与功能效用的深度探析，发现“第三极文化理论”最根本的性质与价值呈现的都是着力引导主体多向度取向“建构”的价值观。在“五论二维结构”体系中，本质上都是引领认识主体应当在多个方面“重新建立”起有明确思维取向、应答取向和实践取向的主动意识与观念。即“第三极文化理论”的五个核心学理都是具有建构性特质的。存在本身是一种自适完善。“重新建立”，其实就是一种“恒定”价值观念。价值观是指人类被认可的高级性意义尺度。凡价值观都具有先在承认引导作用与选择定位特征。把致力“建构”文化的观念定格为一种价值观，是更有助于引导和增强个体或群体的文化学术行为与创造力度。文化学术行为与创造力度，主旨是以理性获得可靠的至真。至真—洞见原创性知识、理论、方法、思想与价值。一句话，“第三极文化理论”出场的任务标识就是要不断地“去建构”。

整合和系统地看，建构价值观的基本规格性内涵有三大指标：承认、创生、贡献。“第三极文化理论”之存在意义与效用发挥的逻辑起点是承认、核心任务是创生、价值诉求是贡献。这等于是直接宣示了“第三极文化理论”是着力诉求“三要”认识与行动——要承认族群文化、要创生族群新文化、要为人类贡献族群文化价值——的一种文化建构学说与文化生成价值观。所以，结论和界定出“建构价值观”是“第三极文化理论”本质思想便表明：确证了“第三极文化理论”的更加成型和成熟；揭示出通过认知“建构价值观”能更加简便和准确地理解“第三极文化理论”；表明行为主体能够更有方法地促成“第三极文化理论”价值的最大化。

第三，“第三极文化理论”具有“存在即贡献”的价值论意义。历时地看，中国在 2009 年之前，既没有“第三极文化”这个术语与概念，也没有“第三极文化理论”这个思想学说。自其产生迄今，整整 10 年过去了。经过这 10 年的整合思考、研究和实践，证明了“第三极文化理论”作为当代中国人自己创立的一种文化建构理论与思想学说之不可忽视的增益价值与引导意义。一句话，新生的“第三极文化”理论“存在”，就是一种新贡献。“第三极文化理论”的提出、成型与价值，不仅只有学理与实践上的意义，更是具有在历史、思想、价值观生成等方面的开创性贡献。仅从“第三极文化理论”“存在即贡献”立场看，观念变革、文化再设计、重新整理发展是最基本的贡献内容。

一是“第三极文化理论”促成了民众认识和对待族群文化的观念变革。这个“观念变革”的核心，是对族群文化的正向“再认识”——确立起任何时候都不要轻视和忽视自己族群文化的珍爱观。黄会林教授反复阐释她的基本观点：“在当今多元的世界文化格局下，文化自信体现出一个国家、一个民族对自身文化发展的深刻认知，对自身文化价值的坚定认同，对自身文化影响的充分认识。”[①]随着这种

---

① 黄会林：《学术知行》，北京，北京师范大学出版社，2020。

先在确证论观念影响力的扩大，不仅是势必，而且是已经改变了一些人的轻视或忽视族群文化及其价值的认识、态度。“第三极文化理论”促成认识和对待族群文化观念变革的价值与影响力，是会随着实践量的增加越来越增强的。

二是“第三极文化理论”展示了自身文化再设计思想。再设计，是基于“再认识”性发掘而生成重新建构编码出力量知识。“第三极文化理论”引导重新建构编码力量有五大核心思想。“第三极文化理论”为当下中国知识领域和、思想领域、价值领域和方法领域，提供了——族群文化确信力、族群文化定力、族群文化建构力、族群文化阐释力、族群文化影响力这“五力”文化再设计思想。如果在实践中能够用好这“五力”文化再设计思想。那么，“第三极文化理论”的功能与价值就能最大化释放，进而彰显其不可替代的认识论与方法论的贡献价值。

三是“第三极文化理论”证明族群具有重新整理发展自我文化的能力。当中国在近代的国弱图存背景下开始了不断“中华西化”旅程久了之后，会有意或无意地产生轻视、忽视自我文化的“自卑”心理与不自信意识。这是当今为何特别强调国人要确立文化自信、理论自信观念的历史根源。“重新整理”，是要去除“泛泛之论”“空洞之论”“鹦鹉学舌之论”或“人云亦云论”。读一读李约瑟在其《中国科学技术史》第一卷中题为《中国文化的独创性》的专论文章，多少都会深入理解到“族群重新整理发展自我文化”的意义与重要性。李约瑟针对“主张中国思想和实践有特性发展中大部分来自西方的普遍论调，还难以彻底消失”①这个逻辑起点，以客观、科学、严谨态度和方法，通过大量的事实和比较研究之后，结论为“中国及其西方以及南方一些邻国之间的交流和反馈比通常设想的要多得多。尽管如此，中国思想和文化模式的基本风格仍保持着鲜明而持久的自主性。这就是中国‘隔绝’的真正含义。中国同外界的接触过去就有，但从没

① 潘吉星：《李约瑟集》，174页，天津，天津人民出版社，1998。

有多到足以影响其文明及其科学的特有风格。”①事实上，从李约瑟严谨的学术结论里可见：一是证明了“第三极文化理论”产生依循的事实逻辑依据之正确性。二是早已揭示和界定了中国文化的“特色”思想。

总之，依据人类文化形态、特质、生态和影响力，从历史性、民族性、互生性视点，提出界定和认识人类文化格局呈现学说与建构学说的“第三极文化理论”，是中国当代具有里程碑的学术原创事件。不仅是当代中国的一个新型文化建构学说，还是中国当代贡献出的一个具有世界性意义的价值观。

二、“第三极文化理论”构筑的当代中国文化价值意义

基于针对性、责任心、未来性与思想性而成型的“第三极文化理论”，除了已经明确和成型的“建构价值观”意义之外，其“启示意义”与“定格意义”也是重要和不可忽视的认识论内容。

(一)诉求中国人的当代智慧与学术成果

“第三极文化理论”的“启示意义”的核心体现在明确认识到了诉求生成中国人的当代智慧与学术成果的重要性与急迫性。当代中国是到了需要好好承接祖宗非凡文化与思想创造力的时代了。黄会林教授特别指出：“中国的历史、体量，以及在世界的角色和责任，要求我们努力建构一种与之相应的当代文化。”②无论是从中国实现中华文明伟大复兴的自身要求看，还是从中国担负的人类职责看，发掘自身主体的智慧与开创建构中国新的学术成果，都是现实和未来必须的研究课题与历史性目标。

首先需要“完成”自在命题。完成的自在命题，是指设定一个当代中国人应当时刻清醒地意识到和需要真切开创的中华新文化的历

---

① 同上书，180页。

② 黄会林：《学术知行》，426页，北京，北京师范大学出版社，2020。

史使命。这是认识和诉求在新时代创生中华新文化的逻辑起点与历史性任务。文化是不断融合与鲜活呈现的状态。族群文化的演进，如同一个家族期望不断兴旺发达的同时还要把根留住一样，无论怎么发达，其根与祖宗并没有被更改。虽说每一个时代有每一个时代的使命。但是，致力于传承、弘扬和建构中华文化这个根性任务，却是一个永恒的自在性命题。族群传统文化式微的恶果是族群心灵无归属之地。事实上，即便是带着族群厚重文化的背井离乡，也依然会“春风吹又生”般地复苏与繁茂。“第三极文化理论”的成型正好揭示出两重意义。一是自证了“第三极文化理论”内在的接力创生性。换言之，“第三极文化理论”的兴起与成型，是中国一个现实的“接力棒”式建构案例。二是提供了持续更新建构的学理与实践路径。“第三极文化理论”是既管当下又管未来世界生成的思想。因此，如何用好“第三极文化理论”，就是一个现实的新课题了。尤其是要清醒地认识到自近代以来“西学东渐”所引起的“中华西化”之风。因此，守护中华传统文化的重担，在当下比任何时候都重要，都迫切。由此，也彰显了“第三极文化理论”里程碑式的意义

有了“第三极文化理论”，在当下和未来，中国人应该继续主动地创造属于中国新时代文化的新观念、新思想、新理论和新知识。

其次需要“应答”主体担当。应答主体的担当之责，意在进一步说明族群主体要明白和回应“第三极文化理论”已经提出的职责与任务目标。同时，族群主体需要随时履行自己创建族群新文化的职责。对于中国来说，为了体现强国责任与大国担当，需要充分发掘自身的当代智慧，力求创造出更多有营养、有价值、被欣赏的中国当代文化。如此，才是亲自落实和证明了“第三极文化理论”价值。时下，再温习李约瑟和中国科学技术史专家、营养学博士鲁桂珍(Lu Gwei-Djen)在《中国人对食物疗法的历史贡献》中的结论，或许有利于推进当代国人了解“需要应答主体担当”的深刻意义。李约瑟他们认为：“看来很明显，有关饮食的经验知识，特别是有关某些营养缺乏病的知识，比一般想象的更加古老，对于这一发现，正如某些其他价值

的发现一样，必须将荣誉归之于古代中国文明。”①由此，我在想“古代中国文明”的价值是被举世确认的，那么，“当代中国文明”会如何呢？“当代中国文明会如何”，成为当代中国人面临的需要用实在的创造成果来直接回答与定格的现实性、历史性、时代性课题。

总之，当下中国作为世界的人口大国、经济大国，如何更进一步地提升创造中国新文化的水平，推进中国文化对他者的正向全面深层影响，为人类贡献更多的思想、更多的价值观、更多的智慧方案，将是中国当下和未来的自在责任和学术目标，也是“第三极文化理论”明确构筑的持续化任务与价值意义所在。

(二)形成新的自有学理与发展思想

在人类文化的演进中，不仅应当创建出有价值的学理，而且还必须建构出能够捍卫和持续发展既有学理的思想。这样，才能够真正确保有洞见的学理保持永恒的生命力，而这恰好都是“第三极文化理论”所主张、所揭示的内容及其“定格意义”的体现。如果中国仅有孔子之见而没有孟子之续业，恐难成儒学。欲实现“形成新的自有学理与思想发展”之愿景，以下三方面的议题是不可忽视的。

第一，守得住。守得住，意指族群中的个体或群体都要尽到对自我族群文化之保护、捍卫和弘扬的职责。避免忽视或在无意识中丢失了自己文化的错误出现。族群文化经典，是有不可替代智慧和实用含金量的。彰显了“第三极文化理论”的“价值观”意义。即“第三极文化理论”明确了“守住”自己的文化，是一个必须遵从的认识与行为规格。

第二，能惠他。能惠他，是指“守得住”族群文化的目的是要在于已有价值的基础上还有益于他者。基于谋求和合文化而提供认知和处理族群文化“存在间彼此关系”的“第三极文化理论”，是杜绝产生族群文化“伤害人”的克星理论，也是避免“西压中”式“被人伤害”或“污名唱衰”的护身理论，并诉求“努力打造一种旨在‘和合共赢’的

① 潘吉星：《李约瑟集》，533页，天津，天津人民出版社，1998。

新文化”①及其价值观。“清净恬愉，人之性也。”能宜己又益人的文化，自然有更高的存活度。尤其在当今的人类社会，一种文化存在与发展，是不能以霸凌或伤害另一种主体文化为前提的。“第三极文化理论”亮点性价值之一是主张族群文化要能有效惠他。文化自卑主义与文化霸凌主义都是违背“第三极文化理论”的行为，也是反人权、反人文精神、反正向价值观的错误表现。“第三极文化理论”是着力解决族群文化之间“误解、矛盾、摩擦，甚至冲突”时，推进“尊重和促进世界文化多样性，并构建人类命运共同体”②，协调解决族群文化之间的尊重、谅解、融合、和平相处的理论。能惠他，既是“第三极文化理论”的学理贡献，也是定格价值之一。

第三，要自测。要自测，是指应注重对自身理论之正反风险的自检。黄会林教授反复讲：“我们需要以一种负责的态度思考当代中国文化，诚实的面对其实绩、问题以及相应的发展可能。”③在对“第三极文化理论”研究和应用过程中，的确是需要有理论的不断验证与反思，包括对“第三极文化理论”的自我评价和再次更新建构。这其中，有三个基本方面是目前值得深度思考与实践的议题。一是加强寻求对“第三极文化理论”内在建构力水平的评估数据。二是解决对“第三极文化理论”认知的概念化问题。理论的价值，不在于一个术语，重要的是能够促成人们认知力与行动力的提升。三是解决理论内外在运用上的浅表化问题。去除实践浅表化问题的关键在于加强行为主体的主体性与创生意识，以及取得实效成果。否则，只会是停留在被动的“照章办事”层面上。

总之，应当避免单纯地从自信、影响力、复兴等基础层面来认知和理解“第三极文化理论”，应从深度思考人类组织的更完善形式、族群文化健康心态等视点理解它更高的价值。总体看，研究“第三极文化理论”，应注重六个基本的学术观念与研究方法。一是基于跨学

① 黄会林：《学术知行》，北京，北京师范大学出版社，2020。

② 同上。

③ 同上。

科的整合观与方法。二是基于内外因素交叉的双视观与方法。三是基于族群文化的归统一体观与方法。四是基于事实的立说观与方法。五是基于个体洞见的新论观与方法。六是基于个人教养的眼界观与方法。

综上所述，认识和把握"第三极文化理论"最基本的内涵，要认知到不断生成中国新时代新理论的重要性；了解"第三极文化理论"是有完整结构与价值力量的新理论；明白"第三极文化理论"的"建构价值观"思想具有不可替代的引领建构作用。"知识革命走得愈远，人的'脑矿'就愈重要。"①创生"第三极文化理论"，就是这种"努力"的标识性成果。"第三极文化理论"的兴起是具有"发一端，散无竟"与"执一而应万，握要而治详"的深远影响的。

（作者系北京师范大学教授）

① 许倬云：《从中国历史看世界未来》，见陆挺、徐宏主编：《人文通识讲演录·历史卷》，北京，文化艺术出版社，2007。

儒家乐教思想在当代人与社会关系中的意义

施雯

一、当代人与社会的矛盾

在当今社会，“个人”这个概念被赋予越来越多的关注。它的地位不断地攀升，越来越被认为是凌驾于其他一切之上的一个价值。在现代哲学里，对个人价值的承认与肯定被定义为个人主义。个人主义这个哲学思想可以追溯到文艺复兴时期，从那时起，人本身开始被看作一个真正的主体。法国哲学家阿兰·雷诺[①](A. Renaut)如此总结现代社会的特征：“现代社会最具代表性的特征是，人本身被看作及承认是他一切表现和行动的源头，是他建立一切的根基”也就是说，在现代社会里，一切都最终回归于“人”这个最根本的概念。相反的是，在没有个人主义这个概念的社会历史中，人们更倾向完全服从于集体价值，甚至完全忽略了自我价值的存在。

① 阿兰·雷诺(1948－　)，法国哲学家，引文见其著作《个人，对于主体的哲学思考》。

文艺复兴以后，“个人”的概念一直未停止演变。进入后现代社会，个人放弃了佛朗索瓦·利奥塔(Jean-François Lyotard)定义的“宏大叙事”，也就是说人们不再相信那些具有高度普遍性及同化性的价值和思想。对个人来说，最重要的是自身的发展。其后果是人与人之间的社会联系失去了从前的紧密性，逐步走向衰落。这个趋势发展地越来越明显，直到今天我们跨入了超现代社会①。根据马尔蒂尼·欧赛(M. Gauchet)的观点，这样的个人完全把他自己从集体秩序中抽离出来，因为对其来说，“把集体纳入关于自身事情的考量中已经没有任何意义。”②因此，这样的“个人”是完完全全奉行个人主义的。这就是为什么“在我们当前的时代个人与社会之间的矛盾不断加剧”。极端个人主义的结果是许多当代人被“失去对社会的归属感”及“找不到生活的意义”所困扰。我们如今拥有了可以独立自主的可能性，却又因为缺乏集体准则的约束而痛苦。

很显然，当我们把社会和个人置于对立的关系中，给予其中任何一方优先权，只会损害双方的利益并且破坏他们的和谐关系。尤其是在今天，“个人”上升至主导的地位，如何在实现个人价值的同时不迷失在自我的世界中并且与他人共存，即如何找到社会与个人之间的和谐似乎成为一个重要的问题。

二、人—社会，一个错误的区分？

事实上，在回答这个问题之前，也许我们应该注意一件事情：根据达尼-罗伯特·杜福(Dany-Robert Dufour)③的观点，当我们把个人与社会放入到一个二元关系中的时候，我们已经犯了一个错误。因为这个二元视角(个人—社会)或者说任何一个二元视角都是今天

① 可参考《超现代个人》。

② 参见马尔蒂尼·欧赛的《论当代心理》。

③ 达尼-罗伯特·杜福(1947—)，引文见其著作《三位元素之谜》。

社会问题(包括个人与社会之间的不和谐)和“文化不满”的根源。

二元系统的源头可以追溯到柏拉图的理论中。这位希腊哲学家将世界分成两部分：感性世界和理性世界。对比由具体的物质组成的可感知的感性世界，理性世界由概念和理论组成。感性世界透过人们的感官而存在，所以它是变化的，不稳定的。相反，理性世界是稳定且永恒的。我们在感性世界里看到的一切只是理性世界的映像。概念才是一切物质的原始模板。因此，理性世界是优于感性世界的。柏拉图认为，人们应该努力试着从次等的感性世界上升到高等的理性世界。由此我们可以看出，在这个二元系统中，柏拉图是把优先权给予理性世界的。

通过柏拉图的二元世界系统，我们可以归纳出二元分析法的最重要的特点：将一个复杂的局面简化至一个二元对立关系，最后我们在两个元素中选择一个，抛弃另一个，致使系统无可避免地失去平衡。当今社会，是二元系统在控制我们的知识结构。它将另一个同样存在的三元系统完全压制，两者处在一个矛盾的关系中。我们完全忽略了第三个元素的存在，或者是一味地将其排除在外。然而，对杜福来说，人，这个一切科学研究中最重要的对象是无法用二元法去定义的：“人类的生存(作为群体)本身就包含人类的死亡(作为个体)。……生存和死亡(我们有必要指出这是两个在社会科学中多么重要的概念吗?)并不是在一个可以将它们完全区分对立的二元关系中。”①二元思想今天在广泛地被应用，但它无法回答像人类的生死存亡这么重要的问题。所以如今我们才面临着个人与社会失去了和谐的问题，面临着“文化不满”。

杜福进一步指出，三元思想可以被看作是对这个“不满”的医治方法。为了解释三元思想的重要性，他以“我，你，它”这个三元关系为例。首先，“我”无法成为一个主体，如果“你”不存在。“我”和“你”彼此互相需要为了见证彼此的存在。然而，如果想要“我”和“你”的存在被外界所承认，还需要给“不存在”一个位置，也就是

① 参见杜福的《三位元素之谜》，33页。

“它”。所以“当我们是‘两个’的时候，我们其实立即是‘三个’。”第三个元素的存在对其他两个元素来说是不可替代的。因此，“三”才是社会关系的本质。没有它，人类是无法交流进而创建文明的。

按照杜福的理论，如果我们想重新创建社会与个人之间的和谐，我们需要借助于一个三元系统。也就是说我们要找到除了社会和个人之外的第三个元素。所有这些思考把我们引向了儒家思想。

三、“中庸之道”，对当代社会矛盾的医治?

儒家思想可以被诠释为一个三元思想体系，在这个系统中，孔子并不将人与社会放置到二元对立关系中。相反，他引入了第三个元素——中(庸)。“中”并不是一条直线上两极之间的平衡点，它可以被看作是一个三角形房梁的最高点，其他两点从它起始，它维持着三者之间的平衡并向上牵引着其他两点。所以孔子想用中庸之道去建立社会与个人间的平衡，并带领社会和个人向更高的层次攀升。为了达到这个目标，乐教发挥着至关重要的作用。

根据儒家思想，在教育中，我们应该教给学生的是让他们知道如何成为一个真正的“人”。“人”的核心就是儒家思想中极为重要的概念之一，“仁”。一个人只有在明白什么是“仁”的情况下才可以成为真正的人。“仁”这个汉字由两部分组成，“人”和“二”。我们可以将此理解为人只有在和其他人的相处中才能学会逐渐成为人。所以，“仁”就是一种与他人和谐共处的道德。它首先建立在我们对亲人的爱上，但是这个爱并不局限于亲人，它可以延伸到陌生人身上，可以扩展到一个国家，甚至全人类。所以，“仁”是建立在社会关系的团结与互惠上的。正如《论语》中所言：“四海之内皆兄弟。”

因此，一个人最重要的任务就是领悟“仁”的道理，以便于在社会中与他人建立和谐的关系。为了教授“仁”的道理，儒家教育主要借助于诗、礼、乐。孔子曰：“兴于诗，立于礼，成于乐。”在这三个教育工具中，孔子给予音乐一个尤其重要的位置，他认为音乐是完善一个人的最后一步，它可以让“仁”和“和谐”的概念真切地渗透到人的脑海中。以中国最古老的乐器之一古琴为例。孔子认为，用古琴所奏的音乐可以展现最高水平的和谐(音乐的最高形式就是和谐。①)。汲喆从两方面对此做了解释：“首先，从音乐美学的角度说，古琴的音色在高声时纯净悠扬，在低声时深沉庄严，无论何时总是高雅优美，完全符合和谐的要求。琴弦所发出的声音并不太突出，就像一个自言自语的人的声音，‘高声时从不吵闹，低声时从不被淹没，’乐声和静寂彼此滋养。”②这种音乐所带来的和谐可以对人产生深远的影响，从而净化和升华他们的情感。

我们的天性中包含各种各样的情感。如果我们让这些情感一味地发展而不加以控制，他们将会带给我们混乱和矛盾。“夫人之情，目欲綦色，耳欲綦声，口欲綦味，鼻欲綦臭，心欲綦佚。——此五綦者，人情之所必不免也。③”然而把这些情感完全从我们身上消除是不可能，并且是不合理的。因此，我们可以试着有系统地去调节和规划它们。“夫声乐之入人也深，其化人也速，故先王谨为之文。乐中平则民和而不流，乐肃庄则民齐而不乱。”④除此之外，被音乐唤醒的高尚的情感可以使人们感到自己与世界更紧密地相连。这个观点尤其体现在孟子的论述中。“仁之实，事亲是也；义之实，从兄是也；智之实，知斯二者弗去是也；礼之实，节文斯二者是也；乐之实，乐斯二者，乐则生矣；生则恶可已也，恶可已，则不知足之蹈之手之舞之。”⑤我们可以看出，孟子认为，音乐的本质就是对人道和正义的爱，音乐也是从这个爱中产生的。因此，音乐可以唤醒并加深这个潜藏在每个人身上的爱，让人与人之间，人与世界之间更加贴近。这是比任何一种教育都更有效的。

---

① 《礼记·乐记》。

② 汲喆：《音乐教育——从古典音乐启蒙到儒家“修身”》，载《中国前景》，2008。(为本文作者翻译)

③ 《荀子·乐论》。

④ 同上。

⑤ 《孟子·离娄章句》。

一个人一旦被和谐的音乐所影响，他会了解到“仁”的本质，并且领悟到“中庸之道”。这可以给我们的生命带来一种力，这个力会让我们“永远追逐我们身上可以产生的最好的那部分。”它是一种对平衡，分寸的追求，它会让我们远离放纵，享乐主义，即那些阻止我们拥有一个更有意义的人生的诱惑。一个到达“中”的人，他自己的利益会变得不再重要。在日常的生活中，他会时刻控制自己，以便于不打破与他人之间的平衡与和谐。如此一来，在他和社会之间也就不存在矛盾了。

综上所述，我们可以得出结论：儒家乐教的中心思想是通过“中庸”建立个人与社会之间的和谐，使两者完美统一。为了达到这个目的，孔子倡导在教育中传授给学生“仁”的思想。“仁”可以完善一个人的人格，使其具有更宏大的世界观，也就是对他人抱有更多的爱。这会使我们的世界更加和谐，每个人都找到自己与他人关系的平衡，找到自己的平衡。儒家思想中的三元系统(人、社会、中庸)可以为解决当代人与社会的矛盾提供一个思考方向，中庸之道也许可以作为一种化解二者之间矛盾的手段。由此看来，儒家思想作为中国传统思想在今天仍不失其现代意义。

(作者系法国里昂第三大学教师)

第五编
中国文学与音乐的世界情怀

双主体　一曲多版　路径三层次
——中国当代音乐传播的世界情怀

王耀华

在本届中国文化国际传播研究院的年会上，主办方提出了一个新议题：中国文学、艺术国际传播的世界情怀。这是一种襟怀宽广、面向世界的思想体现，有这种思想，必将带来行为方式的转变和传播效果的提升。

对于“中国当代音乐的海外传播”的对策，笔者曾在《中国当代音乐海外传播作品的内容形式创新论》《中国当代音乐海外传播路径创新论》《新时期中国当代音乐创作的成绩、问题及其对策》等文章作过论述。其目的主要是为了促使中国当代音乐海外传播事业的健康发展。在这些文章中，虽然也已经涉及在该事业发展过程中，作为传播者应当具有的世界情怀，但是对其阐述尚未充分展开，因此，本文拟从观念上的“双主体”，作品改编中的“一曲多版”，传播方式的“三层次”等方面，对如何强化中国当代音乐海外传播的“世界情怀”问题，略做补充阐述。

一、观念上的“双主体”

在传播学上，对于传播者与接受者之间的关

系问题，历来的主张，是传播者为主体、接受者为客体。这一主张的优势是使传播者能有强烈的责任感，促使他们千方百计、想方设法地搞好传播。但是，其局限性也是显而易见的，就是传播者作为主体很容易忽视客体，且不重视接受者的感受、不了解接受者的喜好，使被传播者处于一种被动状况，从而影响传播效果。如今，提倡关注“中国当代音乐海外传播的世界情怀”，笔者认为，对于传播者与接受者之间的关系要有一个质的变化，就是要在坚持传播者主体身份的同时，尊重被传播对象——接受，使他们也成为主体者，使他们成为传播行为的服务中心，为此，我们(传播者)要主动关心他们的需求，了解和理解他们的音乐审美观，用他们便于接受的传播方式进行传播，使他们乐于接受，变我们要他们接受为他们自己以主人翁的身份主动积极地接受，乐于接受。这种“双主体”观念的最大特点就是传播者与被传播者有共同的意愿、共同的目标，为了实现这一目标，传播者和被传播者都应该有使命感、责任感，充分发挥主观能动性，传播者千方百计地以良好的服务真诚地面向被传播者，激发出被传播者对传播成品的高度热忱，以巨大的兴趣接受传播成品的音乐之美，如此实现传播者和被传播者融洽地相向而行，不断地循环往复，达到类似社会学中社会运行机制的所谓“良性循环”的境地。

二、传播作品改编的“一曲多版”

回顾历史，在中国传统音乐的传播史上，凡是在国内得到广泛传播的曲目，如民歌《春调》(又名《孟姜女调》)、器乐曲《八板》等，都是由于“一曲多变运用”对之进行改编，使之能适应各地民众的审美需求；根据笔者的研究结果，《春调》在中国境内的传播已达汉族、壮族、回族、蒙古族、侗族、布依族、苗族、黎族、瑶族、畲族等10余个民族，涉及汉族的12个音乐支脉，以及民歌、歌舞音乐、曲艺音乐、戏曲音乐、民族民间器乐曲和综合性乐种等数10种体裁的各种变体[①]，在祖国的大江南北得以广泛传播。在国际传播史上，凡是在各国得到广泛传播的曲目，如音乐剧《猫》等，都是由于“一剧多版”对之进行改造，使之能适应各国各民族各地区居民的审美需求。“其制作团队为了解决语言与文化的差异问题，在全球范围内共实现了15个语言版本的本土化演出”[②]；《猫》被翻译为12种语言的15个版本，包括“德语、匈牙利语（含德国、奥地利、瑞士三种版本）、挪威语、芬兰语、丹麦语、瑞典语、法国语、意大利语、日本语、韩国语和西班牙语（含墨西哥和阿根廷两种版本）以及汉语等”[③]。因此，笔者提倡，在关注“中国当代音乐海外传播的世界情怀”的过程中，也应当提倡对传播作品的改编，进行“一曲多变”“一剧多版”的改编，在坚持语言、审美、编导标准三方面主体性的基础上，进行语言适应、审美适应、编导适应的“三适应”改编。这种改编可以由原作品的词作家、剧作家、作曲家来进行，也可以由原作者委托传播目标地的词作家、剧作家、作曲家来进行。

（一）语言适应

语言适应，指的是对于有歌词、唱词的声乐作品，歌剧、音乐剧等音乐戏剧作品，要做好歌词、唱词的翻译工作，或者是用当地的通用语、地方语言来演唱，或者是用当地通用语、地方语言制作成幻灯字幕在节目演出时放映，使当地观众能知其义而产生情感共鸣。其中，在可能情况下，恰当地插入一些方言、俚语，往往能收到良好的活跃舞台情绪的作用。

在器乐作品的传播过程中，提倡将作品和作品各部分的标题用当地通用语制作成幻灯字幕显示，以作音乐理解的导听参考。其文字表达不宜太过具体，以避免对观众听觉思维的误导和限制；又不宜太过玄虚，以免不着边际地混淆视听。

---

① 王耀华：《中国传统音乐结构学》，427～468页，福州，福建教育出版社，2010。

② 王耀华等：《音乐剧〈猫〉海外传播研究》，载《中国当代音乐海外传播研究最终结项报告》，2019（10）。

③ 同上。

(二)审美适应

审美适应，指的是在坚持传播作品在音乐审美主体性的同时，尽量根据国际友人所在地的审美习惯、审美需求来对之进行适度的改编。比如在适当的地方，插入该国家、民族、地域居民所习惯的特殊旋律、独具特色的乐器和乐器演奏法，或者改编成当地民族乐器组合演奏的器乐曲，或者是以当地的民族音乐特有的体裁形式来表现我方的作品。

在审美适应方面，尤其要尊重当地居民审美规则和审美习俗，比如有些民族有数字忌讳，喜欢“3”，避讳“4、9”；有些地区有颜色忌讳，喜欢红色，不喜欢黑色；有些国家的居民特别喜欢三弦，有些国家的居民对各种各样的鼓，情有独钟；对于这些我们都要心中有数，扬善避讳。

(三)编导适应

编导适应包括两个方面，一是“坚持标准化的艺术创编模式”，二是关注“地域差异式编导适应”。

坚持标准化的艺术创编模式，指的是海外传播版本的音乐作品创编制作要坚持质量标准，“着力制造出符合大众平均口味的产品，其后通过消费人群的快速扩张和流水线式复制获取尽可能大的盈利空间”①，实际上，这是海外传播作品质量水平的基本保证。

地域差异式编导适应，指的是，在标准化艺术创编的同时，应当关注不同国家、民族、地域的差异，关注经过翻译改编之后的歌词与各国、各民族、各地域的音乐、舞蹈、表演诸要素之间的协调匹配和自然适应。因此，要根据翻译为他国通用语或地方语言的歌词声调、音节变化，进行旋律的修改、调整，使歌词与音乐更加协调。要“根据歌词中的形容词和动词出现的位置不同”，“改动一些舞

① 王耀华等：《音乐剧〈猫〉海外传播研究》，载《中国当代音乐海外传播研究最终结项报告》，2019(10)。

蹈动作”[①]。在表演方面，要尽可能地融入一些传播对象国家、地域的本土元素，如欧美国家的芭蕾舞，拉丁美洲国家的探戈、桑巴、伦巴，冲绳的琉舞等，使之具有一定程度的本土化地域差异式编导。

正是在标准化创编模式的基础上，有的放矢地进行各传播对象国传播作品地域差异式编导，才能使高水平的艺术表演与体现不同文化差异的编创有机统一。

三、传播方式“三层次”

关注“中国当代音乐海外传播的世界情怀”，还应当提倡传播方式的合乎逻辑的渐进式“三层次”：导、赏、悟。

(一)导

导，是引导入门。

当今世界，250 多个国家、73 亿多人口，对于不了解中国当代音乐的国际友人，中国当代音乐的海外传播，首要的就是要以满腔热忱进行认真细致的引导入门工作。

俗话说“酒香不怕巷子深”。这指的是对本村本地的自家人来说，因为他们太过熟悉这好酒的香味了，所以，一闻到就会产生欲望前来品饮。然而，对于他乡远土的外地人来说，由于他从来没有闻过，更不用说尝过这上好的醇酒，所以，即使闻了多遍也不能体悟其美味，理解喝此醇酒的韵味和乐趣，因此，就会出现“酒香也怕巷子深”的悖论。要改变这种状况，唯有靠宣传。在宣传的过程中，让被传播者认识这种“酒”的特点，掌握品味其神韵的要点，甚至于直接去品尝这深巷的醇酒。同理，在中国当代音乐海外传播的实践过程中，首当其冲的就是要寻找传播对象所在地权威的新闻媒体为合作

① 王耀华：《中国传统音乐结构学》，760 页，福州，福建教育出版社，2010。

单位，通过播视频、发新闻稿，刊登评论文章、介绍性文论，举办讲座，举行小型片段演出等方式，来使被传播者接收有关该音乐作品的创作背景、作品特点、作品艺术性和文化内涵，以及与此相关的文化背景、体裁形式等方面的知识，并激起观众对即将上演作品的热切兴趣，产生强烈的期待和好奇。这就是所谓“师父引进门，深造靠个人”的第一步目标了。

(二)赏

赏，是观赏体味。

当我们把充满希望和浓烈好奇心的被传播者引入场地之前，就应当创设与音乐作品相适应的典型人物、典型环境，使听众有一种身临其境的状态，当乐声传来就能与其声共振，与其心共鸣，与其情共通，与其人同呼吸共命运，而体味其乐，享受音乐之美，体悟中国音乐的特殊神韵。

(三)悟

悟，是实践妙悟。

只听完音乐会还不够，作为中国当代音乐海外传播世界情怀的体现，我们还应当不失时机地抓住传播的第三步骤，通过人与人之间口传心授的传播实践和分析得当的音乐评论来补充宣传，提升被传播者对所接受音乐的体悟，悟其形态，悟其神韵，悟其文化内涵。

如此，在每一次“导、赏、悟”的不断循环往复之中，就能使国际友人对中国当代音乐的接受水平不断地螺旋式上升，逐渐接近，以至于达到关注中国当代音乐的最终目的，增进中国和世界的相互理解，增进相互之间的文化认同，促进人类共同体的构建，维护世界的持久和平。

(作者系福建师范大学教授、博士生导师)

在世界中经典化

——中国当代文学的问题与方法[①]

刘江凯

2019年9月27日晚上，在欧洲斯洛文尼亚的首都卢布尔雅那市的一个小剧场里，笔者观赏了由汉学家罗亚娜女士编剧的《庄子》，整部戏主要在庄子、卡夫卡、弗洛伊德、齐泽克甚至美国第一夫人梅拉尼娅（她是斯洛文尼亚人）等人物之间展开。戏剧以演唱、舞蹈、对话等方式把庄子和其他戏剧角色的思想碰撞呈现出来，表演过程中外国观众常会会心一笑。

我不由感慨：以庄子、老子、孔子等为代表的中国古代经典，好像并没有经过自觉的组织和商业化推广，却以最自然的方式成为中国文化在海外传播范围广、接受效果好、影响程度大的世界经典作品。

与古代经典形成鲜明对比的是，中国的当代文学作品在世界范围内的传播和接受的程度，以及经典化程度都非常低。

---

① 本文系2019年11月29日北京师范大学"中国与世界：当代中国文化国际影响力生成"国际论坛发言稿。

一、何谓“在世界中经典化”

经典作品往往具有超越民族国家的范畴，具有人类共同价值的品质。“在世界中经典化”是我在十余年中国当代文学海外传播研究过程中，渐渐形成的一种当代文学研究观念与方法。

其基本内涵主要包括以下几个方面：

一是文学的经典化是一个和时间、范围、标准有关系的复杂过程，但整体来说离不开历史化和国际化这样两条基本的路径。大体有传播、接受、影响三个阶段。

二是中国当代文学的经典化目前主要表现为国内的不断历史化，更多局限于汉语范围内，国际范围的经典化基本未展开，主要处于传播阶段。

三是中国文学经典确实不需要外在加冕的形式来确立，但也没有哪个作家会拒绝来自世界范围的阅读和认可。

四是中国当代文学面临的问题与趋势是，在保护民族多样性的基础上，创作、批评、研究需要以更自觉的方式融入世界之中。

这种观念与方法和既有的当代文学研究观念最大的区别在于，它在原有的中国文学立场基础上，以跨语种、跨国家、跨学科的方式关注同一个研究对象在非汉语范围内的传播、接受、表现。我们对当代文学的观察和对话范围不再仅仅局限于汉语材料的边界，随着视野、材料的扩大与跨界，自然也会跳出传统当代文学批评与研究形成的一些窠臼和局限，在避开某些行业积习与套路的同时也会发现新的问题和角度。而以“对象统一”的原则和立场去观察海外对中国文学的评论与研究时，更容易比较海外意见与国内批评及个人研究之间，从意识形态到美学观念的差异性与共通性，帮助我们更好地思考当代文学能否以及如何进入世界经典化的体系。

具体而言，海外传播研究同样也会以细节的方式展示出中国不同作家作品在不同民族国家之间细腻的文化折扣与误读现象；会呈现翻译、出版、宣传、获奖、评论等各个环节丰富的当代世界文学生态。事实上，对于近年来兴起的中国当代文学海外传播，我本人更倾向于把它看成一种视角，甚至是一种方法。我将之高度概括为以下十六个字：对象统一，各归其所，跨界融合，和而不同。这种观念与方法其实同样适用于所有涉及海外传播的学科，比如哲学、历史、电影、音乐等。

二、作为方法的海外传播研究

从2009年我刚去德国波恩大学从事中国当代文学的海外接受研究直到2012年莫言获奖之前，我经常被包括文学同行在内的人问一个问题：为什么要到国外研究中国当代文学？这个问题还可延伸转化成另外几种常见的说法，比如有必要关注中国当代文学的海外传播吗？在不了解海外信息来源内幕情况下所做的海外传播研究是否有价值？海外传播是否意味着我们太在意外在的价值肯定？海外传播似乎更像一种“迎合”性的研究，它对现当代文学学科有什么新的贡献？

中国当代文学海外传播研究虽然相当程度上与国家文化“走出去”战略出现了某种历史发展的巧合，确实有中国进一步融入世界时在文化想象与构建方面的一种关系折射。但这种折射有其深刻的历史逻辑：它是20世纪中国经历了两次“西学东渐”之后开始全面文化反哺的新动向；是改革开放以来中国文学在融合世界和继承传统过程中对当代中国经验重新确立的新探索。它也是当代中国文学创作、出版、交流、教育日益国际化的必然的学科发展趋势；更是中国学术力量，尤其是人文学科避免被海外学者“代言”，在国际学术界发出自己声音的必然选择。

作为方法的海外传播，对于任何一个相关学科或者研究对象而言，都有几个无法绕开的基本问题要解决。其一，海外有哪些相关的研究对象？这是基本的传播事实，是整个研究的基础和起点。其二，这些研究对象在海外有什么样的反馈与评价？这是传播以后的接受反应，是相关研究的细化与深入。其三，海外的视角和国内研究之间构成了哪些新的问题、挑战与启示？这是海外传播研究的目标和意义所在，针对不同的学科和研究对象，可以分化出许多具体的讨论问题。

海外传播及其研究其实和当代文学的批评与研究没什么本质区别，只是把同一研究对象扩大到更大观察范围，对研究者提出了更多的要求。

当代文学海外传播的研究目标在于：它要回答当代文学由“中国经典”成为“世界经典”涉及的相关国际化问题，比如不同民族国家的文化、制度、文学审美标准等差异带来的挑战等，在探讨作家作品海外传播差异性的同时，回答清楚当代文学能否以及如何进入世界经典化的体系。

中国当代著名作家大多已经完成了国内“历史化”筛选，获得了相当程度的认可，但若从世界维度的经典化角度看，包括莫言在内仍然有很长的路要走。

多年的当代文学海外传播研究经验也让我越来越相信：真正的文化经典都是作品靠实力在时间的耐心浇灌下自然生成的。有生命力的文化成果并不需要组织化的宣传，没有实力的文化成果一旦停止了人为制造的“假高潮”，大欢喜终究会变成大寂寥。而我们需要的，只是一点个人的、文学的、国家的耐心。

（作者系北京师范大学副教授）

中国打工文学在西方的翻译与接受情况

［波兰］杨爽

在讨论现代中国文学翻译的全球接受度和流行度的文章中，杜博妮(Bonnie S. McDougall)指出："世界文学就是翻译文学，而翻译文学也就是世界文学"[①]，因为对于绝大多数外国读者而言，他们只能理解翻译的中文文学，而要翻译的文本的选择就变得具有战略意义。21世纪初以来，文本的选择一方面受到专家圈(大多是中文和文学研究领域的学者和专家)的影响，另一方面受到全球出版市场追求利润的商业代理人的影响。例如，莫言获得了2012年诺贝尔文学奖，确认了中国文学在世界文学中的重要地位，这有助于提高中国作家的全球知名度。尽管莫言的作品非常贴合专家和高知读者的文学品味，但中国科幻小说作家的商业成功表明，不论其语言和社会文化背景如何，好的故事总能赢得大众的青睐。

2007年，一群译者在北京创立了网络杂志《纸托邦》(*Paper Republic*)，将中国文学译介为英

① ［澳］杜博妮：《世界文学、全球文化与当代中国文学翻译》，载《中国文化国际传播》，2014(1-2)。

语，并通过这种方式促进文学翻译。编辑团队每年编制一份译介为英语的中国文学作品目录①，从诗歌到科幻小说，从古典小说到当代小说，全面概述近期的英语翻译作品。这些目录揭示了2010年以来的一些总体翻译趋势。第一，他们确认了活跃于20世纪五六十年代的中国作家的既定地位，这些作家与先锋文学、寻根和新历史主义等文学趋势相关。其中包括莫言、余华、贾平凹和格非；第二，以迟子建、残雪和盛可以为代表的女性作家占据重要地位；第三，网络和大众文学也占有一席之地，以韩寒或艾米为代表；第四，对中国的先锋诗歌抱有稳定的兴趣。

根据这些知名作家的名字，我们惊奇地发现，他们中的许多人已经在国内外获得了众多的文学奖项。从《纸托邦》2017年目录的诗歌部分就可发现这一点。《我的诗篇》(*Iron Moon*)包含中国打工者的诗选，由秦晓宇作序；所有文本由顾爱玲(Eleanor Goodman)巧妙翻译。该诗选由美国白松出版社(White Pine Press)出版，白松出版社是一家独立的非营利性出版社，其使命是将世界文学译介给美国读者。白松出版社获得公共资金支持②，这使得它能够与商业出版的潮流背道而驰，通过文学来解决复杂的社会和人类问题③。尽管白松出版社没有受到市场压力，但如果不是2015年的电影《我的诗篇》大获成功，这本打工者诗选也就不可能出版。电影《我的诗篇》是第一部献给中国打工诗人的纪录片，该片在上海国际电影节上获奖④，因此也引起了国际关注。在当前以影像为主导的时代，以电影《我的诗篇》为代表的媒介事件，寻求与打工诗人生活和文字的粗糙程度相匹配的视觉诗学，相比书面文字有更大的机会覆盖更广泛的受众。特别是当书面文字恰好是由不知名人士(通常认为他们的文化资本较低)创作的诗歌时。因此，该诗选的出现，以及以日语、德语、法

① https：//paper-republic. org/translations/roll－call/，2020-11-11.

② 白松出版社获得经典中国国际出版工程的支持。

③ http：//www. whitepine. org，2020-11-13.

④ 电影的官方英文网站为 http：//www. ironmoonmovie. com，2020-11-20。

语、西班牙语、荷兰语和捷克语等其他语言译介的打工诗人作品在文坛是异乎寻常的，值得引起更多的关注。

总体而言，国际社会对中国打工诗歌的关注，是推动中国与世界之间的文化传播研究的一个有趣因素。这一事实表明，任何文化的全球传播都不能局限于官方渠道或仅限于专业人士。此外，这种关注表明，尽管中国文化的传播已经变得更加多样化，但真实、无媒介的声音仍然更能引起外国受众的共鸣。然而，通过阅读文学作品来了解一些外国文化，与阅读外国译作从而获得审美乐趣之间，仍然是有差异的。要回答西方读者如何读懂中国打工诗歌的问题，我们应先介绍国际上接受中国打工诗歌的轨迹。

中国打工文学的翻译和批判性讨论最初并非出现在文学学者，而是出现在社会科学领域的著作中。2010 年左右，专注于打工者和劳工问题的人类学和社会学学者逐渐意识到，打工者也参与文化活动。专注于研究珠三角打工者问题的法国研究员埃里克·弗洛伦斯(Eric Florence)是最早分析打工文学的学者之一，他讨论了不知名打工者写的书信和诗歌，并在各种打工者杂志上发表了研究成果[①]。弗洛伦斯专注于研究作者的书信和叙事策略，以更多地了解打工者与打工经历之间的关联。在其中一篇文章中，弗洛伦斯引用了新工人艺术团(New Workers Art Troupe)的歌曲《我们的世界，我们的梦想》(*Our World*，*Our Dream*)；这是西方学术文献中最早提及音乐团体的文章之一。此外，弗洛伦斯还提到了主要以不具名方式在线发表的打工诗歌。在他看来，这些诗和歌词归属于集体而非个人，因为就书信来说，它们既是打工者的见证，更是某一特定历史时期的象征。

可以看出，人类学家或社会学家主要将打工文学视为一个补充性的次要知识来源。尽管如此，传媒专家孙皖宁教授 2010 年首次对打工诗歌的文本进行了分析。孙皖宁教授将打工诗歌描述为“二流流

---

① [法]埃里克·弗洛伦斯：《珠江三角洲的打工者：奋斗工作场所的论述和叙事》，载《批判性亚洲研究》，2007，39(1)。

动诗歌流派(minor genre of mobility)”，强调了它们与主流诗歌流派(通俗或正统诗歌)的区别。孙皖宁教授分析了2007年《中国打工诗歌精选》的诗歌文本，以更多地了解打工经历的象征意义，结果，她发现了三个经常出现的主题：工业体制下的身体异化，离家和乡愁，以及对南方的幻想破灭。尽管提供了深入的理解，但孙皖宁教授始终认为，这些诗歌的力量源于其民族志特征。为此，她将这些诗歌与现代历史上的其他文学现象联系起来，例如“伤痕文学(wounded literature)”和“知青文学(sent-down youth literature)”。有人可能会说，孙皖宁教授之所以将这些诗歌文本视为集体作品，是因为她并不关注这些不具名的作者个人，而更多地关注某一社会群体的共同经历。

此外，孙皖宁教授注意到，从文学史的角度来看，诗歌长期以来一直是表达乡愁的合适体裁，这也许可以解释诗歌在打工者选择自我表达的文学形式中占据重要地位的原因。简单来说，打工文学源于个人和集体的流动或离家经历，所采用的文学形式则是文化和历史预设的结果。与弗洛伦斯一样，孙皖宁教授不会将打工文学视为试图通过文学形式创造意义的文本，而是将其视为“揭露文学(exposé literature)”。尽管如此，他们还是第一批向外国读者介绍此文学现象的学者，其中孙皖宁教授的文章迄今为止仍然为读者们提供了最详细和最丰富的信息。

2012年，香港学者龚浩敏教授第一次从生态诗(文学流派分支)的角度来讨论打工诗歌。他的这篇文章的发表，标志着从将打工文学视为补充性的民族志材料，到文化和文学学者认可其文学价值的过渡。龚浩敏教授原封不动地引用了打工诗歌的简化定义：“感叹打工者在城市生活艰辛(强调我)的诗歌”。但是，他关注的并不是城市环境的艰辛经历，而是自然虚构。龚浩敏教授指出，从这些文本中，常常会发现对环境问题的担忧，因为作者在工业化最前线工作，因此能够深切感受到对自然环境的影响。龚浩敏教授并不关注任何特定的诗歌或作者。尽管龚浩敏教授举例提到了郑小琼诗歌中树木的象征意义。

这一点很重要，因为不久之后，郑小琼的生态诗学成为讨论最多的打工文学理念。2014年，周晓静发表了有关郑小琼诗歌的论文；该论文还发表在《国际诗歌》(*Poetry International*)网站(重要的全球诗歌网络来源)上。周晓静在这篇以英文发表的论文中，首次全面介绍了郑小琼的全部作品，对将郑小琼诗歌加上"打工文学"的标签提出了质疑，并反对以往将这种体裁理解为仅限于某种身份的做法。周晓静强调了作者的"诗意性"，因此偏离了以往的民族志理解。她只关注一位诗人，这是摆脱将打工诗歌理解为集体经历表达所必须采取的一步。周晓静运用了史黛西·阿莱莫(Stacy Alaimo)的"跨肉体性(trans-corporeality)"概念，提出了自己对郑小琼诗歌的生态女性主义理解。正是这种生态女性主义框架，使得周晓静能够超越先前核心讨论的当地层面。周晓静跳出了中国打工者的狭隘生活状况叙述，将他们的作品与全球环境问题联系起来。她明确指出，艰苦工作和生态退化的负面影响并不局限于某个地区。相反，这是全人类所遭遇的共同问题，即使可能分布不平衡。

2017年，周晓静全面介绍郑小琼生活和作品的文章在《今日中国文学》上发表。在其有关郑小琼诗歌的论文中，周晓静有说服力地表明，打工文学并不仅仅是简单地叙述"艰辛"主题。郑小琼的文学才能已为国际读者所认可，迄今为止，她仍然是国外最知名的打工诗人。英文学术论著从性别和生态批判概念框架的角度讨论了郑小琼的作品。

由于大多数有关打工文学的发表作品要么关注民族志特征，要么关注女诗人郑小琼，因此2016年出版的《我的诗篇》具有重要的意义。它使得英语读者可以直接阅读，除简短的译者后记外，不带任何批判性评论的诗歌文本。在社会科学领域，将打工文学视为记录中国正在进行的社会经济改革的补充来源，是一次历史性事件。它还使得打工文学仅限于记录作者日常生活和共同"艰辛"经历的文本。相反，在文学研究中，创作文本是主要的来源，深入理解并不一定参考创作背景。这种文学方法在文本选择上更具包容性，旨在展现打工文学的全貌。但是，文学学者也必须解决问题，尽管其与社会科学家所面对的问题有所不同。

柯雷(Maghiel van Crevel)教授有关打工诗歌的讨论(2017年和2019年)，很好地概述了西方文学学者所遇到的问题。其中，翻译问题最为突出。首先，要准确翻译出“打工”一词并不容易，“打工”的意思是“为别人工作”，且通常指不稳定的工作。译者可以选择使用“‘migrant workers’ writing(打工文学)”这个词组或“subaltern literature(穷巷文学)”这个学术术语来解释而不是翻译这个词，但读者可能难以理解；又或者，译者可以选择完全不翻译，直接将其音译为“dagong”。柯雷教授选择将“打工”翻译成“battler”，这是一种澳大利亚方言用语，在语义上与中国原著强调大众奋斗的想法很好地重叠；但是，这个词不属于作为学术通用语的英语词汇。第二个难点在于，从文学评论家的角度来看，业余作家的许多文本存在瑕疵。这个问题是柯雷教授研究打工诗歌的核心内容。例如，他侧重于研究打工诗歌与中国著名的先锋诗歌的关系。柯雷教授毫不避讳地宣称，打工诗歌代表了“中国文学自2000年以来的一个重要发展”①。

这篇有关中国打工文学在国外的译介和接受的简短概述，描绘了一个“流动”概念，该概念首先引起了研究打工者生活的学者(但不一定是专门的文学学者)的注意。可以发现，尽管社会科学界对打工文学的讨论，普遍承认这些文本可作为补充性的民族志材料，但文学领域的讨论才刚刚开始。周晓静和艾米·杜丽(Amy Dooling)从生态批判女性主义的角度讨论了郑小琼的作品；而柯雷教授根据它们在文学领域的潜在“独立”地位来讨论这些文本。需要承认的是，所有提到的作者都高度依赖中文的学识和评论，他们广泛引用和翻译了围绕该主题进行创作的知名中国学者的作品，例如，张清华、杨宏海(孙皖宁，2012)或柳冬妩(柯雷，2017)。因此，打工文学已经进入全球文学档案的事实，是中外学者共同努力的成果。这是一个有趣的例外，因为据我所知，目前世界上其他任何地方的“草根文

① ［荷兰］柯雷：《格格不入：徐立志与打工诗歌》，载《理论与现代中国文学》，2019，16(1)。

学”从未引起过如此大的关注。为了寻找相似之处，有学者从更古老的历史角度来分析中国打工文学。这种设想的跨时代、跨地区打工作家群体的存在表明，中国的打工文学并不是一个孤立的现象，并且与中国的专业和大众文学一样，它可以超越国家和语言的界限，吸引不同社会文化背景的读者。

（作者系瑞士苏黎世大学讲师，文学博士）

“狂人”谱系学或疯癫叙事的古典文学传统

赵坤

新文学的“类疯癫叙事”与新文学的诞生几乎同时发生。1918年5月15日，《新青年》第四卷五号改版，刊发了一篇名为《狂人日记》的短篇小说，这是20世纪中国文学史上第一篇现代白话小说，以形式和内容的现代化标志了现代小说的成熟。不久，1921年8月，现代白话诗集《女神》出版了，其以夸张绚烂的浪漫主义诗风，实现了现代新诗的落地生根。在新文学的现代白话写作实验中，《狂人日记》和《女神》分别完成了小说和诗歌这两种最重要的文体形式的现代化转型。在内容和形式上，“疯癫”是他们共同的选择。鲁迅的小说《狂人日记》在狂人的疯言疯语式的心灵独白里创造了疯癫叙事，在这种全新的叙事形式里，为20世纪中国文学提供了一个前所未有的“疯人”形象。郭沫若的诗集《女神》则狂放的吼出另一番气象。《女神》藐视诗歌的格律限制，意象夸张，意境上癫狂，语词语序恣意奔涌，不节制情感，抒情主人公语言狂欢、情绪高涨。《狂人日记》和《女神》的文学史价值决定了其美学贡献，而这两者的重要意义又在文学史的反复重写中不断增值。在一个新世纪、新时代的开始，鲁迅或郭沫若，以“疯癫”来展现一个时代的精神气质，表达他们的文学理想，在“与疯癫有关的一切”里，赋予了新文学以现代性，决定了20世纪中国文学的精神方向，结束了一个旧的并开始了一个新的文学世纪。从这个意义上说，疯人形象或“类疯癫”叙事与新文学的诞生，有着某种发生学上的关系。

传统中国文学史中可追溯到的最早的“狂人”形象是《论语·微子》里的接舆(陆通)。据记载，当接舆看到孔子在衰世依然周游列国，宣扬自己的政治思想时，曾大声劝诫：“凤兮凤兮！何德之衰？往者不可谏，来者犹可追。已而，已而！今之从政者殆而!”面对乱世，孔子的态度是“天下有道，丘不与易也”。那么，将以身实践“天下道”的孔子大骂一顿的陆通，自然被认为是胆大妄为的疯子。陆通的“疯”在《高士传》里被坐实了细节：“陆通，字接舆，楚人也，好养性，躬耕为食。楚昭王时，通见楚政无常，乃佯狂不止，时人谓之楚狂。”这便是“楚狂”之名的具体由来。尤其他的“狂”是因为敏感于“楚政无常”，这是“狂者”初显的知识分子精神，质疑、反叛、批评、不与合作。事实上，孔子本人在价值上也是认同“狂”的精神气象的，尤其在狂的积极入世的一面。在《孔子·子路》里曾有记载，“子曰：不得中行而与之，必也狂狷乎！狂者进取，狷者有所不为也。”孔子说“狂者进取”，是肯定狂的激进一面，当然，有在孔子那里，“狂”或“狷”者即使再大言大志、洁身自好，也始终是作为“中庸”的候补。儒家价值观的结构里，“礼”比什么都重要，孔子要在最大意义上维护秩序，而不是挑战或破坏秩序。作为书面历史上第一个被描述的“狂人”，一个“被指认的疯子”，接舆的被指认是因为他不但脱离了主流社会，而且竟敢公开与主流社会为敌。他的“狂”里有太多的对社会现实的不满，以及急迫地想改变社会现状的焦虑。这使他与桑扈、许由、箕子、卞随、务光、庄子等同样不肯与主流社会共谋的名士们有所区别。桑扈、许由们在对政权与社会失望后，多选择归隐，或在山林，或在市井，出世是他们远离社稷躲避世事的最常见方式。这最终形成一种与道家有关的“废”。这同样是疯癫形式的一种，“类疯癫”的另一个极端，是在主体性上的一种对儒家的积极、热情与注重实利的平衡。而接舆的不同在于他同样对主流社会不满，却并没有像隐士们那样彻底放弃、退而避世，而是选择了与时代站在一起。“明哲保身”从最初就不是狂士们的选择，公开质疑并挑战现行秩序，赋予了“狂”以现实批判的意义，这种质疑和批判基本上践行了“舆论监督、思想横议的职责①”的士人风气，也极符合萨义德所说的“具有质疑和批评的知识分子精神”②。总之，传统中国文学史中的“楚狂”形象，从一出场便具有质疑与批判的精神，这基本上产生了“楚狂”一词在未来成为一个能指系统的最基本所指。

屈原是在自然时间和地理空间上最接近楚狂接舆的。相比接舆，屈原是精神现象学上可考的第一位疯人。这位战国时期的楚国大夫一生持“美政”理想却两次遭到流放，质疑和批评将他两次卷入变幻莫测的时事政治。半生的愤怒和抑郁决定了他的诗文与人生的命题方式，并最终导致了他遗世独立自沉汨罗的悲剧命运。如果说他36岁时第一次被流放，表现在《离骚》里的还是不甘心：“忽奔走以先后兮，及前王之踵武。荃不察余之中情兮，反信谗而齌怒；余固知謇謇之为患兮，忍而不能舍也；指九天以为正兮，夫唯灵修之故也；初既与余成言兮，后悔遁而有他；余既不难夫离别兮，伤灵修之数化。”。那么到他44岁第二次被流放时，初时愤怒哀伤的个人情绪已经内化到他的无意识里，流出一腔抑郁痛苦并且承认宿命的血。流放，是“可怖的惩罚、最悲惨的命运之一③”，这类似于福柯所说的将疯人贴上标签，然后驱逐，是社会学范畴里典型的侮辱性行为。屈原如此高贵的人，曾经多少荣耀等身，在他，流放与其说是肉体上的折磨，不如说是精神上的屈辱，理想的光终究再未照进现实，漫长的自我忧伤中，屈原独自消化着抑郁和孤独，“哀吾生之无乐兮，幽独处乎山中”。困难面前，士大夫屈原无法像许由、务光那样

---

① 葛兆光：《中国思想史》，77页，上海，复旦大学出版社，2013。

② [美]爱德华·萨义德：《知识分子论》，103页，北京，生活·读书·新知三联书店，2013。

③ 同上。

归隐山林，绝尘而去，侮辱和损害从未改变过他的初衷，如《涉江》里的表白："余幼好此奇服兮，年既老而不衰。……吾不能变心而从俗兮，固将愁苦而终穷。"这使他的坚持带有悲剧精神，并因此而佯狂，《天问》中对宇宙生命等本体性问题的思考，正是他佯狂的形式，"曰遂古之初，谁传道之？上下未形，何由考之？冥昭瞢暗，谁能极之？冯翼惟像，何以识之？明明暗暗，惟时何为？阴阳三合，何本何化？"这首全部由问句组成的形而上之思，从天地鸿蒙之初开始，追问宇宙起源、人事历史，追问自然与轮回、个人与时代等种种疑问，屈原不限制时间与空间，将长达26年的孤独、自我怀疑与恐惧，拟成一连串的"问天"，暴露了他饱受折磨的神经已经显出精神的狂乱。最终，在楚国都城郢被攻陷之后，屈原于沉郁绝望中写下了《哀郢》和《怀沙》，"曼余目以流观兮，冀壹反之何时？鸟飞反故乡兮，狐死必首丘。信非吾罪而弃逐兮，何日夜而忘之？"；"浩浩沅湘，分流汩兮。脩路幽蔽，道远忽兮。增伤爰哀，永叹喟兮。世既莫吾知，人心不可谓兮。知死不可让，愿勿爱兮。怀质抱情，独无匹兮。伯乐既没，骥将焉？"随后，屈原将自己沉入冰冷的湖底，殉身于他的时代。从最初到最后，这形成屈原一以贯之的忠实于自己内心的纯洁性，这近似于让内（Pierre Janet）描述的"易感性的错乱"，是内心在长期的痛苦、抑郁、恐惧的折磨下的精神变化。从这个意义上讲，屈原的死，是他最后的狂，向死的冲动与其说是殉国不如说是殉道，公认的"忠而被谤，信而见疑"更像是他痛苦抑郁的来源而不是致死的原因，否则两次放逐中他有大把的时间和机会可以以死明志。倒是《楚辞·渔父》中与渔父的对话可以探微屈原投江的真实动因。楚国亡了，他的所有冤屈和忧虑全部得到了证实，然而他一生的奋斗目标就是为了让楚国更强盛，楚国的灭亡带来了他的清白的同时也带走了他的全部希望，"新沐者必弹冠，新浴者必振衣。安能以身之察察，受物之汶汶者乎？宁赴湘流，葬于江鱼之腹中，又安能以皓皓之白，而蒙世俗之尘埃乎？"这更像是他死因，殉道而不是殉国，"举世皆浊而我独清，众人皆醉而我独醒"，这分明已经是佯狂之态，极符合叔本华《论自杀》的解释，一个品格高贵才华横溢的人，注定承受着比庸人更多的痛苦。越清醒地认识到这一点，越容易走向死亡。被现实和理想的两极车裂的屈原，最后的向死是他用生命书写信仰的大狂。这或许是屈原被追认为“楚狂屈原”的原因，在命名的同时也重新定义了“楚狂”的意义，由一个单纯的能指派生出一条所指链，在人物的增多中不断扩大着意义空间。

到了魏晋，个人与主流社会的冲突并没有因为时代的发展和人类的进化而变得平和温柔，尤其此时的士人阶层已经基本形成，常年战乱与士人传统的横议冲突一触即发。“士”的崛起在春秋时期与战国时期有极大的不同。春秋时期，很多原本是王官或贵族的知识者身份衰落，流入底层，成为卿大夫的家臣。“这种阶层的下降造成了春秋时代思想与知识权力的下移[①]”，使平民子弟得到了接受知识的机会，这就为中下层中大量受过教育的平民成为知识者提供了可能性。战国时期，平民知识者的地位上升，或进入权力机构的上层，或从权力的依附中脱离出来，成为一个相对独立的阶层，甚至“知识垄断者常常可以与权力分庭抗礼[②]”。在知识者的沉潜和上升中，形成了大批以“舆论监督、思想横议”为职责的“士人”阶层。百家争鸣，尽管在思想上各有不同，但以道自任的“士志于道”的精神是共通的，即一种“以超越自身和群体的利害得失对整个社会寄予一种深厚的关怀[③]”，这和西方语境里的当代知识分子精神是互通的。从这个意义上说，对于做人与作文要严格统一的六朝文人，他们对此时频繁的朝代更替和当政者的政治野心充满着不满和反抗情绪。党锢之祸、司马氏夺权、八王之乱……两晋的历史是血雨腥风的历史。魏晋文人面对的是一个荒诞而恐怖的社会，现实的荒谬会诱发人生的幻灭感，而现实的危险性又增加着他们的恐怖情绪。这样的文化处境下，阮籍饮酒，嵇康打铁，刘伶与群猪舞，他们行为的荒诞和言语上的放达就变得可以理解了。游仙诗和饮酒诗的出现与成熟，是他们精

① 葛兆光：《中国思想史》，76页，上海，复旦大学出版社，2013。

② 同上。

③ 余英时：《士与中国文化》，8页，上海，上海人民出版社，2013。

神上佯疯的形式，是对现实的逃逸，在成仙成狂中完成着对生活与生命追求的统一。按照朱光潜先生的说法，游仙诗是继承屈赋而文化上来自楚辞和楚巫文化，“游仙诗从屈原起一直到明清……大约可分三个时期：第一时期是从战国到东汉，这时期以屈原为中心，表现方式是字句长短参差而有韵律的赋；第二时期是五言期，这时期以曹植、阮籍、郭璞为中心，在精神上仍胎息于楚辞。”①尤其屈原的《远游》及《楚辞》可视为游仙诗的最早雏形。这一提法使游仙诗摆脱了文学史上对其求长生长寿的庸俗定位，还原了游仙诗本来的参与社会现实的真实风貌。在仙境中结构一个理想社会的样子以表达对现实社会的不满，是彼时游仙诗的基本功能之一。魏晋很多诗人都写过游仙诗，成就最高影响最大的是嵇康和阮籍等人。嵇康的《兄秀才公穆入军赠诗十九首》描绘的是他心中理想社会的样子：“琴诗自乐，远游可珍。含道独往，弃智遗身。寂乎无累，何求于人？长寄灵岳，怡志养神。流俗难悟，逐物不还。至人远鉴，归之自然。”生逢乱世，又是曹魏姻亲，反复经历权力核心的动荡与凶险，嵇康疲惫且厌恶：“何为秽浊间，动摇增垢尘。慷慨之远游，整驾俟良辰。……哀哉世间人，何足久托身。”相比之下，“结友集灵岳，弹琴登清歌”才是符合他精神美学的生活方式。理想社会的样子越美好，就越反衬出现实面目的不堪。在理想与现实巨大的落差中，精神也沉入无边的痛苦。而此时的中医学发展，也提供了致疯的药物。鲁迅先生曾在《魏晋风度及文章与药及酒之关系》中提及，六朝有服散之风：“‘五石散’是一种毒药，是何晏开头吃的。汉时，大家还不敢吃，何晏或者将药方略加改变，便开头吃了。五石散的基本，大概是五样药：石钟乳，石硫黄，白石英，紫石英，赤石脂……药性一发，稍不留心，即会丧命，至少也会受非常的苦痛，或要发狂；本来聪明的人，因此也会变成痴呆。所以非深知药性，会解救，而且家里的人多深知药性不可。晋朝人多是脾气很坏，高傲，发狂，性暴如火的，大约便是服药的缘故。比方有苍蝇扰他，竟至拔剑追赶；

① 朱光潜：《游仙诗》，载《文学杂志》，1948（3）。

就是说话，也要糊涂地才好，有时简直是近于发疯。但在晋朝更有以痴为好的，这大概也是服药的缘故。”当时的六朝社会对五石散麻痹神经的药效已经达到了普及性的认识，否则不会有桓玄宽恕王忱服药后的犯讳大罪，也不会有以孝治天下的王朝容忍“居丧无礼”的越轨行为。这大概就解释了嵇康服散的原因，致狂多半是他主观上的要求，因为常年打铁的嵇康身体强壮，不会产生何晏那样的治病需求。他需要的是服药后那片刻的精神错乱，在得到社会性承认的疯癫里，得以松弛他紧绷的神经，这符合马尼昂(Valentin Magnan)所谓的“间歇性疯癫”。和嵇康的服散类似，阮籍佯狂的方式是饮酒，《晋书》记载：“籍由是不与世事，遂酣饮为常。文帝初欲为武帝求婚与籍，籍醉六十日，不得言而止。钟会数以时事问之，欲因其可否而致之罪，皆以酣醉豁免。”阮籍酒醉长达俩月以避免与统治者合作，癫狂在一定程度上是文人自我保护的有效策略。尤其在魏晋，这个天下大乱的年代，300 多年的历史竟经历了大大小小 30 多个王朝的更迭，乱世苦楚，浮生若梦，频繁的篡权使不断修订的主流伦理价值观坍塌。时代的荒诞催生了世人的幻灭感，服散或者饮酒，是以精神的迷狂拒绝被主流伦理所同化，在刻意的疏离之中，保持人格与精神上的独立。魏晋名士的放浪形骸、裸衣而立、扪虱而谈，或竹林豪饮，种种反常行为形成了一个时代狂放的品格，却并未在身后的历史中遭诟病、反而在不断地增值中被推崇，形成不可复制的名士风流。

魏晋名士风流在一定程度上奠定了中国传统知识分子的疯癫精神。而最终将这种传统发扬光大的是李白。李白在酒神的诗歌精神里成狂成仙，他留给身后和人间的孤独背影里，是睥睨尘世的才华和骄傲。“诗仙”李白可以斗酒作诗、可以金龟换酒，敢在酒发的好兴致里不应天子呼声。他天才般的《梦游天姥吟留别》《七月云台歌送丹丘子》《宣州谢朓楼饯别校书叔云》《将进酒》《把酒问月》《南陵别儿童入京》《登金陵凤凰台》《庐山谣寄卢侍御虚舟》等诗，在“诗是吾精神”里，与尼采有着隔了一千两百年的呼应。尼采说，正是内心的痛苦和冲突，而不是和谐平静才是艺术的真正来源，而艺术的目的就是拯救悲剧本质的人生。“酒神象征情绪的放纵[①]”，“是一种具有形而上深度的悲剧性情绪，……是一种痛苦和狂喜交织的癫狂状态。醉是日常生活中的酒神状态。[②]”。从这个意义上说，李白是尼采理论的最好注脚，“我本楚狂人，凤歌笑孔丘”，李白正是在纵酒狂欢中获得自我的精神解放来舒缓他不得志的抑郁，来感慨他不被理解也无法排遣的孤独。在行文和行为上，他将传统文学里的狂放精神推向极致，形成他独特的人格魅力，征服了一个又一个时代。后人宁愿不顾事实地相信他的“醉死”是他的羽化登仙，也不肯相信考据出来的过于平凡的“衰老病死”。这种一厢情愿式的“盲目相信”，是一个缺乏英雄的民族对一个传奇的执念。希望这朵开在理想沙土上的花可以柔软那灰暗冰冷的现实世界，李白也因此成了最具有酒神精神的楚狂和一个疯癫的精神榜样。

或可说，到了李白这里，狂人形成了基本的外部特征与内部品格，他们不服礼法，富有抗争精神，心理上是自觉与主流意识形态相疏离，行为上是与时代明显不符的怪诞。这在传统文化价值取向中尤为难得，多少士人在行为放达之内，怀着一颗忠君的心。当然他们也不同于庄子出世的“道”。在庄子那里，世事亲缘、人情人性都不及个体生命接近自然真理的“道”，唯生命最可专注，喜怒哀乐都是人情人性的副产品，而专注生命必须先忽略各种干扰。因此，庄子的超然和出世是删除人情人性的，是忽略一切的世界观，一切世人看来有悖常理的古怪行为在他那里都是顺乎自然。而接舆、屈原、魏晋文士与李白，却是带着人的精神，生活在民族国家之内，社会历史之中。在与主流社会之间的复杂关系中形成作为人的、作为读书人的表意。他们的“狂”一方面是福柯式的被指认，另一方面是“我本楚狂人，凤歌笑孔丘”的自觉认同。他们既不被主流社会所承认，也不愿意苟同。在寂寞与孤独中，质问天地，歇斯底里，酒

---

① ［德］尼采：《悲剧的诞生：尼采美学文选》，周国平译，北京，生活·读书·新知三联书店，1986。

② 同上。

或药是他们致狂的途径，在文学史的书写是他们佯狂的形式。他们才华横溢，品格高贵，也因此承受着比一般庸众要多得多的痛苦。因为他们的精神和智慧超越自己的时代太多，肉体却囹圄在时代之内，局限在个人的生物极限里，精神不堪重负，疯癫或死亡几乎成了他们集体的最终选择。

然而，“狂”的精神在唐宋之后有了些微妙的变化。宋元时期，长达400多年的历史里，并没出现能够延续屈原、李白的狂士。造成这种情况的原因比较复杂。科举制是原因之一。隋唐开始，开设恩科，将读书人以科举考试的方式纳入国家体制之内。虽说这为国家招募了人才，对熟悉民间的底层读书人开放科考，于国于民都有利。但在法治一向弱于人治的传统中国，执行又是个问题。更重要的，一是考试限制了读书的范围，知识变得实用化；二是进入庙堂后的读书人失去了独立精神，在对权力的依附中削弱了知识分子的骨气。试想，进入了庙堂的李白，如何狂笑着高呼“安能摧眉折腰事权贵”？科举考试制在宋代受到推广，其中之一是宋代较为宽明的文化政策和抑武重文的治国理念使宋朝文人入仕相比此前的所有朝代都更容易。武将出身的宋太祖赵匡胤是通过陈桥兵变黄袍加身的，他认为“武将误国”甚于文士，因此，立国之初便定下了“后代子孙不可轻杀大臣和言事官①”一项政令，这形成了“终宋之世，文臣无欧刀之辟②”的相对宽松的文化环境。没有性命之虞的文人士子们，言论相对自由，再加上太祖重视文人治国，宋朝文人与主流意识形态之间的关系没有其他朝代那样紧张，社会地位相比其他朝代也高，客观上知识分子拥有充分的精神自由度。另一个狂士减少的原因是宋以后医学和文学都比前朝有了一定的新发展。现有的资料显示，中国传统医学对疯癫的最早且较为细致的记录，是出现在《韩非子·解老》上的“思虑过度则智识乱，……智识乱则不能审得失之地，心不能审得失之地则谓之狂”，先秦时期已经将“狂”作为疾病的一种载

---

① 王夫之：《宋论》，北京，中华书局，2008。

② 同上。

入书中，对病因的认识也脱离了古代巫术鬼神之说：“人大怒破阴，大喜坠阳，薄气发喑，惊怖为狂”。秦汉时期对疯癫就已经有了一定的认识。《内经》里的《灵枢・癫狂》记载：“狂始发，少卧不饥，自高贤也，自辩智也，自尊贵也，善骂詈，日夜不休……狂言、惊、善笑、为歌乐，妄行不休者，得之大恐……狂，目妄见，耳妄闻。善呼者，少气之所生也……狂者多食，善见鬼神，善笑而不发于外者，得之有所大喜”。《素问・阳明脉解》里也有记：“病甚则弃衣而走，登高而歌，或至不食数日，逾垣上屋，所上之处，皆非素所能也”。但彼时的中医学多认为狂是由多血或者败血造成的，因此，治疗依然停留在针灸或放血等方式上。直到宋代的《太平圣惠方》①出现了针对疯癫病症的复方汤剂，并始设“风科”，才正式将疯癫定义为一种因“七情六欲损伤包络”而生的精神科病患。元明时期中医学对疯癫症的认识更是进入了成熟阶段，《普济方》②里明确提出了癫与痫的分别；《医学入门》③将癫狂作了明细的分类。到了清代的郭楚贤，其《癫狂条辩》已经是一本专论疯癫的专著了。医学上对疯症的不断认识大概是宋以后狂士们断代的另一个原因，人们开始普遍意识到疯癫是一种不雅的身体疾病，在一定程度上改写了之前疯癫狂士的潇洒形象，开始视狂人为疾病患者。作为一种“病症”出现的“狂”，势必削弱了英雄气。小说的发展是第三个原因。一个公认的说法是，中国古代诗文的正宗传统到了宋代出现了松动。小说经过六朝的志人志怪以及唐传奇的大规模发展后，已经逐渐走向稳定的成熟。唐朝王度的《古镜记》已经将六朝志怪的简单结构发展到传奇体小说的高度，而宋代文学是唐传奇走向话本和演义小说的一个重要转折时代，文言小说从此开始了向白话小说的转变，具备了向现代小说转型的可能性。话本和戏曲的发展作为现代白话小说的源流，发了文

---

① 宋代医书，内容涉及诊脉、骨方、丹药、针灸等很多方面，是公认的比较能代表北宋前期的医学水平。

② 《普济方》相传是中国历史上方剂书籍的权威，载方高达 61739 方，成书于明代。

③ 明代李梴编著，成书于万历三年，全书共九卷。

学通俗化的新枝。这将识字不多，经济能力有限的普通百姓也纳入了文学的受众范围，更好地沟通了文学与民间的关系。孟元老在《东京梦华录》里说，“崇、观以来，在京瓦肆伎艺：张廷叟，孟子书。主张小唱：李师师、徐婆惜、封宜奴、孙三四等，诚其角者……般杂剧：杖头傀儡任小三，每日五更头回小杂剧，差晚看不及矣……其余不可胜数。不以风雨寒暑。诸棚看人，日日如是。教坊钧容直，每遇旬休按乐，亦许人观看。”①这几乎就是一副文字版的《清明上河图》。无论从受众人数还是文学形式上，民间曲艺都推动了古代白话小说的发展，客观上也决定了古代白话小说通俗的美学倾向。宋元的城镇发展推动了经济，市民阶层以及市民阶层的审美趣味都在一个逐渐形成的过程中，这在一定程度上决定了当时通俗文学的叙事内容是作为符合市民审美趣味而产生的。也因此，作品的属性是娱乐化和大众化的，这影响了文本中的疯癫人物形象的塑造，多了赏玩性和趣味性。

到了明代，情况有所变化，典型的是思想上“异端”的出现，李贽、徐渭、程羽文、袁宏道等，这些历史上的“异端”，他们的癫狂大多链接着明代的高压政治和晚明心学的哲学观。明代的思想文化钳制在古代中国历史中也是少有的严苛，甚至连服装的颜色都有官方的规定，比如官员不可用何种颜色，民间又不准用何种颜色，等等。高压必定带来反弹，明代也是古代中国哲学意识快速发展的时期，从唐伯虎、祝枝山到王守仁，是哲学意识上主体意识慢慢觉醒的过程。这也解释了明代出现了大量与正统节奏不合拍的异端文化，文化环境是滋养“异端”的母体，此时产生了大量的社会批判小说，比如四大名著中有三部出现在明代，《西游记》《水浒传》《三国演义》；此外还有世情小说《金瓶梅》《儒林外史》，等等，这些作品都具有一定的反封建与社会批判的精神。尤其值得一提的是此时还有一批弹词小说如《醒世姻缘传》《玉连环》《笔生花》等，其中的薛素姐，梁夫

① （宋）孟元老：《东京梦华录》，济南，山东友谊出版社，2001。

人，沃良规或谢雪仙等一批女性疯癫形象的出现，是以性别的反抗来表达对社会的不满，在彼时非常具有先锋精神。但这种文化精神并不彻底，这首先反映在哲学上，明代哲学基础阳明心学的唯心主义自身就不够彻底，虽然王学强调了主体意识的认识作用，强调“知行合一”，但仍然是以理学为大前提，强调主体意识在认识“理”方面的作用，对比朱熹的“知先行后”，王学的“知行合一”也只是向前迈了半步。最重要的是，王学依然承认且支持“存天理灭人欲”。这样的一种文化环境下，明代的狂人的狂都带有一种“半途而废”的味道。比如具有颠覆精神的《水浒传》，“上梁山”不是光明的归途而是“被招安”的策略。《西游记》里原本塑造了一个大闹天宫，敢打翻太上老君的炼丹炉、敢往玉皇大帝的酒壶里撒尿的“泼猴”孙悟空的形象，却在西游归来被封佛，完成一个从魔到佛的成人礼。另一部相对重要的文本《封神演义》也是贡献了一个“半狂”的狂人形象哪吒。他的反抗经历与被驯化经历和孙悟空类似，早期的闯龙宫、剥龙筋、战龙王的挑战权威的形象，被王庭的封神驯化，最终进入主流社会，狂的形象只狂到一半，并不彻底。《水浒传》《金瓶梅》等小说中对疯癫人物形象的塑造，只能说是一半英雄、一半滑稽，比如《水浒传》，其中三十九回《浔阳楼宋江吟反诗　梁山泊戴宗传假信》里，戴宗教宋江装疯以避官府：“你可披乱了头发，把尿屎泼在地上，就倒在里面，诈作风魔。我和众人来时，你便口里胡言乱语，只做失心风便好，我自去替你回复知府”，带领一众英雄起义的梁山泊首领宋江在屎尿里打滚装疯，英雄的形象和世俗的滑稽同时存在在他身上。还有同样出自明代的《钱塘渔隐济颠禅师语录》[①]一卷，以和尚济颠为主人公，描写了一个不戒酒肉、破衣烂衫、又脏又臭，因佯狂似癫而被称作“济颠”的疯和尚。四大奇书之一的《金瓶梅》中也提供了一个疯癫的形象，该书从第四十九回《请巡按屈体求荣　遇胡僧现身施药》起就反复出现一位番僧，该僧“形骨古怪，相貌搊搜，生的豹头

① 该书是《济公全传》的最早蓝本之一。

环眼，色若紫肝。”[①]，样貌丑陋、形容猥琐，虽说是异相异能的神秘先知身份，但每次出现也都是赠施“百十丸”或“二钱一块粉红儿膏”之流的春药，这是英雄形象的“狂”与世俗意义上的“疯”的滑稽合体。因此可以说，明代并没有延续李白的狂人形象，只是部分复活了楚狂的精神。

真正接续起李白的狂放精神并将疯狂形象以及疯癫叙事推向古典文学极致的是曹雪芹的《红楼梦》。该书的疯癫形象众多，致疯的原因和象征意义也大有不同，贾宝玉、王熙凤、贾瑞、晴雯、尤三姐、焦大等，都是典型的疯癫形象。其中最具代表性的是一僧一道和贾宝玉。这一僧一道的仙家背景纠正了宋元时期疯癫形象的赏玩性，重新恢复了英雄的正面形象。贾宝玉作为红尘中的疯人形象，他不屑世俗价值观里的仕途经济，也不满主流社会的伦理纲常，是典型的具有反抗精神的形象。更重要的是，到了《红楼梦》，有关疯癫的叙事不再是无关主旨的闲笔，而是主题之一。作为疯癫形象出现的那一僧一道——茫茫大士与渺渺真人，是高于故事核心情节之外的全知视角，所以，任何有关他们的出场都在尽可能地以元叙事的方式破题。比如在写至英莲的未来、贾瑞的结局；在救治宝玉和王熙凤的间歇性癫狂症；在给黛玉和宝钗的命运提示，等等，他们的每一次出现都是先知或拯救者的身份，这种正面形象是对《济公全传》和《金瓶梅》中疯癫形象的刷新与匡正。虽然他们在俗世中的形象已经变形为“那僧癞头跣足，那道跛足蓬头，疯疯癫癫[②]”，但切莫忘记他们最初出现在青埂峰顽石眼里时，是“一僧一道远远而来，生得骨格不凡，丰神迥异”，请注意，这也是他们最初出现在小说开篇时的形象，这才是他们的真实面貌。自宋以来的叙事文学里，《红楼梦》几乎是首次将疯癫形象正面化的文学作品，扭转了疯癫的赏玩趣味性，延续了楚狂屈原和李白们的狂人家族血脉。同时，茫茫大士

① (明)兰陵笑笑生：《金瓶梅》，北京，人民文学出版社，2008。

② (清)曹雪芹：《红楼梦》，北京，人民文学出版社，1998。

和渺渺真人在红尘内外两种不同的形象外形，也是对两种不同的社会世相的象征，一个非理性的以癫狂为表象的世俗世界和一个真正的有来龙和去脉的真理世界。而贾宝玉，这个会说"疯话"的"痴人"，是个典型的疯癫形象。他的旨趣和性情与世俗社会的标准格格不入，无论行为还是语言上都有着不可破的执拗，他不像他的父兄们那样关注仕途经济，而是憎恶一切虚伪和险恶，本能地遵循内心的声音，追求自由、爱情和平等社会，尊重人性。他与世俗社会相互拒斥，彼此无法容忍，在互相撕扯的过程中，从痴最终走向了疯癫，走入那个真理世界。

综上所述，从接舆到贾宝玉，一条狂的精神血脉在漫长的传统文学史里涌动着，汇成一条真正的知识分子精神传统。狂者，是社会鼎革之际的文化战士，他们纯粹、执着，敢于质疑权威、挑战秩序；他们又不畏强权或世俗利益的诱惑，在精神上具有相对的独立精神。疯癫传统，作为一种叙事，作为一种文化人格，在中国传统文化内部与道家相近，又不完全相同。其恣意、放达、痛快，更像是一种"中国的酒神精神"。这在古代知识分子还有他们的诗歌作品中表现颇多，屈原的《离骚》《天问》，魏晋文人的游仙诗以及李白大量的浪漫主义诗歌等，都有一种酒神的精神气质。是"追求一种解除个体化束缚，复归原始自然的体验[①]"的酒神精神的日常形式。在传统中国文化中，酒与古代祭祀精神等重要仪式相关，是仪式的一部分，具有直通精神的重要意义。尤其与中国古代诗歌和文学的关系是最直接的，比如"斗酒诗百篇"的李白传统，《水浒传》里的大碗喝酒、《红楼梦》里的掷花名签喝酒，古人生女儿时酿造的女儿红，婚礼的交杯酒以及金兰结义时的滴血酒，等等。酒连接着古人的豪爽和风骨，连接着他们生命中每一个重要的时刻，出生、嫁娶、死亡与誓言，是他们人生里的狂与佯狂。诗与酒，是沉淀在中国诗歌里，

---

① ［德］尼采：《悲剧的诞生：尼采美学文选》，周国平译，北京，生活·读书·新知三联书店，1986。

也是沉淀在中国人集体无意识里的癫狂，左右着中国人的反它精神与感时伤怀，随着岁月流转形成民族的文化性格。

（作者系山东大学副教授）

儒家的当代性：从雷武铃诗歌看建设中国先锋诗歌的可能

冯强

把雷武铃放到中国“先锋”诗歌的谱系中，可能会让他本人感到吃惊。因为在中国，“先锋”虽有“探索”和“自由”的属性，同时它也隐约与“冒犯”“不妥协”“异端”甚至“极端”这样一些解构性词汇联系在一起，而这与雷武铃诗歌的温厚与中正显然有距离。在其起源地欧美，“先锋诗歌”在写作和批评界不再是一个时髦的话题，而在中国，情况要好一些。属于第三代诗人的张枣和桑克都把先锋性和现代性关联起来，使前者成为后者的主要内核①；臧棣也认为近百年来的诗歌实践中，“先锋性其实已成为诗歌的一个本体范畴”②。我本人也倾向于在先锋派、先锋运动终结或式微这一前提下，仍然把“先锋”作为一种价值去探讨其中蕴藏的可能，这同桑克把“先锋性作为一种建设性”③的思路是一致的。

---

① 《张枣随笔选》，193页，北京，人民文学出版社，2012；桑克：《当代诗歌的先锋性——从肆无忌惮的破坏到惊心动魄的细致》，载《江汉大学学报(人文科学版)》，2005(4)。

② 周瓒、桑克等：《当代诗歌的先锋性》，载《扬子江》，2003(5)。

③ 桑克：《当代诗歌的先锋性——从肆无忌惮的破坏到惊心动魄的细致》，载《江汉大学学报(人文科学版)》，2005(4)。

本文旨在从雷武铃诗歌讨论建设中国先锋诗歌的可能。这一工作从于坚、张曙光、孙文波、萧开愚等第三代诗人觉醒的语言意识就开始了，对“拒绝隐喻”和“叙事性”的强调既松动了政治意识形态和相应的政治抒情诗形式，又成为20世纪90年代以来我们建设中国先锋诗歌的起点(并非为解构而解构)。我们曾经把包括第三代诗歌在内的后“文化大革命”时代的诗歌统统划到“先锋诗歌”范畴中，或者干脆认为第三代诗歌就是中国先锋诗歌的真正起点。从长时段讲，这个判断无疑有合理性。但如果我们仍需建立一套“中国先锋诗歌”的言说系统，就需要对庞杂的“第三代诗歌”中的先锋性做重新梳理。这里我借助李泽厚人类学历史本体论的一些看法，冒昧提出以“情本体”以及在诗歌实践上同“情本体”相关的“美学(作为第一哲学)”“审美”和“情理结构”等作为建设中国先锋诗歌的可能范畴，请方家指正。在引入这些范畴之前，我们有必要重新回顾一下欧美先锋诗歌的终结。

一、语言的死本能：欧美语境中“先锋诗歌”的终结

关于现代诗歌，帕斯20世纪70年代初在哈佛大学的诺顿文学讲座《泥淖之子：从浪漫主义到先锋派的现代诗歌》(*Children of the Mire: Modern Poetry from Romanticism to the Avant-Garde*)有充分的阐释。帕斯将现代诗歌视为西方传统孕育下的产物，尽管所谓的“西方”内部千差万别，但是“西方世界唯有一种现代诗歌”，这一诗歌的起点就是18世纪晚期兴起的浪漫主义。简单地说，现代诗歌“诞生自英德两国的浪漫主义，变形为法国象征主义和西班牙语美洲的现代主义运动，并最终在20世纪的先锋派运动中达到高潮”[①]。浪漫主义和先锋派至少在以下几点具有相似性：都是青年运动；反抗

① Octavio Paz, *Children of the Mire*, *trans.* Rachel Phillips, Harvard University Press, 1991: preface.

理性结构及其价值；承认身体的激情和想象的基础地位——情欲、梦境和灵感；尝试破坏可见的现实，并通过魔幻、超现实等手段发现或发明另外的现实[①]。而把先锋派和浪漫主义联结到一起的，是“反对自身的传统”(tradition against itself)这一靠否定维系和延续自身的“现代传统”(the Modern Tradition)。

帕斯认为现代和现代诗歌都是西方的产物，这一产物尤其和基督教传统和大革命传统联系在一起，现代之为现代必须在同基督教和大革命的参照下才有可能。“现代起于上帝和存在、启示与理性间不可调和的冲突”[②]，起于(批判)理性“同基督教社会的决裂”：“现代性开端于对基督教‘永恒’的批判”，现代性就是“批判的激情(critical passion)”。从现代起，西方人就开始将命运与历史(history)而非上帝联系在一起，历史成为他们通往完美的途径，而“未来”被想象为“进步”。尘世的历史行动代替了与上帝融为一体的渴望成为通向完美的法则，这就是伴随 18 世纪浪漫主义诗歌到 20 世纪先锋派诗歌的几次大革命，“革命就是批判转变为行动”。吊诡的是，“革命”在取得现代的线性进化论方向的同时，并未完全取消其语源上的循环模式，它同时也是对“初始时间”的复归，是“先于历史和不平等状态”之“平等个体间原始契约”的恢复[③]。“初始时间”才是批判的最终胜利，“只有现代能把我们带回初始时间，因为只有它能否定自身”[④]。也就是说，革命既是对宗教的批判，也是对宗教的保留。基督教的顺从、消极同革命的暴力、积极，最后的审判同最少的革命之间具备隐匿的关联。

同列奥·施特劳斯的解决方案类似[⑤]，帕斯认为西方的问题在

---

① Octavio Paz, *Children of the Mire*, *trans*, Rachel Phillips, Harvard University Press, 1991: 102.

② *Ibid*, p. 25.

③ *Ibid*, p. 36.

④ *Ibid*, p. 36.

⑤ [加拿大]莎迪亚·B. 德鲁里：《列奥·施特劳斯的政治观念》，张新刚、张源译，北京，新星出版社，2009。

于如何使上帝与存在、启示与理性这些相反对的因素统一起来，而非将其中之一排除在方案之外，帕斯认为浪漫主义之后西方诗歌和文学的基本要素是“没有上帝的基督教和基督教式的异教”。因此，他为浪漫主义以来的现代诗歌规定了一个同时保留宗教和革命因素的矛盾而含混的内核：现代诗歌的历史在宗教和革命的双重诱惑中摇摆，他赋予了现代诗歌超宗教、超革命的地位，认为现代诗歌既是先于一切宗教启示的原初语言，也是历史和变化的革命语言。他同时反对现代和基督教，但也同时承认现代世界(革命)的历史时间和基督教(最初的无罪状态)的社会时间。建立新社会的革命主题将开端的时间放在未来，恢复原初清白的宗教主题将绝对的过去置于当下的堕落之前①。现代诗歌改变现实的冲动在魔法和政治、宗教诱惑和革命诱惑两个相反相成的方向上展开，前者试图消除西方人与自然的分离而恢复堕落之前的生命树状态，或将自身从历史中解放出来，后者则渴望以自身的智慧征服历史和自然。我们可以从中看到帕斯所谓的“自由与命运的辩证法”：“自由依赖于命运、上帝以及生物和社会等对其构成限定或否定的维度。而为了展开自身，命运又依赖于自由的复杂性”②。现代诗歌在宗教和革命之间的摇摆恰恰是自由和命运之间的对谈。这又牵涉到帕斯观察到的，从浪漫主义者到先锋派诗歌以来的现代诗人都面临艺术和生活之间的对抗——如何应对诗歌与社会之间的这种不和已经成为浪漫主义时代以来核心和隐秘的诗歌主题——而他们都未让此对抗解决或消失③。如何通过自由的诗歌写作组织一种新的生活实践，让一种值得过的

① Octavio Paz, *Children of the Mire*, *trans*, Rachel Phillips, Harvard University Press, 1991: 50.

② Alfred Mac Adam, "Your enemy is also human": Octavio Paz on the Spanish civil war, making peace with Pablo Neruda, and the mystery of freedom, The Paris Review No. 119 Summer, 1991.

③ Octavio Paz, Children of the Mire, trans. Rachel Phillips, Harvard University Press, 1991: preface112-113.

人生命运显影出来[①]，就成为一个核心问题。但在浪漫主义到先锋派的发展历程中，帕斯看不到解决艺术/生活矛盾的出路。先锋派不同于浪漫主义的特征之一是将浪漫反讽变成了元反讽（meta－irony），前者贬低客体，后者则失去了对客体价值的兴趣，只在符号层面关心诸多客体如何象征性地运作，“元反讽显示出事物的‘高阶’（价值）和‘低阶’（价值）是如何紧密地相互依存，这迫使我们不得不悬置自身的判断力。这并非价值的转换，而是道德和美学失却标准之后的解放：彼此矛盾的事物和价值开始交叉”，“元反讽将客体从时间、将符号从意义的担荷下解放出来……有着一股将一切翻转至其反面的亢奋”[②]。困于将语言作为主要文学体制的局面，20世纪最优秀的先锋派比如乔伊斯同时对语言和通过语言说出的、对看之主体和被看之客体进行批判，在这一流通体制中，语言处于中心地位，而作者和读者不过语言的两个时刻。当后先锋派的艺术家不具备乔伊斯或杜尚的才华和控制能力时，先锋派的元反讽就会落入为批判而批判、为反讽而反讽的泥淖，艺术中的暴力和极端主义就会将艺术家带到其能力的极限，现代艺术和诗歌也就逐步丧失其否定的能力：它越来越成为一种仪式性的重复，反叛沦为程序、批判沦为修辞、僭越沦为客套。否定不再是创造性的。与遵循直线时间想象的反讽和进化论文明竭力掩盖死亡不同，元反讽陷入一种我将其之称为“语言的死本能”的境地。先锋派最终结束了浪漫主义“反对自身的传统”，浪漫主义的自我批判被关闭了。那么现代艺术没有未来了吗？“我不是说我们生活在艺术的终点：我们生活在现代艺术观念的终点。”[③]我本人就是希望借助李泽厚围绕“度”的一系列思想，从这一现代诗歌观念的终点来谈论雷武铃的诗歌，并试图在此基础上发展起一种不同的先锋诗歌理论。

---

① 可以对比参照比格尔《先锋派理论》（高建平译，商务印书馆2002年版）和加塞特《艺术的去人性化》（莫娅妮译，译林出版社2010年版）。

② Octavio Paz，Children of the Mire，trans，Rachel Phillips，Harvard University Press，1991：114.

③ *Ibid*，p. 149.

二、再人性化：先锋诗歌实践中的“情本体”

在我看来，建立在各种“元反讽”之上的“语言的死本能”之最大问题是对人性和现实的遮蔽。加塞特在《艺术的去人性化》中已将这一问题阐述得很清楚，胡戈·弗里德里希的《现代诗歌的结构：19 世纪中期至 20 世纪中期的抒情诗》继承了加塞特的这一观察，并且在肯定的意义上将德国诗人贝恩“风格高于真理”(Style is superior to truth)中的“风格”界定为“让事实变异(deformieren)”：现代诗歌“向来就要消除‘所是’和‘所显’之间的区别，向来就让自己的材料臣服于诗歌精神的权力。然而，所谓现代就是指从创新性幻想和独立语言中诞生的世界是现实世界的敌人。”[①]毫无疑问，弗里德里希一定会陷入帕斯指出的现代诗歌的泥淖当中。

唐·库比特指出“康德和浪漫主义之后，尤其是 20 世纪早期哲学转向语言之后，旧的圣言的创造力观念回归了”[②]。死去的只是外在于人类的上帝，语言学转向带来的后现代主义后果是取消了欧美文化的“外在性”，把语言和文本等同于生活世界，一切都在语言中，一切都在时间中，一切都在文化中。这样，上帝、耶稣和神学以“奇异”的方式回归到世俗的语言－生活中。库比特也认为当下“只存在一个世界”，但“我们所能拥有的唯一的世界就是我们在语言中获准进入的世界”，这里我们看到欧美文化的两个头颅——犹太－基督教启示和希腊理性——“上帝不是一个实体，也不是一个曾经创造万有的超级存在，而是一个持续的自我涌现的‘存－在’，它通过我们的

---

① ［德］胡戈·弗里德里希：《现代诗歌的结构：19 世纪中期至 20 世纪中期的抒情诗》，156、190 页，李双志译，南京，译林出版社，2010。

② ［英］唐·库比特：《神学的奇异回归——基督教在后现代思想中的变迁》，9～10 页，北京，社会科学文献出版社，2013。

语言呈现出来”[①]。“我们的语言”是《创世记》中圣言的后裔，也是狂欢的酒神的后裔，是说着古希腊语的摩西，是荷尔德林诗中混为一体的基督和狄奥尼索斯[②]，从此，欧美这些“空的激进人文主义者”和“后现代虚无主义者”的命运只能是“被语言一次次创造又一次次消解”，他们到底没有走出“语言－知识－权力”的牢笼。

致力于建设“中国当代先锋诗歌”，张枣在21世纪初曾指出当代诗歌对欧美“元诗结构的全面沉浸”即“用封闭的能指方式来命名所造成的生活与艺术脱节的危机”，隐含在这一危机背后的“词即是物”的信念恰与“词不是物，诗歌必须改变自己和生活”的“汉语诗歌核心诗学理想”相冲突[③]。但张枣也认为中国人的“修养”仍然趋向于一个“超验”“本体”—— 这是理解“先锋”的上行路线，其下行路线为“极端性”——“我们在20世纪同样失去了古代的那种传统。留下了空白”，并认为这与欧美上帝之死后留下的空白是“同构”的。虽然明确意识到文化心理结构上中国的一个世界和欧美的两个世界的截然不同，却又殷殷希望一种“内在的心性”可以发挥出上帝的超验功能。他试图在诗歌写作中建立的心体或性体以及他最终以“写”来克服传统“修养”丧失之后的努力，似乎把宋明理学以来包括现代新儒家在内的儒学三期同语言学转向之后欧美后现代主义思潮连接到一起。他将“生活的困难”同“诗歌的困难”“言说之困难”和“发声的危机”等同起来，并着力于“将生活与现实的困难与危机转化为写作本身的难言和险境”[④]，最终，他仍然陷入语言的泥淖不能自拔。

将语言和文本等同于生活世界，背后仍是彼岸与此案、本体与现象两个世界的二元思维，不过彼岸和本体以语言稀释和幽灵的方式继续存在于此岸和现象中。李泽厚反对把作为中介的语言视为实

① [英]唐·库比特：《神学的奇异回归——基督教在后现代思想中的变迁》，191、209页，北京，社会科学文献出版社，2013。

② [德]弗兰克：《浪漫派的将来之神——新神话学讲稿》，上海，华东师范大学出版社，2011。

③ 《张枣随笔选》，191页，北京，人民文学出版社，2012。

④ 《张枣随笔选》，北京，人民文学出版社，2012。

体从而取消实体，“人的存在的基本需求，从吃饭到精神归宿，都不是语言”，比语言更重要的是人类和个体在具体的历史情境和具体的历史实践过程中呈现的人性和心理问题。日常生活和生活中的人性先于语言。相比之下，语言首先缺乏“度”①。“度”是李泽厚“人类学历史本体论的第一范畴”，即“掌握分寸，恰到好处”，它首先是在实践和行动中建立起来的，解决的是“活着”的问题。进一步，人类学历史本体论以“理性(人类、历史、必然)始，以感情(个体、偶然、心理)终”——它要解决“如何在工具本体之上生长出情感本体、心理本体”的新“天人合一”。这牵涉到“人类学历史本体论”的另一重要范畴“美”——“美是‘度’的自由运用”，这恰是“情本体”的探究。“所谓‘情本体’，是以‘情’为人生的最终实在、根本”。这里的“情”是情感，也是情境，但又不是单纯的情感(欲望)，而是经过理性积淀和融化之后情理交融的新感性和新审美，它区别于自然人性论的欲(动物)本体和道德形而上学的理(神)本体，其关键就是“情理结构”问题，即“情(欲)与理是以何种方式、比例、关系、韵律而相关联系、渗透、交叉、重叠着”②，这是“人之所以为人即人性的核心部分”③。是故，“情本体”不唯情是瞻，反而“肯定理性是人性形成的关键，展望理性更为广阔的未来”④。

相对于加塞特分析的欧美现代艺术的“去人性化”，中国先锋诗歌瞩目于如何将诗歌“再人性化”，并且思考如何重新关联诗歌与生活、自由与命运，这一点与帕斯是一致的。在李泽厚，所谓“人类学历史本体”不是理念、绝对精神或任何宗教、政治意识形态，而是生在一定时空条件的群体情境之中的“每个活生生的人(个体)的日常生活本身”⑤，而因为情本体总是要从总体人类的历史积淀走向个体，具有不同情感取向的个体根据不同情境随物赋形作出的选择，这就

① 李泽厚：《历史本体论·己卯五说》，北京，生活·读书·新知三联书店，2008。
② 李泽厚：《实用理性与乐感文化》，北京，生活·读书·新知三联书店，2008。
③ 《李泽厚对话集·中国哲学登场》，北京，中华书局，2014。
④ 李泽厚：《实用理性与乐感文化》，北京，生活·读书·新知三联书店，2008。
⑤ 李泽厚：《历史本体论·己卯五说》，北京，生活·读书·新知三联书店，2008。

决定了“情本体”承认人生中的偶然、神秘和不确定性等理性不能掌控的部分，这也是人的自由可以自由运用“度”的形式感的地方，实是走出“语言—知识—权力”的“无本体”。这里我们看到“人类学历史本体论”的归宿：在认识和伦理的普遍启蒙之后如何超越启蒙和理性，“使个体从集体、从理性、从各种约束中解放出来”，使“这个个体性”得到安顿。不确定的命运要求我们去“立命”，建基于此人类学历史本体的情本体诗学自然也就继承了其为个体安身立命的使命①，它面对的是“活着的意义”。中国先锋诗歌作为探索、体认和建构人性问题即情理结构的重要手段，它最终要确立起对人有根本价值的情本体，这与欧美先锋诗歌对“元反讽”的执迷和对意义的弃弊恰成两辙，不是自律于日常之外与日常生活隔绝，而恰恰是生活实践的一部分。不同于欧美文化中的从属于哲学的地位，在李泽厚这里，美学是(未来的)“第一哲学”，因为它“既是人性能力的最初萌芽，却又可以是不断发展成长的最高成果，它是人性中最为贯穿而又最为开放的部分”②，既可以带动认识(“以美启真”)和伦理(“以美储善”)，又可以超出理性对感性的规范和主宰，达到“审美神学”和“情感神学”③这样一种半宗教半哲学的境界，以一个世界中自足的“审美本体”取代欧美文化中两个世界的人格神宗教崇拜。从把握组织语言的形式感自然生出情感上对那不可知的“物自体”的敬畏感，这是我所谓作为“情本体”的中国先锋诗歌的关键所在。

三、中国语境中的两种先锋取向和对中国先锋诗歌的进一步界定

李泽厚曾经区分过“文化心理结构”和“心理文化结构”两个术语。

---

① 李泽厚：《实用理性与乐感文化》，北京，生活·读书·新知三联书店，2008。

② 李泽厚：《华夏美学·美学四讲(增订本)》，北京，生活·读书·新知三联书店，2008。

③ 李泽厚：《历史本体论·己卯五说》，北京，生活·读书·新知三联书店，2008。

后者是“心理的文化结构，是外在的东西变成人的心理的某种框架、规范、理性”，用以控制人的感性，前者强调感性的形成过程(forming)，尽管同是中国人，都有中国文化的积淀，而情感和心理总是个体和多元的、复杂而独特的，“文化通过心理来积淀。心理是和生理、个性、人格联系在一起的”①。粗略地看，中国当代诗歌也可以区分为这样两派。我鲁莽地把杨炼和欧阳江河划到后一派，把雷武铃放到前一派，而把张枣放到中间。

欧阳江河不满王东东和姜涛以“诡辩”定位其诗歌语言，而纠正以“‘悖论式语言’或‘矛盾修辞法’”②，与之相对的是欧阳江河的长诗《凤凰》，其中“首先值得注意的地方……在整个诗篇中，没有出现第一人称主语‘我’”③。欧阳江河最大的一个变化，是从一种和死亡平视、倾听乃至纠缠的位置提升到俯视和旁观，把面对他人死亡的欠负感“升华”为超越了个体死亡的“万古闲愁”之永恒感，这种外表冷静、内里对中国文化和经济沾沾自喜的“大国写作”心态④，一方面把中国文化做了框架化的处理(“万古闲愁”)，另一方面也对自身的诗歌做了去人性化的处理，这样一种缺乏个体情感的对集体和文化无意识之执着，我们在贾平凹《老生》中能通阴阳两界、专在葬礼上唱丧歌的“老生”身上也能看到，二者都是典型的“心理文化结构”。说张枣处于“文化心理结构”和“心理文化结构”的中间，因为他明确意识到“现代性的关键语素特别强调主体，强调个人主义，强调‘我’怎么看待这个世界。但是中国的古代汉语里，不光有‘我’怎样看这个世界，还有这个世界怎样看‘我’”，既意识到现代诗歌对个体性

---

① 《李泽厚对话集·九十年代》，北京，中华书局，2014。

② 王辰龙、欧阳江河：《消费时代的诗人及其抱负》，载《新文学评论》，2013(3)；王东东：《“凝结成一个全体”：当代诗中的词与物——以欧阳江河〈凤凰〉为中心》，载《新诗评论》，2012(1)；姜涛：《历史想象力如何可能：几部长诗的阅读札记》，载《文艺研究》，2013(4)。

③ 杨庆祥：《“在天空中凝结成一个全体”——〈凤凰〉的风景发现和历史辩证法》，载《南方文坛》，2013(4)。

④ 傅小平：《欧阳江河：我的写作要表达反消费的美学诉求》，载《文学报》，2013-01-31。

情感和形式感的强调，又意识到重新恢复古代汉语中“天人合一”的敬畏感的必要，意识到“人类的诗意是发自赞美，而不是发自讽刺……中国汉语最伟大之处就是它的赞美性”。张枣的问题可能是受西方现代诗歌思维影响太深，“希望在我的诗歌中再现一个宇宙”的庞大理想使他未能脱出诗歌转向语言之后的局限。从汉语上升到文化，以汉语“命名或者笼罩世界万物”“以形成一个帝国”①，就像《纽约夜眺》(1994年)和《大地之歌》(1999年)里隐含的中国文化和美国文明的对抗，恰恰忽视了人类学历史本体论的物质—工具本体这一历史前提。

我把张枣念兹在兹的“甜”同他所谓的“修养”联系到一起，这自然又能追溯到宋明理学。实际上，“秦汉之后性善情恶(就)成为专制帝国统治子民的正统论断”，虽然明中叶以及清末和五四时期“情”“欲”有所反弹，“又很快被革命中的修养理论和现代新儒家的道德形而上学从实践上和理论上再次压倒”②。这里涉及李泽厚的儒学分期，“儒学三期”主要是宋明理学(现代新儒家也包括在内)的心性儒学，“儒学四期”也就是以情本体为特征的“人类学历史本体论”③，二者的区别，前者高扬伦理主体却忽略了个体的情和欲，抽出了偶然、不确定性和神秘性的具体情境，超验的道德理性成为宿命占据了个体情理结构的绝对统治地位，个体审美意义上的自由被取消。

中国文化语境中，“先锋文学”最神奇的地方在于其和“纯文学”和“现代主义”的重合④，这意味着中国的先锋诗歌不是单纯的“破”，而是破立相合，诗歌革命的同时也就在建构新的秩序。在讨论“先锋诗歌的悖论”时，张曙光认为与先锋诗歌对“现代性”的追求相区分，仍然需要“在内容和形式上，或创新(冒险)和传统(即布罗茨基所说

---

① 《张枣随笔选》，北京，人民文学出版社，2012。

② 李泽厚：《实用理性与乐感文化》，北京，生活·读书·新知三联书店，2008。

③ 李泽厚：《历史本体论·己卯五说》，北京，生活·读书·新知三联书店，2008。

④ 陶东风：《文学的祛魅》，载《文艺争鸣》，2006(1)；吴炫：《新时期文学热点作品讲演录》，桂林，广西师范大学出版社，2004。

的前辈作家)间找到一个平衡点”①。情本体意义上的中国先锋诗歌则翻转过来，将这样一个“平衡点”视为真正中国先锋性和现代性的体现(着眼点仍是“一个世界”)，它虽不同于上一节中工具本体意义上的“度”，但作为语言材料的具体组织和呈现(赋形)，诗歌实践也“表征为各种结构和形式的建立”②，这也必然牵涉到跃向“美”(作为“自由的形式”)的诗歌之“度”，这个“度”囊括了“情理结构”，也囊括了张曙光所关心的传统与现代性的关系，这其实回到了“情本体”的另一个重要内涵即具体历史情境。早岁以“先锋”闻名的于坚在21世纪就认为“先锋是后退的，不一定总是在前进的”③，孙文波也多次强调先锋诗歌的“回溯”性质，把“激活传统”视为“先锋性中不可或缺的一环”④。我们需要重新阐明中国先锋诗歌中的“形”“神”关系、“变”与“不变”之关系。萧开愚曾说“没有西方诗，中国诗人就不会把诗写成现在这个样子。我喜欢杜甫、陶渊明的诗胜过喜欢任何西方诗人，但杜甫、陶渊明较少影响到我的写作。相反(包括不入流的)每一个西方诗人都深深介入了中国诗人的写作”⑤。在技艺层面也就是新的形式感之确立方面，先锋诗歌需要依据时代和个人心绪的变化做出自身的探索，另一方面，“自己美学的家”⑥也就是作为“文化心理结构”的“神”则是在相当长远的历史积淀中形成的，即使有变化也是缓慢的，所以格非说，“整个中国近现代的文学固然可以被看成是向外学习的过程，同时也是一个更为隐秘的回溯性过程，也就是说，对中国传统的再确认过程。”⑦倒是在欧美文化中，我们可以看到其上帝转向语言和文本之后的再次偏移，比如罗兰·巴特晚年所

---

① 张曙光：《先锋诗歌的悖论》，载《诗林》，2006(1)。

② 李泽厚：《历史本体论·己卯五说》，北京，生活·读书·新知三联书店，2008。

③ 于坚：《还乡的可能性》，北京，商务印书馆，2013。

④ 孙文波：《孙文波谈诗人和诗》，载《成言艺术》，2002(5)。

⑤ 肖开愚、余弦：《个人写作但是在个人与世界之间——肖开愚访谈录》，载《北京文学》，1998(8)。

⑥ 飞沙、萧开愚：《诗是太昂贵的东西——近访肖开愚》，载《文学界》，2006(7)。

⑦ 格非：《中国小说的两个传统》，见张清华：《中国当代作家海外演讲》，北京，北京大学出版社，2012。

说的“先锋派的后卫”——“做先锋派，就是知道什么正在死亡；做后卫，就是还在爱着什么”①——实际上是从语言和文本回到基本的情感和人性，他悼念亡母的《明室》和《哀痛日记》是非常明显的例证。从比格尔阐述的欧洲先锋派融合艺术与生活的初衷之失败看，“中国先锋诗歌”可以被视为“自由的生活实践的一部分”②。

在谈及20世纪90年代被普遍运用的叙事性时，张曙光认为这在很大程度上是一种寻求更好审美方式的诗歌策略，不过是“一种新的抒情方式”，因为“诗歌的本质是抒情”③。在“我其实是一个抒情诗人”的访谈中，于坚也认为“长诗的内在结构并非叙事性的……是一种力量的推进的质感的东西”。广义上说，这种推动性的“力量”和“抒情”仍然是一种形而上学，但绝非欧美传统中此岸和彼岸、现象和本体二元对立意义上的形而上学（这也是“元反讽”得以出现的前提），它可以范导和维护建立在现代自由主义基础上的“社会性道德”，也可以超出这样一个前提性的社会性道德，因为“在自由主义上有没有一个神灵，就是有没有‘德’这个东西”④，情本体更大程度上是一种与社会性道德相对和相补充的宗教性道德，它可以为个体提供终极价值，并有可能在历史实践中慢慢渗入和影响到现代社会性道德。

四、雷武铃诗歌的情本体

在雷武铃那里，帕斯勾画的先锋诗歌末路或加塞特所谓的“艺术的去人性化”可以被称之为“当代冷漠美学”，即“艺术以加倍的极端与混乱来回应”这个世界的“极端与混乱”，而雷武铃认为“这种反抗

① [法]安托瓦纳·贡巴尼翁：《反现代派——从约瑟夫·德·迈斯特到罗兰·巴特》，郭宏安译，北京，生活·读书·新知三联书店，2009。

② [德]彼得·比格尔：《先锋派理论》，高建平译，北京，商务印书馆，2002。

③ 孙文波：《我理解的90年代：个人写作、叙事及其他》，载《诗探索》，1999(2)。

④ 于坚：《还乡的可能性》，北京，商务印书馆，2013。

是绝望和虚无的，没有自身根本性的内容与力量”，他的诗歌则“贯注于个人内心的情感根源，贯注于民族文化，它的地域、传统、人们，它的个人隐秘而弱小的成长史”。他曾提及诗歌中的四种声音，分别是神对人说、人对神说、人对自己说和人对他人说。“我自己因为不能确信神意，也不能假装这世上只有我个人单独存在，也无法没人聆听而说话，因此我常常需要、在生活中也具体、真实地寻找和感觉到一个能让我说话、让我写诗的你，一个和我共在的、我信任的、思念的、亲密的友爱者。”他需要一个现实的情境释放他的深情。在他看来，除了陶渊明、杜甫的注重人世生活“醇厚人情的诗”，信佛的王维、崇道的李白还有隐士孟浩然的诗歌同样充满友谊和人情的温暖。这种情感不是全然的情绪甚至欲望宣泄，而是把握了度之后向着美演进的、有着自身情理结构的情感，是和一个诗人的人格联系在一起的。在雷武铃最关心的世界、语言和自我三个层面的真实中——“世界的真实，涉及客观逻辑(观看的角度、方式)也涉及观看者感受者意识反应的方式和过程”，“语言中的真实”则“由言说者与倾听者之间关系来决定”——他谈的最多的“自我”其实就是人格问题：“作为诗人，你需要在无限的怀疑和否定之中，在无限的后退中找到笛卡尔那个最后的支点，做出肯定性的或者说实际性的选择。你要做出选择，在你的诗中，为自己选择一个声音，自我的声音，自我。”“元反讽”最大的无能是将人性贬低为一架语言机器，在虚无主义的泥沼里放弃为自己选择一个最后的支点。谁肯艰难际，豁达露心肝！“这种对自我真实的追问(当然总是与语言相伴)，这种自觉的自省，类似儒家传统中人格的自我塑造，当然儒家对其理想人格有预先的共同的明确界定，在诗歌中这种理想人格需要诗人自己从头设定。”①从人类学历史本体论尺度下的情本体诗学出发，中国文化进行转化的资源仍需以儒家为主(其“内圣”的层面更加重视端正情感的培养)，我们当然可以把雷武铃放到“儒学四期”里谈论，虽然这一点也可能会引起他本人的反对。他是性情中人，曾在自己的老家

① 雷武铃：《赞颂》，南宁，广西人民出版社，2015。

湖南耒阳与他的学生吴小龙（也是广西人民出版社大雅诗丛的主要编辑）辩论“新儒家”，并认为儒家等级观念强，而当下的观念都应放到自由、平等的框架中去考量。综合上面他对情感和人格的看重，我们又看到他其实异常符合李泽厚对“现代社会性道德”和“宗教性道德”的区分，“当代诗的写作如果不具有观念性，不具有批判性，就没有什么价值。它必须参与到当代精神的共同的建设之中”，同时，他“相信并愿意以情感联结我们的整个世界，相信这种联系仍然是我们与世界最可信、最有价值的部分”，这就跟帕斯单纯的“批判的激情”区分开来，因为它瞩目的是一个恰如其分的情理结构，是可以把诗歌和生活连为一体的由度而美，从这个角度讲，“写诗就是自我修习”，“在诗缘情的人性温暖和诗言志的高远意志力与超越性之间”[①]找到一条道路就成为修正欧美浪漫主义至先锋派诗歌和解生活的关键。

诗歌的核心是个人情感。在理性统治或强权统治两种不同的冰冷命运里，个体的真实感和存在感恰恰就来自人的情感经验，在雷武铃，今日诗歌的意义就“在于它是一种个人说出真实的特殊方式，在于它维护个人存在的真实感”，“真实”是今日诗歌的“最高美学”，而“真实”的前提恰恰就在于能够在世界、语言和自我之间保持微妙和平衡的“分寸感”[②]，个体的情感需要在具体情境中经过语言恰如其分地说出，这就是情本体诗学反复强调的“由度而美”。

“分寸感”的拿捏经常综合性地发生在社会性道德和宗教性道德之间。在个人不能控制的公共生活领域，诗人的无力感是明显的，比如《“像礼花在黑暗的空中绽放、落下……”》一诗，诗人抬头看着

---

① 需要强调的是雷武铃诗歌中的情理结构最终是以情感范导、联结整个世界的。情感最主要的质素是“诚”，因此绝不同于列奥·施特劳斯站在少数人立场（“哲人王”）对多数人的欺骗和统治。雷武铃所欣赏的波兰诗人扎加耶夫斯基虽然接受施特劳斯“在雅典和耶路撒冷之间”的冲突，但与施特劳斯不同，他不是站在雅典和怀疑一边，而是以诗歌的方式更多站在耶路撒冷和赞美一边，并把“这种对上帝的寻求”完全视为“一个谨慎而私人的事情”。这样，诗歌成为他世俗的宗教，命运和自由在这里是同一的。

② 雷武铃：《赞颂》，南宁，广西人民出版社，2015。

阴天——“墨绿色的槐树每片叶子都在抖动/整棵树都摇晃在闪烁的紫叶里”——并“惊异于在我们经历的场景之间/不存在任何过渡”。只有在个人生活领域，诗人才能保证自己领略到的“美”之合法性，比如《远山》写一起为山的勃勃生机和宁静所沉醉的两个朋友，结尾“时间到了，我们平静地起身。/你的孩子刚做完心脏手术，必须赶回去给他换药”，个体的生活重负并未完全剥夺其对美的关注，而美使其个体责任更加蒙上人性的光辉。其他像《黄昏出门看雪》仍然遵循内心的诚实，并不掩饰自然救愈的有限性：“我”必须从自然中返回“室内”：“——呵，某些悲伤，让我难以，挣脱出来。”这里涉及如何由理性主宰的道德通过自由的形式感的创造上升为美，就像《致友人》中所言及的：“你告诉我，你的遗憾和困惑：/美，怎样才能作为美/被人接受，而不被骂作神经病。”

“‘情本体’的基本范畴是‘珍惜’”①。整部《赞颂》都流溢着这种对一个世界的浓厚情感，《2009 年 5 月 13 日上午，平安》《晨曦》《旅途》中尤其明确。这是儒家“知空而执有”的性格在雷武铃诗歌里的显示，《远山》从反面道出这一性格：

我感到周围空间里空气的流动，草木缤纷的反光
我身所在的，这色彩丰富，生机勃勃的辽阔的宁静。
它们是真实、宏大的。对短暂、激荡而易于疲惫的生命
它们恒久，平静，始终如一的饱满精神，是长存的抚慰。
人生之苦无法根除，岁月教会了我无视它们
并尽力感受世间的美。

《夏夜——给巨文》将“生命的爱与望”比作“一团被黑暗包裹的光，在浩瀚的边际，极速向前”；《静物：一个冬日的下午——给大勇》则鼓励朋友以“足够的耐心与持续、专注的探求”来面对“荒凉和

① 李泽厚：《华夏美学·美学四讲(增订本)》，北京，生活·读书·新知三联书店，2008。

空无”，如此，“也显出丰富和变化/发现的喜悦和安宁从心中流出/诞生了意义和一首诗。”儒家对“一个世界”的执着和对更高的超验世界的摒弃使自然和日常生活的神性成为可能：

茫茫湖面和深蓝色天空的空无间
大片的白云凝聚。我为何在此？这原初之美
我未感到神的触及。唯有白云，清楚又亲近
仿佛向它走去，就能融入那洁白明亮之光。[《白云(三)》]

“要是能满足于眼前的明暗/我们就是古人，走在空旷的月光下”(《深秋夜与伟驰散步》)，“柳树、槐树、杨树的枝条神秘地镂刻在天空/我一如既往找不到词，只觉得安神”(《又一年》)。不再借助于上帝或者“神力的语言”，也不再借助于任何“幽灵”或“踪迹”，一种超出语言的“理性的神秘”同样可以为生活提供一种美的安慰：“哦，神秘的美，我理解不了。哦，它只是存在(《白鹭》)”；“这是现实生活。我接受、但并不理解的/喧响世界(《长沙》)”。自然和日常生活本身不可理解的神秘是儒家个体人格选择的最后依附，因这种超出理性理解的深情和专注又反过来为我们带来感知上的恢复，理智和情感就这样处在相互的激荡和砥砺之中形成一定比例的情感结构：

神秘的鸟声！震荡我的心魄，从黑暗的虚无中把我解救出来！
我的感知恢复，在事实的神奇中(《长沙》)

天空在变，时令在变，整个世界
如宏伟的舰队行进在更明亮的宇宙。
心也如此。强烈的情感带来的
感知在成长。阳光和空气
澄清、凝聚，在酿就最高的香甜。(《夏秋之际》)

它崭新、触目的凌乱让我痛感没人爱它
——当时我正领会是深刻的爱改变世界的面貌
……
饱满之爱使我们的感知完全醒来
如表盘上的秒针，清晰地领会到每一刻。
啊，芬芳的时间，广阔世界深处的我们！(《街边花园》)

本文把雷武铃的诗歌同时放到“先锋”和“儒家”的谱系中来讨论，暗示了笔者以儒家传统重建中国先锋诗歌的愿望。这要求我们梳理中西文化语境中“先锋”诗歌的不同属性和发展脉络，而诗歌与生活、自由与命运正是两种“先锋”的共同关注。鉴于欧美世界正在走出现代，而我们中国走进现代的路程并未结束，也鉴于欧美文化中本体和现象、彼岸和此岸两个世界的文化心理结构正在趋于淡化或减弱，从而更加适应经济全球化时代不同文明之间吁求“永久和平”的“重叠共识”中，我对从儒家一个世界的角度重新建立诗歌的“先锋”属性抱有谨慎的希望态度。作为“情本体”的“先锋”不应是今天很多诗人对某种语言、身体或心灵极端性的强调，恰恰相反，“先锋”是在世界、语言和自我之间保持微妙平衡的“由度而美”，是理性的批判和情感的联结之恰如其分的情理结构，它承认人生中的偶然、神秘和不确定性等理性不能掌控的部分，这也是人的自由可以自由运用“度”的形式感的地方，是中国先锋诗歌走出命运牢笼的“无本体”特征。“无本体”正是自己选择自己的人格、树立自身的命运。最后，我们以雷武铃《论思念》收尾：

后来，电话挂断，话语说完
它却在心里更加强烈、更汹涌。
我知道了它不仅仅是语言。
它在语言之前、之后和之上，
它在更广阔的无言中。
它是一种不熄的生命热情

和能量放射之指向，
一种无时不在的陪伴感(并非专门陪伴
就像家里有个亲人在，可以安心
做自己的事，在夜里不受孤单和害怕的侵扰)
是持续地感知另一存在，感知
你和我在同一世界上互相映照的共在。

（作者系广西师范大学副教授）

在荷兰现场看中国文学的海外传播

吴锦华

作为一名即将从荷兰莱顿大学区域研究所毕业的博士生，同时也正在做中荷童书的版权贸易和翻译推广工作，今天我主要分享这些年来我在荷兰观察到的、感触比较深的中国文学的荷兰传播片段。

2012年诺贝尔文学奖公布时，我跟莱顿汉学院的一位硕士生一起吃饭。当我很兴奋地跟他说："莫言获得了诺贝尔奖!"他很茫然地看着我，问道："哎？谁是莫言？"当天，我很兴奋地写信给我的师姐马苏菲道喜，她是莫言《蛙》的荷兰文译者，想必莫言得奖能极大地推动《蛙》的荷兰语版销量吧。马师姐笑而不语，大概意思是"小朋友，你想多了。"站在2019年的年尾再来回想2012年的故事，其实这背后是一个多么浅显易懂的道理：一本书在不同国家、不同读者市场的接受程度不同。在荷兰是畅销书，却在中国变成滞销书的例子层出不穷，反之亦然。只是当年很幼稚地认为自己喜欢的东西，别人也会喜欢吧。

我们或许可以这样去分析荷兰的读者市场：顶多千人规模的、或多或少能读中国文学原著的学院派和只能借助翻译来接触中国文学的1600万普通民众。莱顿大学汉学院和荷兰孔子学院的学生，我将他们归为学院派。值得注意的是，柯雷老师门下的弟子们如林恪、马苏菲、哥舒玺思等，他们合办了《文火》期刊，翻译发表中国当代文学作品。《文火》从1996年办到了2009年，共48期，每期印数约600册，很可惜现在已经停刊了。林恪等对中国当代作品的选择和评价多是从文学性和艺术性的角度出发，他们是在对中国当代文学进行选择、翻译和研究。

最多只会说一句“你好”的普通民众对中国文学的选择就和学院派的角度很不一样了。普通民众可以购买一张和电影票差不多价格的入场券(12欧)，去参加目前已经办了40多届的鹿特丹国际诗歌节。鹿特丹国际诗歌节每年都会邀请至少一位中国诗人到荷兰。从我读到的报道来看，有三位中国诗人给荷兰民众留下了深刻的印象。

一位是将电子乐融入诗歌朗诵里的颜峻，荷兰年轻人都觉得这位来自中国的诗人非常酷。一位是诗人陈黎，他通过中文字形的变化来推进诗歌的故事情节。他的诗歌讲了一位士兵去打仗，断了腿变成了“乒”和“乓”，最后牺牲了，变成了“土丘”。这样浅显易懂的字形变化让荷兰民众直观地感受到中国汉字的美妙之处。还有一位给荷兰民众留下深刻印象的是杨炼。他留着卷长发，穿着荷兰男人最爱的绿色裤子，在朗诵前他先用英文讲了一些幽默的个人生活小故事，简单介绍接下来要朗诵的诗歌的背景，然后才开始用中文朗诵诗歌。我想这三位诗人是非常智慧的，初次见面，他们用最轻松和简单的方式来邀请“客人”，不费劲地“享受”中国文学。

恕我直言，在一些国际场合，中国展区有时会让外国人感到沉闷而不愿靠近。我去参加法兰克福书展，中国展区占地面积非常大，且地理位置非常好，按理可以吸引相当规模的访客量，但中国展区展位设计相对单调且缺乏个性，每个展位的设计都一模一样；书籍的摆设陈列也相对随意，多是菜谱、神话故事以及介绍中国高速发展的书籍。出版社的编辑们纷纷出去洽谈购买他国版权的事宜，却很少人站在自己的展位去介绍中文书籍。

我想，谈“第三极文化”，谈文化或文学的海外传播，我们除了自信地展现中华文化的活力和精彩之外，还需要灵活运用一些沟通和销售的技巧和策略。

（作者系荷兰莱顿大学区域研究所博士生）

论中国文学译介传播中的文学主体性问题[①]

——以葛浩文《丰乳肥臀》英译为中心的考察

李萌羽　温奉桥

一

中国文学"走出去"融入全球文化之中是世界文学发展的必然趋势，特别是伴随着我国经济的高速发展以及中国当代文学创作的繁荣，推动中国文化与文学的海外传播，增强文化软实力的渗透，不仅有益于宣传国家形象，而且有助于扩大中国文学的国际影响力。中国文化与文学基于传统哲学思维观与西方的迥异性，其观物、体察、感悟、想象与表现现实、人生与世界的视点与西方文化与文学存在着很大的差异性，这无疑对世界文学的丰富性、多元性、异质性是一个极大的拓展。近些年来，中国文学走出去的呼声愈来愈

① 本文为国家社科基金规划项目"威廉福克纳对中国新时期小说的影响研究"(13BWW007)、国家社科基金规划项目"中国新时期小说隐喻叙事研究"(15BZW035)阶段性成果。

高，中国文学“走出去”渐已成为政府、作家、学术界的迫切愿景。

自中华人民共和国成立以来，我国政府采取了诸多旨在推动中国文化与文学走出去的策略，其中包括20世纪50年代《中国文学》英文版与法文版的创刊与发行，80年代“熊猫”系列译丛的策划与传播以及世纪之交“大中华文库”项目的设立，及至21世纪，《国家“十一五”时期文化发展规划纲要》(2006年)着重提出抓文化“走出去”重大工程。国务院新闻办、国家新闻出版广电总局、中国作协、中国外文局等诸多机构积极实施、探索推动中国文学“走出去”的对策和渠道，先后出台实施了“中国图书对外推广计划”(2006年)、“中国文化著作翻译出版工程”“经典中国国际出版工程”(2009年)、“中国当代文学百部精品译介工程”及“国家社会科学基金中华学术外译”(2010年)等诸多项目，十七届六中全会还明确指出“组织对外翻译优秀学术成果和文化精品”。显然，“中国文化走出去”被放置于国家战略发展的高度来推行，各级部门通过上述系列项目的实施把一大批优秀中国精品推介到世界。

但在西方文化仍旧在全球处于强势主导的情形下，中国文化和文学的突围步履维艰，“世界与中国共同见证了中国文学走向世界的每一次不懈尝试，以及这些尝试背后的种种现代性焦虑与文学复兴压力。”①中国文学走出去的现代性的焦虑反映了中国文学在走向世界文学的进程中艰难生存的困境。基于这样一种时代语境，中国文学走出去要首先考虑市场，为迎合西方读者阅读趣味而简译、改译呢，还是坚守文学主体性，把文学价值放在首位？这些问题值得深思和探究。

译介学研究专家谢天振指出，“在今天的世界文化格局中，西方文化仍处于强势，要让中国文学、文化‘走出去’(首先是希望走进英语世界)，实际上是一种由弱势文化向强势文化的‘逆势’译介行为，那就更不能仅仅停留在把中国文学、文化典籍翻译成外文，而

① 胡安江：《中国文学“走出去”之译者模式及翻译策略研究——以美国汉学家葛浩文为例》，载《中国翻译》，2010(6)。

必须从译介学规律的高度全面审时度势，并采取合适的译介方式。[①]谢天振认为，在推进中国文学、文化“走出去”时，现阶段勿贪大求全，编译一本诸如《先秦诸子百家寓言故事选》，也许比花大力气翻译出版一套诸子百家的全集更受当代西方读者的欢迎。谢天振在此强调的是译介中的读者接受的重要性，重视的是读者的“欢迎度”。但文学作品的翻译是否应把读者接受放在首位，是否应为了读者接受的便利而把提供一些“短平快”的文学产品作为中国文学走出去的当务之急呢？他的这一观点还是值得商榷的。《先秦诸子百家寓言故事选》可以译介，给西方读者提供一些中国文化快餐，但是从文学的价值和意义的角度而言，花大力气翻译出版一套诸子百家全集的工作更为重要，因为经典的译介更能彰显中国文化和文学的“含金量”。

原作与读者，究竟孰轻孰重？在翻译界，有归化与异化两种不同的翻译理论，在这二者之间分别有不同的侧重。归化以译文读者和目标语文化为本位，依据目标语读者的思维模式及表达方式来翻译原文的内容。异化则以原作和源语文化为本位，采取和作者所使用的源语和源文化相吻合的表达方式进行翻译。20世纪以来，现代美国翻译理论家劳伦斯·维努蒂把这两种翻译策略纳入了文化批评的视野，他把归化界定为“遵守目标语言文化当前的主流价值观，公然对原文采用保守的同化手段，使其迎合本上的典律(canon)、出版潮流和政治需求。”[②]维努蒂在此揭示的是，归化为一种以目标读者文化为导向的策略，旨在满足目标国受众的阅读习惯，以消除外来语的文本和文化特征。他将这一策略描述为习惯于流利的翻译，将外国文本与英语价值观的隐性结合，并为读者提供在他者文化中认同自我文化的自恋体验。为此他指出归化翻译的实质是“按照目标语言文化价值观对原文进行我族中心主义式的分解(ethnocentric reduc-

---

① 谢天振：《中国文学“走出去”不只是一个翻译问题》，载《中国社会科学报》，2014-01-24。

② Venuti, L. *Strategies of Translation*. *Routledge Encyclopedia of Translation Studies*, Baker, M. & Mlmk R. London and New York, Routledge, 2001: 240.

tion)，把原作带回家。”①相比之下，他把异化界定为“偏离本土主流价值观，保留原文的语言和文化差异。”②指出异化是一种反我族主义的去目标语言文化价值观的翻译策略，以保存外国文本的语言和文化差异，即是一种把读者送到国外去的翻译策略。因此，异化策略特别注重在原文中保留独特的源文化特征，试图为目标读者提供一种陌生的阅读体验。在翻译的语言风格上，归化和异化的方法也有很大的不同。翻译学者马克·沙特尔沃斯和莫伊·拉考伊认为归化“采用透明、流畅的风格，以减小目标语读者陌生感。”③而异化策略则为译者提供“摆脱绝对服从目标语言和文本约束的自由，而且可以适当选择不流利、不透明的风格以及故意包含源语言的翻译策略。”④从读者接受的层面来看，归化是一种有效的策略，而从文学的审美性来看，异化则更能维护源目标语文学和文化的异质性。鉴于此，文学作品的异化翻译更能保留文学作品原作的全貌和其独特的异域文化特质。

二

美国汉学家、翻译家霍华德·葛浩文翻译了近50部中国文学现当代小说，特别是对译介中国当代小说做出了较大贡献。针对西方作家和学者对中国当代文学所持的偏见，葛浩文竭力捍卫其价值，“厄普代克先生不太喜欢莫言的《丰乳肥臀》或苏童的《我的帝王生涯》，我感到惋惜，不是为我，也不是为作者，是为他感到惋惜。他

---

① Venuti, L. *The Translator s Invisibility*, London and New York, Routledge, 1995: 20.

② Venuti, L. *Strategies of Translation. Routledge Encyclopedia of Translation Studies*, Baker, M. & Mlmk R. London and New York, Routledge, 2001: 240.

③ Shuttleworth, Mark and Moira Cowie. *Dictionary of Translation Studies*, St. Jerome, Routled, 43-44.

④ *Ibid.*, p. 38.

失去了一次开阔自己眼界的机会，无法进入一个陌生的文学领域。我个人认为，如果对所谓‘好的’文学持有狭隘死板的定义，那就关上了太多艺术欣赏的大门。译者给全世界的人送上文学瑰宝，使我们大家的生活在各种不同层面上都能更丰富，而最能帮助我们达到这个目标的，就是给读者呈现对文学性的不同的看法。”①葛浩文这种开放的文化价值观，促生了其对中国文学的译介。但因受西方出版市场、中西文化交流不平衡、中西审美趣味不同等因素的制约，葛浩文对中国文学的翻译实践又带有一定程度西方中心主义的改编。著名翻译家戴乃迭认为葛浩文的翻译，让中国文学带有了当代英美文学的色彩。从翻译归化的层面来看，葛浩文的改译翻译策略较好适应了英美读者的阅读趣味，但从翻译异化角度来看，其译作存在着对中文原作一定程度的改编、删减和简化处理，原作丰富的文化意蕴被一定程度上削弱，原作的全貌没有得到完整地呈现，这是为迎合西方出版市场而采取的一种策略。

在接受《中华读书报》记者舒晋瑜采访时，葛浩文谈到了他选择中国小说的标准，“我选作品，通常有两个条件：其一，我喜欢；其二，适合我译。这自然是个理想，有时达到，有时达不到。我和出版社之不同，主要是我不能考虑到市场，而出版社不能不考虑到市场。不需要考虑市场也算是一个理想情况。总而言之，翻译我喜欢的小说绝对是件不亦乐乎的事；翻译我不喜欢的小说为莫大的痛苦。”②在此，葛浩文强调了他选择翻译作品的两个重要标准，即选择他喜欢和适合的书来翻译。但他所说的翻译不考虑市场因素则值得推敲，实际上，他非常重视市场和翻译所指向的目标语读者，他曾说“我看一个作品，哪怕中国人特喜欢，如果我觉得国外没有市场，我也不翻，我基本上还是以一个‘洋人’的眼光来看。”③在原作

① ［美］葛浩文：《我行我素：葛浩文与浩文葛》，史国强译，载《中国比较文学》，2014(1)。

② 舒晋瑜：《十问葛浩文》，载《中华读书报》，2005-08-31。

③ 蒋玉琴、乔国强：《葛浩文的“东方主义”文学翻译观》，载《文学翻译报》，2014-03-18。

和读者之间，葛浩文始终是把读者放在第一位，坦言作者为他的读者写作，他为他的读者翻译。一些学者尖锐批评了葛浩文的这种翻译策略，“无疑，西方市场的需求标准就是葛浩文翻译中国文学的标准。这种高调皈依市场的做法，好像说明葛浩文并没有把中国文学看成是一种特殊的精神文化产品，而仅仅是作为一种‘商品’——与那些摆在货架上的日用品没有什么更本质区别的商品引入的；同时似乎也说明葛浩文把与中国作家的合作看成是一项纯粹的‘交易’，正如去年底葛浩文在上海的一场发言的题目：‘作者与译者：一种不安、互惠互利，且偶尔脆弱的关系。’”①

葛浩文对改译的态度颇为矛盾。一方面他认为改译是一种创造性的文学翻译活动，体现了译者的主体性。另一方面葛浩文为其改译所受到的质疑又颇感不爽，他为自己争辩说“我不知道说过多少遍了，书里也都说明了，译文中的改动绝大多数是美国或英国出版社的编辑所做的，但中国读者，尤其是媒体，总指认我为罪魁祸首。”②勒菲弗尔认为翻译中对原文本的改写，是一种文化改写或文化操控。“翻译当然是一种对原语文本的改写。所以不论意愿如何，改写都反映了某种特定的意识形态和诗学，并且这种操控会在一个特定的社会以某种特定方式发生。”③就强势文化对弱势文化的改译而言，其背后体现了一种文化意识形态和霸权主义的操控和强制性。

在西方市场和出版业规则和标准的制约下，出版社的编辑对作品的出版具有生杀予夺权，即便是美国本土的作家也要受制于编辑的要求。葛浩文指出“美国一般都有资深而且一言九鼎的编辑，很多时候作家反而要听编辑的话。比方说，大作家海明威的编辑柏金斯(Maxwell Perkins)让托马斯·沃尔夫(Thomas Wolfe)把他的第一

① 蒋玉琴、乔国强：《葛浩文的“东方主义”文学翻译观》，载《文学翻译报》，2014-03-18。

② 周领顺等：《葛浩文论编辑之于译文形成的影响——葛浩文翻译思想简评之一》，载《翻译论坛》，2015(3)。

③ Lingenfelter，Andrea. “Howard Goldblatt on how the Navy Saved His Life and Why Literary Translation Matters”，Full Tilt，2012-10-11.

部小说《天使望故乡》(*Look Homeward, Angel*)删掉9万字。”所以葛浩文翻译中国文学作品，需要依赖西方编辑的青睐，“有一些还没有找到出版社的作品，我一般会先译出一部分，三五十页，先请经纪人或出版社过目看看是否有出版的可能，如果有出版社感兴趣，我就继续翻完然后出版。如果没人表示有兴趣，那就算夭折了。我的抽屉里还有三四部没译完的，说白了，就是没人要的小说。很可能抽屉就是它们最后的归宿。”中国作品海外翻译要能见天日，需要如西方编辑的“法眼”，要削足适履，以迎合西方编辑的要求，否则只能束之高阁。

葛浩文的翻译改写策略即是为适应西方文化市场需求的一种权宜之计。葛浩文在谈及他翻译的作品删减时说，删减的明显小说有4部。其中2部莫言的小说，是被Arcade Books出版社删减的，这两部中的一部就是莫言的重要代表作《丰乳肥臀》。葛浩文和莫言有着良好的合作关系，莫言给予葛浩文充分的自由，全权处理对其作品的翻译，但在西方出版市场处于强势地位的态势下，无论是作家和译者都要受制这个市场。葛浩文道出了其中的实情：“但出版社购买英文版权，我们(翻译和作者)就得听他们的话”。

此外，由于葛浩文特定的经院派学者文化身份，长期置身于西方文化语境，葛浩文形成了一套衡量优秀翻译的标准，“但我仍然比较乐意看到宏观式的剖析，希望他们能从更宽的视角评论我的译作，从一整部作品的忠实度(fidelity)上来判定作品的成功度(degree of success)，如语调、语域、清晰度、魅力、优美的表达，等等。”[1]葛浩文非常看重翻译的品质，推崇翻译的“优美的表达”，这是其学院派身份审美趣味的反映，同时在语言风格上他推崇翻译的浅显易懂，“让作者以浅显易懂的方式与他的新读者交流”，“冗长无趣的片段润色让译文比较有可读性。”[2]追求翻译的优美、明晰性、可读性是

① 葛浩文：《我行我素：葛浩文与浩文葛》，史国强译，载《中国比较文学》，2014(1)。

② 同上。

葛浩文翻译的特色。浅显易懂也是英美低语境文化对使用清晰的语言进行交流和表达的一个基本要求，但是中国文化总体来说是一种高语境文化，追求得鱼忘筌的审美意境，具体到莫言繁复渲染的语言风格，葛浩文优雅和明晰的翻译能够过滤莫言体中的“杂质”，但对莫言汪洋恣肆的语言又可能形成一种遮蔽。

三

莫言获诺奖之后，葛浩文曾自豪地说，“作为莫言的英文翻译，我不禁感到一丝骄傲，倒不主要是因为我翻译了他的诸多精彩的小说，而是我的洞察力和幸运，数十年前就发现他是一个新崛起的、令人兴奋的作家。”①早在 2004 年，莫言获诺贝尔文学奖 8 年之前，葛浩文就翻译了《丰乳肥臀》。在《丰乳肥臀》的英译本前言部分葛浩文对莫言的整体创作情况，特别是《丰乳肥臀》的主题及其文学价值进行了评析，“《丰乳肥臀》这部小说，在描写历史事件(可以肯定的是，有选择地写历史)的同时，探讨和揭示了社会和人性更为广泛的方面，超越了对特定事件或政治历史的褒奖化解释。”②莫言本人也最看重这部作品：“如果你喜欢，你可以跳过我的其他小说(我不想推荐其他的小说)。但是你必须读《丰乳肥臀》。在这本书里，我写了关于历史、战争、政治、饥饿、宗教、爱情和性的文章。”③这部小说翻译成英文后，在西方引起媒体、汉学家和读者一定程度的关注，如《纽约客》《华盛顿邮报》和《卫报》等都发表过相关评论文章。《丰乳肥臀》作为莫言的重要代表作之一，在中国当代文学史上占有重要的位置，在翻译的过程中，是把这部小说更为完整、保持其原貌呈现

---

① www. theguardian. com/books/2012/oct/12/mo－yan－my－hero－howard－goldblatt，2020-10-15。

② Mo Yan，*Big Breasts and Wide Hips*，Translated by Howard Goldblatt，New York，Arcade，2004. p. xi.

③ 同上。

出来，还是对其进行改译以便于目标语读者接受，是翻译实践中归化和异化策略两种不同的指向。葛浩文主要选择的是一种归化的翻译策略。

总体来看，《丰乳肥臀》英文译本的翻译因受西方出版市场的影响，为了西方读者接受的便利，对原作进行了一定程度的改译。这种改译的缺失具体表现为对原作小说顺序的改变，诸多段落的删除，对小说丰富的文学意蕴的消解，原作的原貌没有完全呈现，此外，还出现了一些误译的情况。

(一)原作叙述顺序的改变

在《丰乳肥臀的》英译本中，葛浩文将原作中的第七卷放在了第一卷之后，调整了原小说的顺序。在此，很显然，葛浩文采用了一种归化策略，以方便西方读者的阅读。第七章的背景介绍便于西方读者理解小说的情节和错综复杂的人物关系。而简单化却不是小说，特别是优秀文学作品所追求的目标。葛浩文说他不喜欢中国作家按时间顺序叙述的写作方式，而实际上莫言中文版《丰乳肥臀》第七卷的安排，使用的就是一种倒叙手法，一直追溯到了 1900 年的义和团运动，在前六卷呈现错综复杂的历史事件和人物命运之后，交代了母亲的身世，与不同男人所生下的孩子，而葛浩文译本则在第二章就急于向读者介绍这些情况，使得小说的阅读活动变得简单了许多。葛浩文解释说，他这样做不是因为它对小说的质量产生了影响，而是因为它便于销售。而实际上这样一种顺序的调整一定程度上损害了小说的文学性和叙述的艺术，因此，他对此小说章节翻译顺序的调整，遵循了一种便于西方读者阅读的归化策略。

(二)删减

葛浩文认为，中国的编辑对作家的作品不做任何改动是一种失职。然而，如果编辑被赋予了太多的权力，作家的主体性就会受到一定程度的影响，对于中国文学的翻译，美国出版商经常会问是否能让它变短，被认为是多余的内容、松散的情节和不必要的形象或重复的部分在英译中常被删减或修改。这就提出了一些值得思考的问题，如果重复的部分、松散的情节和一些形象是作品有机的组成部分，是否可以随意删除？文学作品的价值是否仅仅停留在简洁上？

《丰乳肥臀》的中文版本多次出现对乳房的描写，这有助于强化小说的主题。乳房是这部小说的一个核心审美意象，如莫言所言，“丰乳肥臀是大地上乃至宇宙中最美丽、最神圣、最庄严的物质形态，她产生于大地，象征着大地。”[①]莫言在小说中多处泼洒笔墨描写乳房，表达了对丰盈的性爱，繁衍、养育人类的伟大母性以及生生不息的土地力量的赞美，但在英译本中多处关于乳房的描写却被认为是多余的部分而被删掉了。譬如，在小说原作中，有一节描写，当母亲带着家人与高密东北乡的村民们一起撤退时，经历了一场异常艰难的旅程，一家人差点被冻死了。金童陷入了一种幻觉，“那一夜，我沉浸在乳汁温暖的海洋里，搂抱着巨大的乳房几乎冲进天国。”他的眼前出现了一个长发飘拂的女人，她的脸一会像来弟，一会像鸟仙，一会像独乳老金，突然又变成了俄国女人。英文译文省略了原作很多对乳房的细节描写，也有错误之处。实际上，最后出现的是俄罗斯女孩乔奇莎，但英文把它翻译成美国女人。小说原作中甚至写道金童把乳房视为自己心目中的上帝，“礼拜吧，上官家的男孩，这就是你的上帝！上帝原来是两只乳房。上帝能变幻，变幻无穷，你醉心什么，他就变幻成什么给你看，要不怎么能叫上帝呢!”由于中西文化的差异性，对于不信奉基督教的中国人来说，上帝并不是那个高高在上的神，此处莫言把乳房写成金童心目中的上帝，但葛浩文的英文翻译要考虑西方英美国家读者的基督教信仰背景及接受情况，所以把这些描写都删除了，但是在原作后半段的描写中，金童脑中浮现出各种乳房，“她的脸上，是狡猾妩媚的微笑，但我不反感这狡猾，这狡猾是蜂蜜，是乳房一样的紫红色花苞，是花苞形状的带着露水的草莓，是草莓一样沾着蜂蜜的乳头。”这些关于乳房诗意描写的句子在英译本中也都被删掉了，在一定程度上削弱了原作丰富的文学意蕴。在当时异常艰难、困顿的情形下，想象女

① 孔凡今、施战军：《莫言研究资料》，济南，山东文艺出版社，2006。

性的乳房给了金童极大的温暖和精神安慰，它们代表人间的温情和爱，原作对乳房多次描写和渲染都有其深意，所以并不是可有可无的。

(三)译文的不完整

莫言的《丰乳肥臀》初版于2005年，每个中文版本都有七个附录(卷外卷：拾遗补阙)，它们作为小说的有机部分，或对正文内容有所补充和交代，或进一步深化小说的主题，具有很高的文学价值，但在英文译本中却是缺失的，从而使《丰乳肥臀》的英译本成为一部不完整的译作。

譬如，"补一"通过交代上官玉女在河里自杀的原因，歌颂了伟大的牺牲精神。玉女生来是盲人，后长成一个美丽、纯洁的姑娘。因玉女没有劳动能力，为了生存下去，在磨坊干活的母亲发明了独特的偷粮食的方式，她先在磨坊吞食谷物，回家后再用筷子"探喉催吐"、洗清食物，把它们煮熟给玉女吃。"母爱其实永远都是伟大的，母亲偷粮食的方式是全世界独一无二的，做了贼的母亲是光芒四射的。"玉女为了不给母亲添麻烦，成为母亲的累赘，最终选择了投河自杀。小说还有一处精彩的描写，当在磨坊工作的妇女被看守磨坊的人发现偷粮食时，他们被搜身和鞭打。看守甚至想出了一个办法，给她们带笼嘴，"那玩意是用柳条编成的，馒头形状，连鼻子带嘴一块罩住，四根绳襻系在脑后……一群骨瘦如柴的女人蓬头垢面，嘴上罩着细柳条编成的笼嘴，肩上挂着麻绳，手把着磨棍，弓着腰，绷着腿，推拉着沉重的大石磨，走一步一探头，汗珠子落地摔八瓣，喘息不迭，粮食的香味刺激着，她们身上长出驴毛。"在"补一"中，莫言用辛辣、幽默的笔法一方面揭示了承受着难以言说的饥饿、屈辱和苦难的人们的辛酸生活，另一方面则歌咏了母亲和女儿身上所体现的人类的爱、牺牲和奉献精神，这使得这些磨难得以升华，人性的温暖、光辉与残酷、异化力量的较量在此表达得淋漓尽致。而英文译本中这些内容却没有得到呈现，是一个很大的缺失。

"补五"则讲述做了妓女的四姐上官来弟在阶级斗争中的屈辱经历。来弟离家多年，为了挣钱养家，做了妓女。公社礼堂搞起了阶级斗争展览，四姐多年积蓄的珠宝被放在一个玻璃柜里展览，“四姐被请进阶级教育展览馆。站在她那些珠宝面前。高密东北乡的人从此便疯了。大家像看珍稀动物一样涌进去看四姐。公社干部都要四姐交代她是如何剥削来这些珠宝的。四姐微笑不答。实际上由于四姐的出场，高密东北乡这一次阶级教育展览的意义便完全被消解了。”高密东北乡乡民热情空前高涨，不但男人，而且女人也都去看妓女，尤其是公社干部“挤鼻子弄眼，丑态百出”，这实际映射出了一种看客的猎奇和性变态心理。而小说用调侃的语调讽刺“立场坚定的老革命”——公社党委胡书记对来弟一阵谩骂、殴打，让她交代是如何剥削穷人的。来弟则“双目喷火，冷笑不止”，眼里噙着泪说，“当妓女的，靠着身子挣饭吃，攒这点钱，不容易，老鸨催逼，流氓欺负，我这点财宝，都浸着血……”最后她把红绸旗袍的纽扣解开，赤身裸体，对着胡书记“挺着伤痕累累的乳房前进”，被胡书记的铁拳打倒在地，从此神志不清。良心发现的高密东北乡的妇女给四姐穿上了衣服，几个年轻气壮的女人抬着四姐，“四姐火红的裙裾脱垂到地上，像一个壮烈牺牲的烈士。”“补五”部分用生动的细节描写剖析了人性的猥琐、变异、丑恶、阴暗和残酷。处于阶级斗争特殊历史时期，人的七情六欲被这种非正常文化所压抑，所以只能以一种荒诞、暴力的方式发泄出来，人性被异化的阶级斗争和刻板印象力量所控制，每个人都成为异化者。

“补七”则是整个补录最为奇幻的部分。这一部分的开始，讲述了金童和几个前来帮忙的老乡在沼泽地边缘的一块潮湿的草地上，草草埋葬母亲的遗体。母亲在她在九十五岁的生命中，遭受和见证了各种艰辛、痛苦和悲剧。然而，即使在死后，她依然不得安宁，死无丧身之地，面临尸体被挖的危险。一个“身着银灰色制服，头戴明盖大檐帽、满脸严肃、小胡子凶残奸诈的人”命令金童天黑之前把死尸扒出来，送到火葬场火葬。金童争辩说这是块废地，可以把坟头铲平，老母亲实在经不住折腾了，但也无济于事。莫言在此抨击了人性的冷漠，他还再现了高密东北乡在市场经济的影响下土地所遭受的破坏，“他看到张牙舞爪的大栏市正像个恶性肿瘤一样迅速扩张着，一栋栋霸道蛮横的建筑物疯狂地吞噬着村庄和耕地。母亲寄居过的数十年的塔前草屋已在惊惧中自行倒塌，那座七层宝塔也摇摇欲坠。”土地已被混凝土建筑物所侵蚀，母亲居住的草屋已倒塌，宝塔的摇摇欲坠均预示着一种与土地相连的素朴的文化和温情的渐行渐远，取而代之的是商品市场所代表的冷酷无情的机械建筑物和人性的冷漠。欲哭无泪的金童在母亲的新坟上哭泣时，看到一辆白色的日本产吉普车驶来，他惊恐不已，以为是来抓自己的。但很快又恢复平静，觉得进了监狱一切都解决了，他很高兴能用自己的自由去换取母亲的安宁。然而，他发现一行三个人原来是来打猎的，秘书小何把枪递给“庞大男人”马副市长，马副市长连准都不瞄就打中了两只天鹅，一个穿红裙的女人欢呼雀跃，秘书去把那两只中弹的天鹅捡回来，差点陷入淤泥的深潭。其后，马副市长又击中了一只水鸭子，红衣女人坚持要鸭身上的翠绿羽毛，秘书去捡时却深陷泥潭，“淤泥里噗噗地冒出有硫黄味的气泡，好像不是小何的身体下陷而是淤泥上升。小伙子掉回头，喊叫了一句什么，上官金童没听清楚，但小伙子惨白的脸上那惊恐的表情却牢牢地印在他的脑子里。”此细节描写不仅揭示了权力的任性和横行，人性的自私、虚伪和冷漠，而且巧妙批判了人对自然生灵的戕害。所以小说中“花朵为什么会有血腥味呢？因为大地浸透了人类的鲜血”的感喟发人深省。

（四）翻译不准确之处

《丰乳肥臀》的英文译本的翻译存在一些不准确以及错误之处。如英译本特别把母亲说的一段话放在了扉页：经历了多年的分离之后，上官来弟遇见了母亲，她看到变得苍老的母亲非常震惊，母亲则回答道，“我变了，也没变。这十几年里，上官家的人，像韭菜一样，一茬茬的死，一茬茬的发，有生就有死，死容易，活难，越难越要活。越不怕死越要挣扎着活。”这一段英文译文如下：

“Yes, I’ve changed,” Mother said, “and yet I’m still the same. Over the years, members of the Shangguan family have died off like stalks of chives, and others have been born to take their place. Where there’s life, death is inevitable. Dying’s easy; it’s living that's hard. The harder it gets, the stronger the will to live. And the greater the fear of death, the greater the struggle to keep on living.

上文揭示了上官家生活的艰辛和挣扎着活下去的决心。原作的最后一句话为“越不怕死越要挣扎着活”，葛浩文则把它翻译成“越怕死越要挣扎着活”，这暗示上官家族害怕死亡，而原作则强调他们的无所畏惧的精神。在这个例子中，译文消解了上官家抵抗艰辛生活的精气神。葛浩文声称，“我讨厌逐字翻译，而忽略它们的影响、意图或语气，这会破坏作品。”①而此句译文则因为对个别词语的理解不准确而使得整个句子的翻译意义发生较大改变，鉴于此段作为整部小说的核心句子被特别挑选出来放在扉页上，出现这样的错误似乎不应该。另外，上文中提到的英文译本把俄罗斯女孩翻译成美国女人，把腊八粥翻译成十二月的粥也都不准确。

由上观之，葛浩文的归化翻译策略从市场的角度来说可能便于西方读者的阅读和接受，但因过多考虑西方市场和读者的需求，他对《丰乳肥臀》的改译也存在很多不足。特别对于像莫言这样一个获得诺贝尔文学奖的作家，其代表性作品的翻译应以原作完整面貌呈现给英语世界的读者，而不是被改编或收编。此归化翻译行为折射了西方市场导向下中国当代文学外译的困境，中国文学海外传播任重道远，中国当代文学的译介中如何超越以迎合目标语文化为准则的归化翻译策略，保持其主体性、异质性是中国文学走出去不容忽视的一个重要问题。

（作者李萌羽、温奉桥均系中国海洋大学文学与新闻传播学院教授，文学博士）

---

① Sparks, Stephen, Translating Mo Yan: An Interview with Howard Goldblatt, *Los Angeles Review of Books* 26 May 2013.

三极对话[①]

议题：当代中国文化国际影响力生成国际论坛
时间：2019年11月29日下午
地点：北京师范大学京师大厦第六会议室

主持人： 下面进入本次高峰论坛的最后一个环节，三极对话。主持人是中国文化国际传播研究院客座研究员、辽宁大学影视学院院长庚钟银教授。对话嘉宾有曾庆瑞教授、王耀华教授、罗亚娜教授和米洛斯·帕夫洛维奇教授，有请。

庚钟银： 一晃十年，黄先生和绍武先生2009年提出的“第三极文化”理论，已经在国内外引起巨大反响。对相关理论的思考与阐释很重要，我们把这种理论思考和阐释成果延伸到文化艺术传播领域，这对中国文化传播实践也是特别有意义的一件事情。下午的三场圆桌论坛都是围绕这个议题进行的。

曾先生在他们组也讲到音乐剧对传播中国文化的特别意义。我知道曾先生以前研究文学、电视剧，研究音乐剧我是第一次听说。

---

① 注：本文由对话录者整理而成，为保留现场感，编者尽可能保留了对话原貌。

曾庆瑞：就是因为平常接触引起了注意。我从这里感悟到一点，黄会林教授和他的团队做中国文化国际传播工作，需要有一个新的拓展。即当代中国文化的传播怎么建构国家形象。这里首先涉及传播内容问题：我们是不是可以延伸一下，把传播新时代中华民族的复兴文化这部分内容提到研究和实践日程上来？比方说从中国“和”文化传承下来的一个话题是“国与国之间不同文明的交流和互鉴”，这是直接针对“公平论”而言的。在此之下，当我们讲到不同文明交流互鉴的时候，目的不是为了互鉴而互鉴，而是要在互鉴中提出建设人类命运共同体的问题。从这个视野来看，很多话题就会出现，比如从我们现在讲的中国向世界展示的文化心态到工匠精神，再到怎么传播中国文化。既然民本思想在当下是一个非常明确的思想，那么在不界定题材的同时，提倡文学艺术要记录新时代、书写新时代，讴歌新时代，我认为可以请黄院长、高院长考虑，如何把中华传统文化的内涵延伸下去，讲民族伟大复兴的新时代文化。

庚钟银：谢谢曾老师。曾老师下午在阐述的时候已经谈到音乐剧的问题，刚才又超越了这个问题去阐释了自己对中国传统文化和当代文化的一种思考，以及新时代赋予中国文化的新内涵。罗亚娜老师您是研究汉学的，您在发言时曾谈到文化有几个层面，如哲学层面和精神层面等，可否请您从哲学层面谈谈对中国文化的认识？

罗亚娜：首先我应该强调我的身份不是哲学家，我是汉学家。我是斯洛文尼亚人，我小的时候斯洛文尼亚没有汉学，但是我十六七岁的时候诚心诚意地爱上了中国文化，所以我非要学习汉学不可。当时可以学汉学的地方是奥地利的维也纳大学，所以我就到维也纳大学去读汉学。当然“汉学”是一个比较广泛的概念，它包括文学、历史、艺术等各种各样的专业，在这些专业里面，我从一开始就对中国哲学非常感兴趣。在拿博士学位之前我在中国读了两年书，我真的应该再次强调，这两次在中国读书的经历对我来说是最重要的经历。那个时候我更加热爱中国文化和中国人，也有了很多新的中国朋友，而且跟他们的关系非常密切。我第一次见识到了中国文化和欧洲文化之间很大的不同。所以我在 25 岁之前就决定，我这辈子要做中国文化和西方文化之间的桥梁。后来随着年龄的增长我发现做这样一座桥梁没有那么容易，要完成这样一个任务，你会碰到很多以前意料不到的问题。虽然你很喜爱中国文化，可是你毕竟还不是中国人。你还是欧洲人，你还是斯洛文尼亚人。所以我要传播中国文化到欧洲，到斯洛文尼亚。

在这个传播的过程中我不能否认自己是欧洲人，是在欧洲文化影响中长大的一个人。但是我能做的就是，我可以尊重并且热爱中国文化，这是一个很好的传播基础。当然中国文化也有一些毛病，中国人自己也知道有一些要改变的地方是不是？我说我爱中国文化，我要传播它，不等于我对它是没有任何批评的。但是我要集中它的优点，因为中国文化的优点能帮助我们欧洲解决自己的毛病。所以我认为传播中国文化的基础就是：我知道我的世界和你的世界不一样，我们是两个不同的人种、不同的文化，可是如果我们互相尊重，还是可以达到那种“和而不同”的境界，而这种境界在人生中是最美好的境界之一。

今天王耀华教授在讲话中提到一个非常令人欣赏的观点。他说以前我们都说在传播中国文化时，传播者既是主体又是客体，可是实际上我们在这个过程中都应该做主体，跨文化研究是双主体对话的，所以一个跨文化的对话，应该基于跨主体性。这就是我的看法。谢谢。

庚钟银：谢谢罗亚娜老师，罗亚娜老师很谦虚。曾老师有感而发什么见解？

曾庆瑞：不同的文化之间互相做跨文化交流的心态非常重要，文化是伟大的文化，它不像经济上的富裕、军事上的强大可以更迭、替换，伟大的文化是不可更迭替换的。因此，应该有一种心态：我尊重你的文化，看到你文化的长处和短处；我吸取你的长处，然后扬长避短。这种心态非常重要。这种心态就是在人类命运共同体里面为我们共同繁荣人类文化而努力。

庚钟银：我刚才说罗亚娜老师很谦虚，其实也就是曾老师说的心态的问题。语言就是桥梁，汉语说得这么好，她一定能为中国与斯洛文尼亚文化交流做出贡献。在这样一个文化共同体当中，每个民族、国家的文化都有自己的优长，我非常欣赏罗亚娜老师的坦率，对中国当下存在的问题也提出点到为止的批评，这也是很有必要的。我们就应当有这种坦率的交流。我们也想听听远道而来的塞尔维亚的米洛斯老师的意见。塞尔维亚很遥远，米洛斯老师会说汉语吗？

米洛斯·帕夫洛维奇：我不会说，对不起。

庚钟银：请您说外语。

米洛斯·帕夫洛维奇：好，我想说得慢一点，这样翻译就能够更好地翻译了。塞尔维亚相比于斯洛文尼亚可能更远一点，但我其实跟罗亚娜教授一样，有同样的文化背景，因为在以前没有分裂的时候我们属于一个国家，所以我们之间是没有什么障碍的。

对于我们而言，没有东西之间的两极关系，这也是为什么我非常喜欢、非常热爱东方文化。我觉得文化的概念非常广大，而且文化的影响也非常长远，有政治、经济、社会方方面面的影响，就像罗亚娜讲到文化涉及艺术、行为、哲学、科学等很多不同的维度。我们都知道不可能完全消除中国哲学对我们的影响。中国文化已经有五千多年的历史了，对西方国家的影响也是非常巨大的，这一点我们认可。

今天我们探讨的主题是对文化的推广，也就是中国文化怎样才能在全球范围内有更大的影响力。这两天，我在电视上看到一些西方的音乐和电影，在城市的大广告牌上也能够看到西方产品的广告。我研究的主要领域是电影，我也研究过很多关于广告方面的内容。我现在还在一个广告公司工作，所以在谈文化的传播、广告的传播时有一个受众群体的概念。今天在座有很多专家，我觉得我们都应该用同样的语言来进行探讨，这样才能彼此理解。只要我们能够影响更多的受众，我们就能够有更好的结果。电影是一种世界艺术，电影能从视觉上给每一个人更多的影响。就像前面曾教授讲的，音乐也是一种非常重要的文化影响。

其实我们现在的社会规则是谁的叙事更好谁就可能更吸引人。所以有些时候去看现实，东方的文化和西方的文化是不一样的。这种情况下，受众的接受度也是不一样的，包括市场推广方式也是不一样的。如果我们想去把这个作品推广给更多的观众，需要有另外一些批判性的思考，比如受众是谁。在学术界，我们彼此讨论，无论怎么说都能彼此理解；但是如果要把我们的想法传递给公众，那么就需要考虑怎么才能让他们接受，也许商业化的语言能让他们更容易接受和听懂。有一些电影制作人不愿意采用商业化的形式，认为那样做电影就不再是电影了。但你也许不知道，很多好莱坞电影导演、从业人员都没有电影背景，他们是纯做市场营销的。如果我们想让中国文化更好地去影响西方世界的话，我觉得我们得想办法。办法其实是有的，比如说功夫或者是武术相关的影片，消费群体很大；李小龙或成龙这些影星，国际影响力也非常大。

庚钟银：谢谢。米洛斯·帕夫洛维奇教授是研究影视的，对中国电影如何走向世界，他站在欧洲立场上给出很好的建议。即叙事很重要，应该采取有针对性的叙事方法，我想问一个轻松的问题，米洛斯·帕夫洛维奇教授，好像你对功夫电影比较感兴趣。除此之外，还对什么电影或者对哪位导演比较感兴趣？

米洛斯·帕夫洛维奇：我的确挺喜欢功夫片的。我自己也练过武术，但是是日本的武术。就华语片来说王家卫是我最喜欢的导演，还有李安，当然其他类型的华语片或者是中文电影我也很喜欢。

庚钟银：再问一个问题，您还记得第一次接触中国文化是什么时候吗？

米洛斯·帕夫洛维奇：我记不清了。应该是从《易经》《老子》这些作品中第一次接触的中国文化。之后其实它是不断在发生的，因为我自己也想去了解，就如同现在的年轻人，网上流行的东西是什么，哪些人可能会去讨论这一些。我就想知道他们在说什么，所以也就开始做一些研究。

庚钟银：米洛斯·帕夫洛维奇教授看来也是一位汉学家，不光是一位电影研究学者。罗亚娜老师同意吗，如果说米洛斯·帕夫洛维奇教授是汉学家，您觉得怎么样？

罗亚娜：他是另外一种汉学家。

庚钟银： 是塞尔维亚的汉学家？

罗亚娜： 对，我们两人本来都是来自多元文化的一个国家，所以如果我们从这个基础出发的话，比较容易建立这样一种跨文化的对话。

曾庆瑞： 刚刚米洛斯·帕夫洛维奇先生讲到塞尔维亚跟中国、俄国、美国的关系，其实中国与美国、俄国看待你们的态度不一样。我可以举一个具体的例子，我今年 83 岁，我年轻的时候看过你们国家的电影，我相信《瓦尔特保卫萨拉热窝》《桥》这两部塞尔维亚电影在今天照样能够征服中国年青一代的观众。

庚钟银： 是这样，我还记得那几部电影，还记得那个歌曲，记得那个旋律。

罗亚娜： 那个歌曲是意大利的。

庚钟银： 歌曲是意大利的，但音乐、配乐、主旋律是你们的。王老师是研究电影的，不知道您有没有印象？

王耀华： 有，从音乐上来讲，它有比较大的吸引力。就是说歌曲起调很好听，也很有那种情绪，表现那种向上的精神状态，所以它能够受到大家的欢迎。

庚钟银： 王老师对中国音乐，尤其是当代音乐很有建树，不知道您对中国当代音乐有什么看法，中国当代音乐如何走向世界呢？

王耀华： 中国音乐要走向世界，目前有两个问题。一个问题是怎么能使我们传统的音乐让西方听众听起来亲切；怎样加入现代的一些因素，使它更接近当代人的感情表达。即一方面要体现出传承，另一方面要体现出发展。

另一个是，外来的东西怎么能够加入我们民族的内容？比方说交响乐怎么能够表达民族化的东西，怎么加进古典舞、民族舞，进行中国化。我觉得这两个问题处理好了，中国音乐才会健康发展，才能受到大家和世界的欢迎。

庚钟银： 王老师，如果按照时间来界定，《梁祝》应该算是一个好的例证吧？

王耀华：《梁祝》这方面是做得比较好的。它扎根于我们的民族音乐，以越剧为基础，但是它又有新的内容在里面。虽然有人说它把越剧去掉，只剩下那么几个音了，但音律却放宽了，而且很流畅，比原来宽广多了，并且它听起来还是越剧的韵味，这样就能使听众感到时代因素了。这是用当代人的语言来讲过去的故事，又有过去的风格，所以它就会受到欢迎。不仅中国人喜欢，外国人也很喜欢。

庚钟银：音乐是一种国际性的语言。王洛宾先生早年在北师大工作过吧？

罗亚娜：应该不是工作，是学习。

庚钟银：他的音乐传播时间很长，传播区域很广。《在那遥远的地方》如果两个人唱起来可能更好一点。斯洛文尼亚，遥远的地方，有一位著名的汉学家，有时间我们一定要到斯洛文尼亚去。

罗亚娜：欢迎欢迎。

庚钟银：当然米洛斯·帕夫洛维奇老师肯定去过，虽然现在是两个国家，但是文化血脉难以割断，交通也比较方便。在中国人的心中，塞尔维亚和斯洛文尼亚都有着悠久的文化传统，塞尔维亚人民体育方面很有天赋，足球、篮球都很好。

米洛斯·帕夫洛维奇：塞尔维亚的网球也很好。

庚钟银：其实文化也应当包括体育。

罗亚娜：塞尔维亚文学方面也有天赋，也是挺高级的，可惜还没有翻译成中文，塞尔维亚有一些非常优秀的文学作品。

庚钟银：罗亚娜老师的任务艰巨，应当翻译过来。

罗亚娜：不，我的塞尔维亚语不太好，他们也有年青一代的汉学家。

庚钟银：可以由米洛斯·帕夫洛维奇老师翻译成英语，再转化成汉语。

米洛斯·帕夫洛维奇：是的，塞尔维亚有一个非常著名的汉学家，下周他也会来北京开会。他也是非常著名的一位学者。

庚钟银：我们期待早日读到米洛斯·帕夫洛维奇教授的文学作品，不知道您是写哪类文学作品，诗、散文还是小说？这些作品和中国有什么关系没有？

米洛斯·帕夫洛维奇：我觉得我可能不再写小说了，没有这方面的计划。

庚钟银：曾老师其实也研究文学。曾老师现在对文学还是一往情深地关注吧？

曾庆瑞：研究现在谈不上，我们马上要出版批判文学的论集，其他的开始转入文学创作。

庚钟银：文学创作也是一样。罗亚娜老师，曾老师说他现在也搞创作，你把他的作品也翻译成斯洛文尼亚语。语言，尤其是文字语言的翻译曾老师也说了比较难，我们应当更多使用艺术语言进行文化传播、文化交流，我想这个空间是非常大的。今天的时间非常有限，来日方长。

今天我们大部分谈的都是形而上的问题，还有形而下的问题——马上要到吃饭的时间了，北京美食很多，中国美食也是一种文化。我们今天的三极文化就讨论到这儿，谢谢各位老师。

（本对话由杨卓凡整理）

“中国与世界：当代中国文化影响力生成”国际论坛“请进来”会议综述

黄偲迪　王艳

2019年11月29日，由中国文化国际传播研究院、会林文化基金与英文期刊《中国文化国际传播》（ICCC）联合主办，《文艺研究》《现代传播》《电影艺术》合办的“中国与世界：当代中国文化影响力生成国际论坛”在北京师范大学京师大厦第六会议室成功举行。来自海内外的60余名专家、学者与会，就中国文化国际影响力的生成机制与当前状况进行了深入探讨。论坛共设一个主论坛、三个圆桌论坛及“三极对话”环节，全体参会人员逾200人。

一、中国与世界的文化交流

本次国际论坛延续有关“中国文化影响力生成”的主题，围绕着中国与世界的关系以及当代语境下中国文化国际传播中的情况进行研讨。

中国与世界的文化交流源远流长、历久弥新。北京师范大学副校长周作宇教授在致辞中以唐诗的英文翻译为例，指出在文化交流的过程中，真正能够将大家凝聚起来的因素具有许多共同特征，例如对美的追求、对善的追求等，这是文化交流的共同基因。中国与世界的文化交流不仅是一个历史命题，还是立足当下、放眼未来，在交流中合作共赢、共同发展的应有之义。

巴黎东方语言文化学院教授、法国国民教育部原汉语总督学白乐桑教授的演讲题目为《欧洲汉学联合体的渊源与现状》，他注重现象背后的深层次原因，深入解读了“东方主义”“亚洲学”“汉学”等几个关键的名词概念，介绍并分析了欧洲汉学研究与学术机构发展的脉络和内涵。他赞同法国学者 Jean Pierre Abel-Remusat 的观点，认为汉学丰富了西方的精神和内心，而成为一个汉学家就要去了解和理解中国社会文化的各个方面，尊重中国文化的独特性，这能够丰富西方文化的精神。

中国美术馆馆长、法兰西艺术院通讯院士吴为山在题为《以文心暖人心——从几件作品谈起》的演讲中分享了自己的雕塑创作经验及其背后故事。他指出当代中国影响力的生成，来自深厚的传统文化，也来自不同文明之间的碰撞交融；来自现代生活的创新，也来自对梦想的求索。他认为中国文化的传播要从“走出去”变为“请过去”，每个人都是文明的传承者与传播者，唯有以真心去对话，用理解去交融，以文心暖人心，才能让世界变得更加美丽，让人们的生活更加美好，让文明之光更加绚烂。

卢布尔雅那大学教授罗亚娜的演讲《跨文化对话与中国哲学的问题》围绕着中国哲学展开。她指出某些西方学者在“中国是否存在哲学”这一问题上一直存在误解，中国古代诸子的思想就是一种哲学。罗亚娜教授认为许多西方定义的哲学问题具有局限性，这意味着在经济全球化的进程中，我们必须要推动多边会谈。这种会谈不是简单的对话，更多的是争论与辩论。她坚信未来会有越来越多成功的多边会谈，会有越来越多的哲学进入我们的生活。

清华大学国学研究院院长、资深教授陈来在演讲中论述了中华文明的文明观和文明态度。陈来教授指出，就中华文明而言，中国与世界的文明交流，主要依据于中华文明的价值观和世界观，尤其是“和而不同”的观念。他谈“和”的中国哲学，讲到了以“和而不同”为核心的中国哲学渊源与审美追求。他引经据典地讲述了中国文明以“和”为内涵的世界观，并从宗教融合的角度论述了中国“和而不同”的理论实践，提出了“共存互补”的实践原则。在经济全球化使世界各国日趋紧密的时代，摒弃“他者”的狭隘文化观，重新发掘“和而不同”的文明观与“与人为善”的文明态度具有重要的现实意义。

国际儒学联合会副主席、北京大学博古睿讲席教授安乐哲在演讲《第三极文化的未来：优化共生体系的“和”概念》中，进一步阐释了黄会林教授提出的“第三极文化”理论。他认为不同文化之间的理想状态就是“第三极文化”的理想状态，即“和谐”。他指出对于学术界而言，对重点概念词汇的翻译与阐释是非常重要的，他从中西文化的联系与差异切入，对比分析了“和”的概念在中西语境中的变化。他提出中国文化传播面临的最大挑战是“中国威胁论”的甚嚣尘上，然而，人们应该认识到，忽视中国是不现实的，中国的影响会越来越大，应当更好地接受中国的价值。

北京师范大学资深教授、中国文化国际传播研究院院长黄会林教授在题为《世界文明格局中的中国文明主体性》的发言中介绍道，自 2016 年申请了国家社科基金重大项目“当代中国文化国际影响力生成”后，研究院连续三年围绕着该主题召开国际论坛。黄教授主要从两个方面论述了在当下中国和世界文明的历史现实格局之中，为什么需要重新认识和确立中国文明主体性：第一，中国的民族解放与建设积累是对传统文明创造性的继承；第二，关于中国文明主体性基本依靠资源的思考。她认为，中国文明是以儒家文明为主体的学习型文明，需要在立足于中国自身的文化传统与发展实践的基础上，积极吸收世界文明的精华。

二、中国戏剧与影视的国际表达

戏剧与影视作为一种晚近生成的艺术与文化传播媒介，在促进中国艺术的繁荣与中国文明的形象塑造及传播上作用显著。中国文联电影艺术中心主任、中国电影评论协会会长饶曙光教授从中外文化对话的角度探讨了互联网时代电影的“共同体美学”的生成可能。他从安乐哲对中国关联性思维方式的阐述出发，提出“共同体美学”的概念。其核心理念是在对话的基础上，通过合作达到和谐地实现多方利益的最大化。当代中国美学呈现出一种具有中国特点的区分型美学的趋势，而西方美学则呈现出一种具有西方话语规定性的关联型美学的特征。随着社会的发展，全世界的电影都面临人工智能、5G等新技术带来的生产传播方式及思维方式的改变。循此，中国电影和世界电影可以在更高层面上形成共同体，实现相互融合发展。

贝尔格莱德艺术大学教授、影视戏剧学院院长米洛斯关注到了数字化时代带给我们的改变，他在题为“建立并保存艺术文化的数字身份——在探索和创新之间”的演讲中指出，对于观众而言数字化提供了更多的选择，我们需要思考的是如何通过数字化给予受众更好的文化体验。今天的体验不只是普通的听和看，更多的是一种体验式的、沉浸式的参与。面对新的受众群体，应当鼓励观众参与其中，打破受众对于文化创造的限制。他提出目前媒体行业想要成功，必须采取三个步骤：一是赋能，注重创新；二是通过各种分销渠道发展客户关系；三是考察向用户提供的多平台视频内容。

辽宁大学广播影视学院院长庚钟银重点讨论了创意纪录与中国电影学派的生成。在他看来，中国本土美学资源是形成影视艺术中国气派，促进影视艺术现代化、民族化的重要因素。庚教授认为纪录的影视语言可以采用更有创意的形式展现，如全景式地展示整个社会风貌，与其他艺术形式嫁接，利用新兴技术等。

北京师范大学影视系教授田卉群主要从戏剧创作方面讨论中外

文化影响力的交互表现。田卉群教授认为戏剧最容易达到不同文化间的沟通和交流，并以《酗酒者莫非》为例，具体展现了中外戏剧文化的深度融合。戏剧的生命在于空间的展示，同一作品在不同场域中可以有不同的表现方式，而这也是我们的校园戏剧受到西方戏剧理念影响之后的产物。

在中国艺术的重新定位与电影的中国表达方式的时代要求下，同样来自北京师范大学艺术与传播学院的博士后王艳创造性地提出了"写意电影"的概念，她认为"写意电影"是一种具有民族特色的电影风格和美学特征，"写意电影"从理论与实践上更新了对于电影的传统认知，不拘于时空、题材和媒介的限制，而只关注底层的美学特征是否一致，同时它又随着写意美学的发展而动态发展。"写意电影"具有面向传统、面向西方和面向未来三个面向。而中国电影甚至中国美学需要在这三个面向上继续发掘下去，这关乎艺术的未来和人类的未来。

上海大学陈犀禾教授总结说，该分论题主要围绕着戏剧与影视的国际表达展开，从舞台艺术表现形式的探索到探讨纪录片中国学派的可能性，再到跨国题材影片与共同体美学，以及对印度电影、写意电影的关照，从中西文化融合、新媒体环境等方面探讨了国际表达中的共同价值。

三、国际视野下的中国观察

从国际的视野观察中国，就是以世界文明为参照及对话对象，期待能从文明的互动关系中探寻中国文明的位置及世界意义。如今，中国的不断崛起是全方位的，不仅带来经济、政治秩序上的改变，还能由此预期到文化秩序在全球的变化。在主论坛上，白乐桑教授的演讲中高屋建瓴地将大会引入了对这一话题的哲学思考。

国际儒学联合会副主席、北京大学博古睿讲席教授安乐哲在题为《第三极文化的未来：优化共生体系的"和"概念》的演讲中，进一步阐释了黄会林教授提出的“第三极文化”理论。他认为不同文化之间的理想状态就是“第三极文化”的理想状态，即“和谐”。他指出对于学术界而言，对重点概念词汇的翻译与阐释是非常重要的，并从中西文化的联系与差异切入，对比分析了“和”的概念在中西语境中的变化。他提出中国文化传播面临的最大挑战是“中国威胁论”的甚嚣尘上，然而，人们应该认识到，忽视中国是不现实的，中国的影响会越来越大，应当更好地接受中国的价值。

北京师范大学艺术与传媒学院美术与设计系教授梁玖选取“境内影响力”的独特视角来讨论如何使中国文化更好地向外传播。他的核心观点是中国文化要确立一个命题，多向性多角度发布信息、提供分享内容；提升国内互动战略，充分利用互联网等技术加强不同地区、不同民族间的互动，从而使每一个行为主体都拥有饱满的人文内涵。中国传媒大学曾庆瑞教授从“走出去”说起，以中国影视作品对外传播的具体案例说明“文明是交流互鉴的”，需要用通用的艺术语言去传播。

澳大利亚导演、制片人 Dean Head 在他的发言中详细生动地介绍了自己在制作电影、观看中国电影中遇到的文化冲击。他从中认识到中外文化交流是需要合作的，并希望电影能成为文化交流的桥梁，减少在感悟异域文化时产生的误解及仇恨。印度艾哈迈达巴德国家设计学院电影系资深教授阿伦·古普塔的演讲《孪生的影像：从印度看中国》，回顾了中印两国在历史、文化、哲学上的相关性，他从中国的影像中能够感受到为亚洲人所共享的精神。法国里昂第三大学施雯教授着重探讨了儒家乐教思想在当地人与社会关系中的意义。她认为，“人”是现代社会里最根本的概念，但这个概念容易将我们引入西方知识谱系中个人与社会二元对立的思维模式，而儒家思想引入“中庸”的哲学，能够将二者的对抗性处理成和谐的三元思想体系，最终达到“仁”的完美人格。德国路德维希一马克西米利安一慕尼黑大学博士研究生李洋的报告题目为《制度流动中的定制：美国新闻媒体对中国的刻板印象》，她梳理了 20 世纪 70 年代至 90 年代美国媒体对中国印象的变化过程。

曾庆瑞教授总结说，论坛指出现今美国媒体对中国仍具有刻板印象，中国文化对外传播就是要打破这种刻板印象。但论坛也指出，在注重国际传播的同时也不可忽视境内传播。另外在传播中如何使传播效率最优化、最大化也是一个重要命题。

四、中国文学与音乐的世界情怀

该话题强调了人类命运共同体是中外发展的必然趋势，并从文学、史学、诗学、音乐学等方面探讨了中国文化海外传播的内容与形式。吴为山先生在主论坛中动人地讲述了自己雕塑艺术创作的体悟及其背后的故事。

中国文化国际传播研究院执行理事向云驹教授从中国文化的极致性与构建人类命运共同体的关系对中国文化的民族个性与世界文明的共性展开了深入讨论。他认为地理的一统与思想的道统构成中国文化的极致性和"从未中断"，而经济全球化使世界发现了中国。他指出，中国的当下成就是在文明互鉴中发展起来的，中国人民愿意将这一伟大的宝贵经验奉献给世界，中国也愿意为世界和平发展提出中国的方案：构建人类命运共同体。

北京师范大学刘江凯副教授以《在世界中经典化——中国当代文学的问题与方法》为题，阐述了自己研究中国当代文学在海外传播的观念和方法。他在近十年中国当代文学海外传播研究的基础上，提出"对象统一、各归所属、跨界融合、和而不同"可作为跨学科研究的基本准则，而"在世界中经典化"将是中国当代文学不得不面对的挑战和趋势。瑞士苏黎世大学讲师杨爽的报告题目为《中国打工文学在西方的翻译与接受情况》，重点讨论了中国打工文学的西方影响。青岛山东大学赵坤教授的报告题目为《"阐""诠"视角下的莫言研究——谦论当代文学批评的知识生产问题》，考察了关于莫言的批评实践在阐论与"诠"证方面如何展开，又呈现出怎样的竞争史的批评形态。广西师范大学冯强教授的报告主要谈论了气氛美学与比兴之争。荷兰莱顿大学吴锦华博士在演讲中分享了他在荷兰现场观察到的中国文学传播故事。

福建师范大学教授王耀华对此进行了总结。他提出海外传播要从路径上创新，这包括科学技术、传播对象、题材形式等，要重视人的情感交流，在强调自己主体性的同时也把传播对象当作主体来看。

五、“三极对话”

本次论坛特设“三极对话”环节，以期使“第三极文化”理论进行更深入的学术碰撞。“第三极文化”是由黄会林教授于2009年首次提出的战略构想，该理论认为：当今的世界文化呈现多元化格局，在多种多样的文化样式中，从影响力看，其主流大体可以认为有三极。中国文化、美国文化、欧洲文化在当前多元的世界文化中分别代表一“极”，三极文化之间通过文化交流与合作，共同引领世界文化的发展，达到“各美其美、美人之美、美美与共、天下大同”的美好图景。

“三极对话”环节主持人庚钟银教授简要介绍了“第三极文化”理论，对话由此展开。曾庆瑞教授认为中国文化国际传播需要一个新的拓展，“传播什么内容”的问题应该被提上日程，我们的传统文化自然是一个宝贵的方面，但对新时代中华民族文化复兴的传播也应当被纳入传播视野。罗亚娜教授结合自己的学习经历讲述了自己与汉学以及中国哲学的渊源，认为热爱中国文化是传播中国文化的基础，提出跨文化研究并不是研究主客体的关系，而是研究双主体的关系。米洛斯教授表示文化的概念十分广大而又影响长远，他从文化传播受众群体的角度阐述了文化传播的具体实践，对中国文化国际传播提出了具有实践意义的设想。王耀华教授声情并茂地阐述了中国音乐走向世界的两个问题，一个是使传统音乐更贴近当代情感表达方式的问题，另一个是外来音乐怎么增加我们民族因素的问题。

他以音乐作品《梁祝》为例，提出了用时代语言讲过去故事的方式。庚钟银教授总结说，我们应当更多地使用艺术语言进行文化传播与文化交流，这个发展空间是非常大的。

“中国与世界：当代中国文化影响力生成”的论题引发了与会专家学者的热情关注和积极思考。主持人高峰教授在会议总结时指出，文化交流无处不在，论坛通过主论坛、圆桌论坛和“三极对话”等环节，对议题进行了广泛而又深入的探讨，获得了丰富的学术成果。本次论坛不仅是思想的碰撞，更是智慧的交融，期待明年的国际论坛同样精彩。

“中国与世界：当代中国文化影响力生成”国际论坛“走出去”会议综述

孙子荀

2019年9月23日，由北京师范大学中国文化国际传播研究院（BNU-AICCC）、意大利马切拉塔大学孔子学院与中国中心（UniMC-Confucius Institute and China Center）、北京师范大学会林文化基金（BNU-Huilin Foundation）联合主办的“中国与世界：中国文化国际影响力生成（China and the World：Contemporary Reach and Influence of Chinese Culture）”中意高端国际论坛在意大利马切拉塔大学召开。

意大利马切拉塔大学创建于1290年，是全欧洲最古老及最具有知名度的大学之一，同时也是马切拉塔省省会最大规模的公立学府。学校目前有近2万名学生，就读近百个专业。坐落于利玛窦故乡的马切拉塔大学有着良好的国际学生互换项目和国际交流活动，使其成为不同文明在欧洲交流碰撞之所。

本次中意高端论坛由北京师范大学资深教授、中国文化国际传播研究院院长黄会林先生与意大利马切拉塔大学孔子学院的路易吉·拉凯（Luigi

Lacche)理事长共同主持。

路易吉·拉凯理事长首先致欢迎辞，代表意大利马切拉塔大学孔子学院与中国中心对由黄会林资深教授带领的北京师范大学中国文化国际传播研究院团队的到来表示欢迎与期待。他简要介绍了目前马切拉塔大学孔子学院与中国中心的跨文化交流实践情况，尤其是与北京师范大学建立友好往来之后，两校尝试的多种国际交流项目运行现状。他表示，意大利与中国两国文化交流源远流长，相信今后意中两国将会有更多的、涵盖范围更广泛地交流与合作。

意大利马切拉塔大学中国中心主任弗朗西斯卡·斯皮加雷利(Francesca Spigarelli)女士首先感谢了路易吉·拉凯的致辞，并邀请北京师范大学资深教授、中国文化国际传播研究院院长黄会林先生致辞。黄先生在对马切拉塔大学方面筹备本次论坛表示感谢后，向在座听众介绍本次出席论坛的中国学者，表示了中方学者愿与意大利学者交流学习的诚心；并对本次论坛的顺利召开与中意两国的文化交流提出热切期盼。黄先生致辞后，双方互赠礼物，会场气氛亲切友好，并留影纪念。

在之后的对话讨论中，北京师范大学资深教授，中国文化国际传播研究院院长黄会林先生首先发言。在题为《世界文明格局中的中国文明主体性》的演讲中，黄先生表示在当下世界多元文化和现实影响格局中，重新思考中国文明主体性恰逢其时；在解释了“第三极文化”的基本内涵后，她指出中国传统文化、近代以来革命与创新精神、马克思主义与中国实践相结合形成的毛泽东思想等建设经验是中国文明主体性的主要依靠资源。

意大利马切拉塔大学孔子学院院长、研究员乔治·特伦丁(Giorgio Trentin)的发言《缩小差距，填补距离：孔子学院在学术和文化层面的作用》(Bridging the gap, filling the distance: the role of the Confucius Institutes at academic and cultural level)针对中国和西方从古罗马到利玛窦，从鸦片战争到近代中国、以及中华人民共和国成立以后的“文化大革命”、改革开放以来的不同时期进行介绍，思考西方世界如何打破局限性，尽量全面地理解中国的问题。并结合电影以及孔子学院和“看中国”项目提出了自己的观察意见。希望有更多的西方学者投入进来，克服成见，重新认识中国。

北京师范大学中国文化国际传播研究院客座研究员，北京大学新闻与传播学院教授俞虹在演讲《跨文化纪录影像传播中时间叙事的价值意义探讨：以“看中国”之〈长城脚下〉〈翰墨人生〉为例》中指出，人类与时间的关系有多种形式，而纪录影像是跨文化传播中最具魅力，最有亲近感、也是可能获得高到达率的影像节目样态。纪录片本身就是时间的艺术，时间叙事长度是真实的基础；他结合“看中国”影片分析了时间叙事在跨文化影像传播中所具有的特别力量与价值。

意大利马切拉塔大学人文系主任、教授，马切拉塔省文化委员会成员菲利普·米尼尼(Filippo Mignini)的发言《欧洲和中国：和谐与差异》(Europe and China：Harmony and Disaccordance)主要以“不同的欧洲”“欧洲与中国的和谐之处”“不和谐之处存在哪里”以及“为什么要让中欧完善起来”四个方面阐释了自己的观点。他首先举例北欧和南欧，从宗教影响等角度指出并不存在“同一个欧洲”，并从美德和幸福的角度做出了具体的文化分析。他进一步指出，中欧之间的和谐性要从历史上梳理，比如利玛窦和中国的交流。中欧在和谐之外，还是有一些不和谐之处，文化有非常复杂的观念演变内容，比如主体、实体等哲学概念。中文强调关系，但在西方的哲学概念里有批判的根基，以及“自由”的概念。中国和西方对这个概念的理解并不一样。中国和欧洲在历史中的世界观、人文观都是以理念和对自然的认识为基础，也可以形成某种和谐的关系。

北京师范大学中国文化国际传播研究院学术委员会委员，北京师范大学新闻传播学院执行院长，教育部长江学者特聘教授喻国明在题为《跨文化交流的三个重要节点》的发言中指出：文化是主体，传播是文化传播的推动力量。他认为今天的传播与过去已完全不同，文化的生产和传播在过去是合二为一的，现在已分解成两个场域。从一次性传播变成了多极传播、接力传播，形成现在的社交媒介、智能算法为代表的主体形态，占据了中国目前社会传播80%以上的份额。当代传播主要有三个重要节点：信息触达是解决看得到的问题，信息解决是解决看得懂的问题，信息认同是解决有效果的问题，他特别分析了"文化折扣"在文化传播与认知方面的偏差问题。

意大利马切拉塔大学中国中心研究员弗朗西斯科·卡尔迪纳利(Francesco Cardinali)曾连续三年来华参加"看中国·外国青年影像计划"并担任指导教师。他此次的论文《中国广告创意的路径是日益增长的国际影响力的标志》(The path of Chinese creativity in advertising as a marker of a growing international influence)将自己指导"看中国"的经验加以呈现。他以视觉形象为例，提到在中国看到的麦克卢汉(Marshall Mcluhan)等人的雕塑和宣传形象，以及中国关于计划生育的公共宣传、关于人参酒以及瑞士手表的广告宣传等，以此为例分析了中国的广告发展与影响。

经过了简单的中场休息和午餐之后，下半场由黄会林先生和弗朗西斯卡·斯皮加雷利主任共同主持。

北京师范大学中国文化国际传播研究院学术委员会主任，北京电影学院教授杨远婴在论文《女明星景观与文化投影》中重点分析了电影明星和文化传播的关系。中国电影在不同时代呈现了不同的女明星，并具体分析了20世纪20年代早期新女性的悲剧象征阮玲玉和五六十年代集体主义年代的理想化身于蓝、当代质询意识的表征巩俐三位女明星与时代及中国女性形象的复杂文化关系。认为明星崇拜是20世纪兴起的文化现象，成为含义丰富的文化符号。而女明星与社会的关系绝不限于"电影、女性的、潮流"，她们不仅扰动了媒体，而且还影响了政治、外交和文化，以多重作为参与了中国历史的建构。

意大利卡塔尼亚大学、马切拉塔大学和乌尔比诺大学兼职教授马可·麦卡雷利(Marco Meccarelli)根据自身的创作经历发表题为《连接内外世界：当代中国艺术家村落的体验》(Connecting Inner and Outer Worlds: The Experience of Artist Villages in Contemporary China)的发言。他指出艺术家以创新精神在经济全球化的背景下反映中国多层次、多元化文化的发展。他具体结合圆明园村落分析了东西方文明的冲突。从 20 世纪 80 年代到 90 年代中期，许多中国艺术家来到圆明园村落创作，之后转移到以工厂遗址发展起来的 798 艺术区。21 世纪以后，中国的艺术家甚至自己创造一些新的艺术创作基地，如深圳的大风村。马可·麦卡雷利希望这些艺术村落在经济全球化的背景下，能够产生新的东西方艺术交融的火花。

北京师范大学京师特聘教授，中国文学艺术基金会副理事长兼秘书长、中国文艺评论家协会副主席向云驹在发言《东西方文明交流的三个节点与历史启示》中梳理了从西到东、从东到西、东西互渐的三个代表性的人物。分别从“恺撒：丝绸开启东西方古代文明标志性艺术审美和造型”“马可·波罗：游记开启西方对东方的文学想象与浪漫精神”“利玛窦：学术开启东西方文化的双向互动的深知与碰撞”这三个方面论述了中意文化交流的相关历史启示。

最后，意大利马切拉塔大学中国文学、哲学和语言学讲师塞卢斯·安布罗吉奥(Selusi Ambrogio)在演讲《哲学还是思想？中国人对国际文化角色的重新诠释》中，以一些哲学概念、词条为基础，讨论了这些概念是如何在中国文化的场景中发生和发展的。康德从西方哲学的角度认为中国没有体系性的理性哲学。中国学者从 19 世纪末在日本等国开始使用“哲学”这个词，包括胡适的《中国哲学史大纲》和之后冯友兰《中国哲学史》、葛兆光《中国思想史》等。据此讨论了中国的思想体系和西方的差异，表示中国学者更强调用中国自身的概念在世界上讨论中国文化，西方也应该反思在文化研究方面对于中国概念的吸收。

在热烈丰富的主旨演讲之后，前来参会的观众和双方专家展开了自由讨论；就论坛主题进行了更为充分和详细的探讨。本次会议中意双方对未来持续的合作发展进行了展望，黄会林资深教授认为，本次会议为中意文化交流提供了良好的合作平台，其间所蕴含的合作潜力必将在未来得以彰显。

本次中意高端论坛是北京师范大学中国文化国际传播研究院 2019 年度“走出去”活动的第一站。在之后的几天里，由黄会林资深教授带领的团队还在意大利博洛尼亚大学、威尼斯大学、斯洛文尼亚卢布尔雅那大学、塞尔维亚贝尔格莱德戏剧艺术大学和匈牙利布达佩斯城市大学开展了一系列学术活动和“看中国”展映交流活动。

后记

最新一辑“第三极文化”论丛在2019—2020冬春之季编写完毕。

2019年末至2020年年初毫无疑问将会成为人类历史上一个重要转折点——新冠肺炎疫情在全球爆发。中国在这场战“疫”中积累的宝贵经验，不但为世界人民的防疫赢得了宝贵时间，而且还在付出巨大代价之后马上开始援助世界，我们与世界人民始终在一起共克疫情。

《中国与世界：当代中国文化国际影响力生成——“第三极文化”论丛(2020)》的后期编辑工作正好是在这样一个背景下完成的，因此整个编辑工作和这场疫情之中的文化讨论构成了另外一种意义的互文对话关系。这辑论丛是2019年11月29日北京师范大学中国文化国际传播研究院举办的国际论坛论文成果；也是黄会林资深教授作为首席专家主持的2016年国家社科重大项目《当代中国文化国际影响力的生成研究》(批准号：16ZDA218)的重要阶段性成果之一；更是黄会林、绍武两位先生2009年提出的“第三极文化”理论的又一次文化探索。

“第三极文化论丛”从2011年第一辑开始至今已连续出版10年，形成了10本讨论专辑。2016

年我们成功申请到国家社科重大课题后，从 2017 年起连续围绕着重大课题开展相关研讨，分别形成《当代中国文化国际影响力的生成——“第三极文化”论丛(2018)》《当代与传统：中国文化国际影响力的生成——“第三极文化”论丛(2019)》《中国与世界：当代中国文化国际影响力的生成——“第三极文化”论丛(2020)》三部课题的系列阶段性成果。我们下一辑讨论的主题已确定为“在世界之中：中国文化的主体性”，目的也是对重大课题进一步深化研讨，这一问题也是“第三极文化”理论一直强调的核心问题，期待有更多的朋友共同参与讨论。在黄先生的领导下，我院将会在“第三极文化”研究方面展开一系列切实可行的推进措施，制定与之配套的科研鼓励机制，团结一切有志于此的学术力量，推出更多有质量的系列研究成果，我们欢迎并期待与更多专家学者共同推进中国的文化建设事业。

2020 年是中国文化国际传播研究院建院 10 周年，也是“第三极文化”理论公开发表 10 周年，还是“看中国·外国青年影像计划”启动 10 周年。这些值得纪念的日子和这场疫情来带来的某种历史转折重合，都意味着我们已经站在了另一个历史的新起点之上。这场疫情也再次证明了人类是一个命运共同体，虽然时至今日，世界还承受着新冠疫情带来的冲击，但正如“第三极文化”所倡导的“和合”文化观念和追求“会通以超胜”的目标一样，我们有理由相信人类的智慧与团结一定能够让我们战胜疫情，迎来更加和谐的新世界，祝愿我们的世界越来越美好。

编者

2020 年 4 月 2 日于北京